Nationales Selbstverständnis und politische Ordnung

Nationales Selbstverständnis und politische Ordnung

Abgrenzungen und Zusammenleben in Ost-Mitteleuropa bis zum Zweiten Weltkrieg

Herausgegeben von

Hans Hecker und Silke Spieler

Kulturstiftung der deutschen Vertriebenen

Die Deutsche Bibliothek – CIP-Einheitsaufnahme

Nationales Selbstverständnis und politische Ordnung:
Abgrenzungen und Zusammenleben in Ost-Mitteleuropa bis zum Zweiten Weltkrieg / Kulturstiftung der Deutschen Vertriebenen. Hrsg. von Hans Hecker und Silke Spieler. - Bonn: Kulturstiftung der Dt. Vertriebenen, 1991
ISBN 3-88557-094-7
NE: Hecker, Hans [Hrsg.]; Kulturstiftung der Deutschen Vertriebenen

Kulturstiftung der deutschen Vertriebenen
Bonner Talweg 68, 5300 Bonn 1

ISBN 3-88557-094-7

Druck: Köllen Druck und Verlag GmbH

Inhalt

Das Problem der Abgrenzbarkeit

Eine Einleitung

Daß die Völker im östlichen Europa in enger Verzahnung miteinander leben, ist zwar bekannt, wird aber im übrigen Europa allzu oft nicht ausreichend zur Kenntnis genommen und berücksichtigt. Es verhält sich jedoch so, daß die Eigenart und die Probleme dieser Region vor allem aus dieser Vermischung zu verstehen sind. Zu der ethnisch-geographischen "Gemengelage" kommt eine sprachliche, historische, politische, kulturelle und konfessionelle, sich untereinander durchdringende Vielfalt, deren einzelne Elemente und Bestandteile sich nicht einfach miteinander decken.

Nichts ist schwerer, als hier Grenzen zu ziehen, die von allen, die beiderseits dieser Grenzen leben sollen, als zutreffend und gerecht empfunden würde. Dazu trägt nicht zuletzt das nationale Selbstbewußtsein der Völker bei. Es ist erst spät, bei etlichen Völkern erst im 20. Jahrhundert, zu dem erforschten und beschriebenen, dennoch nicht eindeutigen Prozeß gekommen, der die "Nation" zum Ergebnis hat.

Gerade jetzt, in der gegenwärtigen Phase des revolutionären Umbruchs im östlichen Europa nach dem Zerfall des sowjetischen Herrschaftssystems, erleben wir dort die Renaissance eines national definierten staatlichen und gesellschaftlichen Selbstverständnisses. Offensichtlich handelt es sich dabei um einen der wenigen Werte, die in den vergangenen Jahrzehnten unbeschädigt genug geblieben sind, um heute mit ihnen der Suche nach einer politisch-gesellschaftlichen Identität eine Orientierung zu geben.

Die Spannungen und Schwierigkeiten, die es heute zu überwinden gilt, sind jedoch nicht erst jüngst entstanden. Seit langem angelegt, sind sie in diesem Jahrhundert schon einmal offen zutage getreten und haben Europa beschäftigt. Als am Ende des Ersten Weltkrieges der so verständliche wie zwangsläufig fragwürdige Versuch unternommen wurde, in Ost-Mitteleuropa Staaten unter dem Vorzeichen nationaler Selbstbestimmung und Souveränität zu errichten, waren nicht nur die benachbarten und die sonstigen interessierten Mächte involviert, sondern über den Völkerbund die internationale Staatenwelt.

Wir wissen, daß dieser Versuch, eine bestimmte innere und äußere Ordnung herzustellen und zu garantieren, bereits an seinem Beginn von vielen Fehlern belastet war, in seinem Verlauf weithin ausgehöhlt wurde und schließlich unter den Schlägen einer aggressiven Diktatur zusammenbrach. Der Besatzungs- und Vernichtungsterror des nationalsozialistischen eutschland und seine Niederlage, Flucht und Vertreibung von Millionen Deutscher, die Zweiteilung Europas ließen neue Verhältnisse, eine neue Ordnung entstehen, die mit der Zeit von vielen als praktisch und einfach handhabbar, schließlich als endgültig empfunden wurde.

Zum Glück ist die Geschichte weder einfach noch praktisch noch handhabbar, und vor allem ist sie nichts weniger als endgültig. Daher entsteht nun im mittleren und östlichen Europa etwas, von dem wir noch nicht wissen können, wie es aussehen wird. Wir können aber schon erkennen, daß viele der alten Strukturen, Spannungen und Beziehungen sich wieder abzeichnen und sich zu rühren beginnen, sie werden nur zumTeil von den neuen Verhältnissen und Bedingungen überlagert. Die Aufgabe der Politiker ist es, die Dinge zu unterscheiden und ihre Maßnahmen zu treffen. Die Aufgabe der Wissenschaftler ist es, den Politikern und der Öffentlichkeit ihre Kenntnisse und Erkenntnisse zur Verfügung zu stellen.

Die historischen Fachtagungen der Kulturstiftung der deutschen Vertriebenen haben es sich seit einiger Zeit angelegen sein lassen, hierzu ihren Beitrag zu leisten. Dementsprechend stand die Tagung von 1989 unter dem Thema "Nationales Selbstverständnis und politische Ordnung. Abgrenzungen und Zusammenleben in Ost-Mitteleuropa bis 1941". Sie hatte es sich zur Aufgabe gemacht, etwas von den ethnisch-nationalen, historischen, politischen, rechtlichen und kulturellen sowie religiösen und weltanschaulichen Unterschieden und Abgrenzungen deutlich zu machen, die für Ost-Mitteleuropa bis in den Zweiten Weltkrieg hinein charakteristisch waren.

Dabei war von vornherein klar, daß die Probleme der Grenzziehung nur dann wirklich sichtbar werden, wenn auch die Beziehungen und Bestrebungen Berücksichtigung finden, die Verbindungen, Grenzüberwindungen oder Gemeinsamkeiten, querliegende Unterscheidungen und gegenläufige Entwicklungen bezeichnen. In diesem Sinne sind die Aspekte des Themas, die der Sammelband keinesweg "flächendeckend" vorstellt, zu verstehen.

Daß einige Beiträge in ihrer Druckfassung die Zeitgrenze zur Gegenwart hin überschreiten, sollte keinen Anlaß geben, das Thema zu ändern, sondern mag vielmehr als Hinweis auf die andauernde Kontinuität und erneuerte Aktualität der angeschnittenen Fragen aufgefaßt werden.

Hans Hecker

Hans Rothe

Die Stellung Polen-Litauens in der Kulturgeschichte Europas zwischen Ost und West

Als im April 1912 Boris Pasternak aus Moskau auf dem Landwege nach Deutschland reiste, wo er bei Hermann Cohen in Marburg a.d.L. Philosophie studieren wollte, wählte er die Route durch Südpolen. Das Land, das im ersten Blütenflor stand, nannte er „ein romanisches Element des slavischen Gedankens“.[1] Das war der Versuch, dem Volk, das nach bedeutender Geschichte nun schon über ein Jahrhundert lang keinen eigenen selbständigen Staat mehr hatte, originale Bedeutung in der Slavenwelt und in ganz Europa zu belassen. Im gleichen Buch hatte Pasternak kurz davor die gebildete Gesellschaft Moskaus beschrieben. Als eines ihrer wichtigsten Elemente hatte sich seit etwa einer Generation das gebildete russische Judentum herausgebildet, das seinerseits von Hause und aus Neigung deutsch orientiert war. Sein Urteil spiegelt also in vielerlei Hinsicht die komplexen Verhältnisse im alten Osteuropa wider.

Es scheint, daß es die Verhältnisse in Polen selbst, jedenfalls die Affinität seiner Bildungsschicht, zutreffend angibt. Denn diese war, wie die Gebildeten in vielen Regionen des alten östlichen Mitteleuropa, damals ganz französisch orientiert. Polnische Historiker haben denn auch gelegentlich den Versuch unternommen, dieses „romanische Element des slavischen Gedankens“ aus der Geschichte unmittelbar zu belegen. Der Versuch, zu definieren, was Osteuropa ist, ist freilich ein Spiel, das ihnen von deutschen Kollegen, die es mit einer gewissen Lust trieben, und von der deutschen Geschichte selbst aufgenötigt wurde. Einer der bedeutendsten, Oskar Halecki (1891–1973), der vor dem Kriege in Warschau und danach in Amerika lehrte, entwickelte die These, man müsse die geographische Lage von der inneren Zugehörigkeit unterscheiden und bei dieser letzten mit einer Art Rösselsprung rechnen. Polen gehöre nach seiner Geistesart mit Frankreich vor allem zusammen; Deutschland habe sich dagegen immer sehr viel stärker zu Rußland inkliniert gefühlt. Manches, was er zur Begründung anführt, ist sicher erwägenswert.[2] Auffällig ist jedenfalls in Deutschland die Disposition Vieler zum sog. russischen „Wesen“ (von dem man gar nicht zu sagen weiß, wie es vom russischen Imperium zu trennen ist). Mit Staunen sieht man, daß dem eine große Zahl vor allem aus der Welt der Halbgebildeten mit einer gewissen Zielstrebigkeit ausgeliefert ist. Aber schließlich können wir das in romanischen Ländern auch beobachten.

Bei dem Rösselsprung Haleckis ist der Pferdefuß schnell zu entdecken. Seine Überlegung hatte im Grunde keinen anderen Sinn, als der Annahme eines Kulturgefälles von West nach Ost den Boden zu entziehen; jedenfalls was das Verhältnis Polens zu Deutschland betrifft. Nach 1945 schien das passend. Aber ist es richtig, alle Bestimmungen von Ost-

1 Boris L. Pasternak: Ochrannaja gramota, cap. 9. In: Proza 1915–1958. Hrsg. von G. P Struve u. B. A .Filippov. Ann Arbor 1961 S. 222.

2 Oskar Halecki, Europa. Grenzen und Gliederung seiner Geschichte. Darmstadt 1957 (engl. Original: The Limits and Divisions of European History. N.Y. 1950), S. 191ff.

europa so sehr aus dem Erlebnis des Zeitzeugen abzuleiten? Und wenn man in der Geschichte weiter zurückblickt: kann man aus ihr deutlich machen, daß sie die Kriterien selber hervorbringt, nach denen auch die aktuellen Erscheinungen zu beurteilen sind? Ein Versuch dazu soll hier gemacht werden.

I.

Zu allem Anfang sollte die Frage anders gestellt werden; es soll nicht darum gehen, was Osteuropa ist, sondern wie es entstand. Und das ist vor allem die Frage nach der östlichen Begrenzungslinie Europas.

Auszugehen ist vom Römischen Reich, dem Vorgänger dessen, was wir heute Europa nennen. Es war im Süden und Westen geographisch klar begrenzt. Um etwa 1000 n. Chr. galt das auch für den Norden.[3] Im Osten aber war und blieb das anders. Schon den alten Geographen fiel es schwer, eine Grenzlinie der Welt im Osten zu finden. Sie nannten gelegentlich den Fluß Tanais (Don) oder das Rifaigebirge (Ural). Aber sie wußten dabei doch, daß es auf der anderen Seite noch weiter ging, und sie griffen hilfsweise zu mythologischen Erklärungen: jenseits lebten, so sagten sie, nicht einmal mehr Barbaren, immerhin noch Menschen, sondern Halbmenschen, Fabelwesen mit Hundeköpfen. In der Renaissance griff man in Polen solche Erzählungen nicht ohne Vergnügen auf, um den Unterschied zwischen sich selbst und den Russen zu definieren.

Die Natur versagte sich also im Osten. Die Bildung Europas war dort allein eine Frage der Geschichte, d. h. der Bestimmung durch Menschen. Wenn die Frage der Entscheidung Osteuropas keine geographische, sondern eine historische Frage ist, so war sie es von Anfang an. Man kann versuchsweise sagen, daß – da die europäischen Grenzen im Süden, Westen und Norden geographisch fest bestimmt sind – die Entstehung Osteuropas die Bildung von Europa selbst ist. In der nun beginnenden Entwicklung gibt es zunächst nur eine feste Größe, von der aus alles geordnet erscheint. Das ist die Wiederbelebung des (west-)römischen Reiches als dem Ausgangs- und Kerngebiet des Gebildes, das dann Europa sein wird. In diesem alten Reichsgebiet entwickelt sich alles; aber immer nur in Verbindung mit der Gewinnung von neuen Kolonialgebieten östlich der alten Reichsgrenzen Rhein-Limes-Donau.

---

3 Die Verhältnisse vor allem Skandinaviens müßten ausführlicher, als das hier möglich ist, dargestellt werden. Zu berücksichtigen wären nicht nur die Wanderzüge der Angeln und Sachsen, dann der Wikinger, auch frühe römische Einwirkungen, etwa in der Kunst, sondern die beiden wichtigsten Charaktereigenheiten, durch die die Nordgermanen von allem Anfang an zur Bildung Europas beitrugen: in der Kunst das Epos, in der Politik die Fähigkeit zur Staatenbildung (Normandie, England, Rußland, Süditalien mit Sizilien, Palästina). Vgl. dazu Johannes Brøndsted: The Wikings. Zuletzt London 1987. – Richard Brown: Die Normannen. Zürich 1988. – Parke Godwin: Die Normannen. 1989. In neuerer Zeit wären zu berücksichtigen die schwedischen (nordischen) Kriege im Reich, in Polen und Rußland sowie die Verbindung Dänemarks mit dem deutschsprachigen Raum in Schleswig und Holstein, ferner seine Mittlerstellung zwischen dem Reich (Sachsen) und Rußland, zuletzt durch dynastische Verbindung. Nicht genügend berücksichtigt wird die Bedeutung der nordischen Literaturen für die europäische Kultur, in früherer Neuzeit (17.–18. Jahrhundert) die dänische, im 19. und im 20. Jahrhundert die norwegische.

Man kann wohl deutlich zwei einander entgegenwirkende Kräfte bestimmen, die die Entwicklung in den Regionen, die dieser alten Grenze im Osten vorgelagert sind, bestimmt haben, und zwar seit den Jahren der Völkerwanderung bis auf unsere Tage. Es ist die Ausdehnung des Kolonialbodens nach Osten und dagegen die Rückdämmung dieser Bewegung durch Völkerstürme aus dem Osten.

Das neue Reich Karls des Großen war u. a. dadurch gekennzeichnet, daß es von allem Anfang an über die alten römischen Grenzen nach Osten hinausgriff. Die Politik folgte dabei den Wegen, die die christliche Mission im 7. und 8. Jahrhundert genommen hatte. Das war damals Osteuropa. Fulda, das schon in ottonischer Zeit im *Zentrum* des Reiches lag, erlebte sein Aufblühen und seine Blüte in spätkarolingischer Zeit (9. Jahrhundert) am *Ostrand* des Reiches. Es war das älteste *ostdeutsche* Kulturzentrum, sein bedeutendster Abt, Hrabanus Maurus, der erste Ostdeutsche von Rang in der deutschen Geschichte.

Es kam dann ganz unerwartet, daß im 10. Jahrhundert Kaiserwürde und Reichsmacht nach Osten über den Rhein zu den eben erst unterworfenen Sachsen gelangten. Als dadurch Deutschland entstand, war dieses zunächst als ganzes Osteuropa, denn seine wichtigsten Teile lagen fast ganz außerhalb des Limes.

Doch schon in der Ottonenzeit griff das neue Reich noch weiter nach Osten aus und gliederte sich nicht germanisch bzw. deutsch besiedelte Gebiete an: Böhmen vor allem, dann Brandenburg und Mecklenburg. In diesen beiden letzten Regionen brach freilich die Kolonisierung im Slavenaufstand von 983 zusammen. Auch Ungarn und Polen sollten angegliedert werden, und sogar ein Versuch, Rußland einzubeziehen, ist vor 1000 und im 11. Jahrhundert erkennbar.

So ging es weiter. Es kam Pommern hinzu, dann Schlesien, weiter Preußen und das Baltikum, Siebenbürgen. Nicht alle diese Regionen wurden dem Reich eingegliedert. Aber sie konnten doch als Nebenländer des Reiches gelten, übrigens auch Ungarn und Polen. Ihre Bindung an die kaiserliche Macht wurde zum Teil bald locker bzw. gelöst. Aber an Rom blieben sie gebunden, und eben diese schwankende Stellung zwischen Nebenland des Reiches und Bindung an Rom scheint Europa, das noch oberhalb des Reiches sich bildete, in seiner Frühzeit zu kennzeichnen.

Ein entscheidendes Datum der Ausdehnung im Osten Europas war der Vertrag vom 14. August 1386 zwischen der Krone Polen und dem Großfürstentum Litauen. Er bedeutete, daß die Ostgrenze Europas mit einem Schlag von der Linie Riga-Memel-Königsberg-Danzig-Lublin, die schon 1340 bis Lemberg fortgeführt war, nun um einen Raum von einigen 100 km Tiefe nach Osten auf die Düna-Dnjepr-Linie vorgerückt wurde, mit den Städten Polock, Witebsk, Smolensk, Tschernigov, Kiev.

Diese letzte große Ausdehnung nach Osten war allerdings anderer Natur als die vorhergehenden. Nur zum Teil, nämlich in Litauen, wurden bis dahin noch heidnische Gebiete dem westlichen Europa angegliedert. Der größere Teil dieser Regionen war bereits seit langem christlich, aber griechisch-orthodox. Im Laufe der Jahrhunderte zeigte sich, daß sie eine erheblich stärkere Beharrungskraft hatten. Die lateinisch-polnische Zivilisierung drang hier niemals vollständig durch, wie die lateinisch-deutsche in den östlichen Gebieten des Reiches. Es blieb ein Mischraum in Osteuropa. Zeichen lateinischer Kultur sind zwar bis heute erkennbar. Aber sie wurden mehr und mehr eingeschränkt, als rund 300 Jahre nach der äußersten Ostausdehnung der Krone Polen die neue russische Westpolitik einsetzte, die immer noch anhält. Der Raum, um den es sich hier handelt, ist gekennzeichnet durch das Städteviereck Wilna-Smolensk-Lemberg-Kiev. Er wird in neuerer Zeit außerordentliche Bedeutung erlangen. Im Anfang des 15. Jahrhunderts scheitert hier der letzte Versuch eines römischen Kaisers, Sigismunds, den Reichsvorteil dort geltend zu machen; die Krone Polen ist bereits zu mächtig und unabhängig. 1515 werden in Verträgen von Preßburg und Wien Interessensphären entlang der Karpathenlinie zwischen Habsburg und Polen abgegrenzt. Der Reichsgedanke wurde spätestens jetzt von Polen beansprucht, jedenfalls im Osten. Bei Polen lagen Erfolg und Scheitern, und anders als beim Reich selbst und seinen östlichen Regionen, hingen Scheitern oder Erfolg von den inneren Verhältnissen Polens ab.

II.

In der Zeit, von der bisher die Rede war, bis zum ausgehenden Mittelalter, haben Völker- oder Kriegerstürme aus dem Osten die Ausdehnung westlicher Mächte immer wieder aufgehalten, ihre Konsolidierung immer wieder bedroht oder zerstört. Vielleicht kann man diese Völker, jedenfalls in ihrem Ursprung, nicht-europäisch nennen. Im Grunde genommen begann das schon mit dem Vordringen der Germanen in der Völkerwanderung. Dann folgten die Hunnen, die Slaven und Awaren, Ungarn, Mongolen, Kumanen, Türken und Tataren. Diese Züge hielten bis ins 17. Jahrhundert an, und viele werden sich fragen, ob nicht das Ausgreifen der Sowjetunion bis an die Elbe in unseren Tagen in diesen Zusammenhang gehört. Jedenfalls gefährdeten diese Züge immer wieder das Vorland des Reiches, manchmal das Reich selbst, das 1945 zerstört wurde.

Einige dieser Völker wurden vernichtet (Awaren), andere als ganze Europa eingegliedert (Germanen, die meisten Balten und Ungarn vollständig, Slaven mit einzelnen Völkern), wieder andere assimiliert (die westlichsten slavischen Stämme, die baltischen Pruzzen, Kumanen und Teile der Tataren), und noch andere wieder blieben eine ständige Gefahr (die Türken, zum Teil die Tataren, zeitweise Rußland). Bewegung und Unsicherheit waren an der gesamten Ostbegrenzung Europas durch viele Jahrhunderte. Das mußte Auswirkung auf die Staatenbildung selbst haben.

III.

Mehrfach haben sich politische Machtkonzentrationen im Osten Europas gebildet. Ihr Schicksal bestimmte Osteuropa, manchmal aber auch ganz Europa. Diese Entwicklung begann im späten Mittelalter (in Ansätzen schon im 13. Jahrhundert) und hielt bis in die neuere Zeit an, wenn man will, bis in unsere Tage.

Noch innerhalb des Römischen Reiches baute das Haus Luxemburg die Krone Böhmen zur Vormacht in Osteuropa aus und sicherte dadurch dem Kurfürstentum Böhmen (anders als den böhmischen Premysliden im 13. Jahrhundert) auch eine Sonderstellung im Reich. Alle anderen dieser Mächte bildeten sich außerhalb des Reiches, wenn auch in deutlicher Verbindung mit ihm oder auch Bindung an es. Das waren der Deutsche Orden in Preußen, dann Ungarn und Polen. Das währte bis zum 17. Jahrhundert, und als letzte Macht trat dann wieder ein Reichsland, Brandenburg-Preußen, in diese Reihe ein, ehe Rußland und dann die Sowjetunion alles abschloß.

Alle diese Mächte am Ostrand Europas entwickelten eine besondere Staatsideologie. Sie ist mit dem Stichwort ‚*antemurale – Vormauer*' verbunden.[4] Der Orden sah sich zuerst als Schutzwall der Christenheit im Osten. In der Mitte des 15. Jahrhunderts, 1452, übertrug Enea Silvio de' Piccolomini (1405–1465) in der kaiserlichen Kanzlei zu Wien ihn auf Ungarn. Erst nach dem Niedergang des Ordens, vor allem dem zweiten Thorner Frieden von 1466, dem Machtverlust Böhmens in und nach den Hussitenkriegen und schließlich Ungarns nach dem Tod des Matthias Corvinus (1490) und endgültig in der Schlacht bei Mohacs (1526) ging dieser Gedanke schließlich auf Polen über.

Es ist bisher nicht genügend beachtet worden, daß der Vormauer-Topos in engster Verbindung mit dem Reichsgedanken, besonders der Idee des „sacrum imperium romanum" sich entwickelt hat. Das wird bei dem Berater in der Kanzlei Kaiser Friedrichs III., dem eben genannten Enea Silvio de' Piccolomini, ganz deutlich.[5] Einerseits beobachtete er mit äußerstem Mißtrauen, wie sich teilweise außerhalb und im Osten des Reiches neue Machtzentren bildeten, in Böhmen und Polen. Er sah das als Versuch, ein illegitimes Gegenreich zu konstituieren. Im gleichen Zusammenhang sah er mit Sorge den Verfall der Kaisermacht, vor allem unter den Luxemburgern. Andererseits bemühte er sich, die Reichsidee zu stärken. Wesentlich auf ihn geht die Konzeption vom „sacrum imperium romanum" zurück. Doch sah er das Reich als Ordnungsmacht gefährdet, im Inneren durch Uneinigkeit der Reichsfürsten und die Schwäche der Kaiser, im Äußeren durch die Eigenbestrebungen osteuropäischer Fürsten und durch die Türken. So tritt dann bei ihm zum erstenmal der Europagedanke deutlich hervor, der der Reichsidee übergeordnet ist. Er versuchte, den Kreuzzugsgedanken zu beleben, um die Türken abzuwehren und dabei

4 Dazu neuerdings Janusz Tazbir: Poland as the Rampart of Christian Europe. Myths and Historical Reality, Interpress publishers, o.O.o.J. (1989). Besonders cap. I: Origins of the Rampart, S. 17–44. Dort freilich die polnische Adaption des Vormauer-Topos stark hervorgehoben, die Vorform im Deutschen Orden ebenso zu wenig gewürdigt wie die Versuche des Enea Silvio, auf Ungarn und zum Teil Böhmen bezogen, dazu Hans Rothe: „A mari ad mare". Über den Ursprung und die Verbreitung einer Herrschaftsformel. In: Filologia e letteratura nei paesi slavi. Studi in onore di Sante Graciotti, Rom 1990, S. 311–320; sowie ders.: Was heißt „rossijskij", „Rossija" in der Staatsauffassung der Polen und Russen im 17. Jahrhundert? In: La perception du moyen age a l'époque du baroque en Pologne, Ukraine et Russie (Convegno die Università degli Studi di Urbino, Istituto di Lingue. Cattedra di Filologia Slava. 1989). (Im Druck). Die These dieser Arbeiten ist, daß der Vormauer-Topos Element einer päpstlichen Ostpolitik ist, die in der Mitte des 13. Jahrhunderts begann; ursprünglich nicht eine Selbstdarstellung eines bestimmten osteuropäischen Landes. Tazbir scheint das zu übersehen, wenn er den polnischen Eigenbeitrag so stark hervorhebt. Ein Irrtum, der ihm S.19 unterläuft: „Jan Ostrorógs speech delivered to Pius II in 1467" – Pius II. war schon 1465 gestorben, und sein Nachfolger Paul II., der die Ostpolitik des Piccolomini nicht mehr fortsetzte, hatte für den antemurale-Gedanken Jans keine große Aufmerksamkeit mehr.

5 Zum Folgenden Hans Rothe: Enea Silvio de' Piccolomini über Böhmen. In: Studien zum Humanismus in den böhmischen Ländern (Schriften des Komitees der Bundesrepublik Deutschland zur Förderung der Slavischen Studien, 11). Köln, Wien 1988, S. 141–155; hier: 147ff.

die europäischen Fürsten insgesamt zu einigen und an die Kurie zu binden. Der Ausführung dieses Gedankens opferte er sein Leben.

Es ist von hohem Interesse zu beobachten, daß Enea auch der Erste war, der ein klares Konzept von Osteuropa hatte. Ungarn, das durch einzelne Granden in ständige Händel mit Habsburg verstrickt war, versuchte er im Vorfeld des Reiches eine feste Bestimmung zu geben, und zwar als „antemurale Europae christianae". Böhmen versuchte er dadurch an das Reich zu binden, daß er den kriegerischen Tatendrang der hussitischen Tschechen ebenfalls gegen die Türken lenkte, wofür er in den religiösen Fragen ein gewisses Einlenken zu zeigen bereit war. Polen und Litauen haben für ihn noch keine Funktion. Ihre steigende Macht sieht er wohl nicht ohne Sorge, aber er glaubt, daß der Orden noch das Gleichgewicht herstellen kann.

Aber es kam nicht nur in Ungarn und Böhmen anders. Schon zwei Jahre nach dem Tod Pius' II., 1467, und ein Jahr nach dem zweiten Thorner Frieden übernahm der polnische Sonderbotschafter in Rom, Jan Ostroróg (1436–1501) in einer Rede vor dem Papst für sein Land den Vormauer-Topos, und zwar in deutlicher Anlehnung an das Reich.[6] Der Gedanke war: das Reich und Polen. Spätestens von da an wurden Teile der Reichsidee für Polen beansprucht. Polen ging im 16. Jahrhundert seiner goldenen Zeit entgegen. Macht und Ansehen wuchsen in dem Maße, in dem Polen wirklich Vormauer des Reiches war, und es schien ein Höhepunkt erreicht, als 1621 das polnische Heer den Sultan vernichtend schlug.

Indessen war der Zenit überschritten. Polen konnte in dem vorhin genannten Städtegeviert weder seine Staatsidee noch vor allem die Gegenreformation durchsetzen. Polens Macht zerbrach im Osten, am Beharrungsvermögen und der Widerstandskraft der orthodoxen Ukrainer und Weißrussen. Der Kosakenaufstand von 1648 war das weithin sichtbare Zeichen; er leitete den Aufstieg Rußlands in Europa ein.

Sehr deutlich ist das an der inneren Entwicklung von Leibniz nachzuzeichnen. Im Auftrage des Erzbischofs von Mainz, der das Reichsinteresse zu wahren hatte, verfaßte er 1668 zu der ein Jahr später anstehenden Königswahl in Polen eine Denkschrift[7], übrigens unter dem Pseudonym *Georgius Ulicovius Lithuanus.* Er sah die innere Schwäche Polens und plädierte für einen starken Prätendenten, der aber auf keinen Fall ein Russe sein sollte. Zwanzig Jahre später, nach der Machtergreifung Peters durch einen Putsch, der von mancherlei Atrozitäten begleitet war, die bis dahin in Europa immer gestört hatten, suchte er Anschluß an den neuen Zaren, für den er in mehreren Schriften die Rolle einer Vorherrschaft Rußlands in Osteuropa entwarf.

---

6 vgl. Hans Rothe: Über die Stellung Polens in der europäischen Kultur des 16. Jahrhunderts. In: Fragen der polnischen Kultur des 16. Jahrhunderts (Bausteine zur Geschichte der Literatur bei den Slaven, 14,1). Giessen 1980, S. 323–343; hier: 329f.

7 Die Denkschrift in Leibniz Sämtliche Schriften und Briefe, 4. Reihe: Politische Schriften, Bd. 1. Berlin 1983, S. 3–97, hier: 29 ff., ferner: Consilium Aegyptiacum (1671), ebd. S. 217–409, hier: 355ff. – Lieselotte Richter: Leibniz und sein Rußlandbild. Berlin 1946, S. 27–37; später Ernst Benz: Leibniz und Peter d. Gr. Der Beitrag Leibnizens zur russischen Kultur-, Religions- und Wirtschaftspolitik seiner Zeit. Berlin 1947, stellen den Wandel dar, aber es wird wenig anschaulich, daß damit eine gesamteuropäische Umorientierung von Polen auf Rußland als osteuropäischer Vormacht erfolgte.

Um diese Zeit aber war der Aufstieg Brandenburg-Preußens als Erbe Polens in der osteuropäischen Vormachtstellung schon klar erkennbar. Den Grund hatte schon am 4. März 1563 der Vertrag von Petrikau gelegt, durch den Brandenburg die Nachfolge in Preußen eingeräumt wurde, wenn das Herzogshaus ohne Thronerben bliebe. Die Könige erkannten den Beschluß stets an.[8] Der Fall war 1611/1618 eingetreten. Die Begründung Preußens ist eine Folge des Niedergangs Polens. Die religiösen Verhältnisse spielten dabei eine ausschlaggebende Rolle. Polen war groß durch seine religiöse Toleranz im 16. Jahrhundert; es ging nieder, als es im 17. Jahrhundert die Gegenreformation durchsetzen wollte und nicht konnte. Brandenburg, und mit ihm Preußen, nahm seinen Aufstieg im 17. Jahrhundert durch seine Frömmigkeit, die besonders auch die Armee trug, übrigens bis weit ins 19. Jahrhundert, sowie seine religiöse Toleranz, die im 18. Jahrhundert zu einer allgemeinen Toleranzidee umgebildet wurde, die zum ersten modernen Rechtsstaat „auf deutschem Boden“ führte. Erst als die Staatsidee, die sich auf diese Toleranz und Rechtsstaatlichkeit stützte, beeinträchtigt wurde, zeichnete sich der Niedergang Preußens als osteuropäischer Vormacht ab. Das war kaum vor der Mitte des vorigen Jahrhunderts der Fall. Wie die Sache ausgegangen ist, wissen wir.

IV.

Wenden wir uns der inneren, der kulturellen Entwicklung, die schließlich vor allem Europa zu Europa gemacht hat, aufmerksamer zu. Sie ist seit dem ausgehenden Mittelalter bis in unsere Tage in erstaunlich starkem Maße von der Frömmigkeit bestimmt; während überall im Westen Europas Säkularisierung und Autonomie die geistige Entwicklung gekennzeichnet hat. Würde man eine Kulturgeschichte Osteuropas schreiben, die sich nicht durch nationale und sprachliche Grenzen bestimmen ließe, so würde in eindrucksvoller Weise bestätigt, daß das ganze lateinische Osteuropa von einem nördlichen Humanismus geprägt war, der seine Quellen nicht vor allem im Ursprungsland des Humanismus, in Italien oder anderen romanischen Ländern hatte, sondern in Deutschland (die Niederlande natürlich einbegriffen), und daß Werke und Autoren dieses osteuropäischen Humanismus in besonders starkem Maß auf Deutschland zurückwirkten.

In Polen muß man zunächst von dem schon erwähnten goldenen Zeitalter ausgehen. Das geistige Leben wurde von der seit dem 15. Jahrhundert berühmten Landesuniversität in Krakau bestimmt. Zu ihr laufen eben die romanischen Linien aus Italien. Sie erweitern

---

8 Zurückhaltend dazu Gotthold Rhode: Kleine Geschichte Polens. Darmstadt 1953, S. 193. Gänzlich falsch bei Oskar Halecki: Geschichte Polens. Frankfurt/Main 1963 (zuerst französisch 1939, danach englisch, polnisch, spanisch), S. 95: „...wurde Ostpreußen damit Erbgut einer deutschen Dynastie; aber die Nachfolge war beschränkt auf die direkten Nachkommen von Albrecht und seinen Brüdern, so daß die ältere Hohenzollernlinie, nämlich die der Kurfürsten von Brandenburg, ausgeschlossen war.“ Über den Reichstagsbeschluß von 1564 schweigt Halecki. Ähnlich schon Clemens Brandenburger: Polnische Geschichte. Leipzig 1907 (Sammlung Göschen 338), S. 86f. Unverständlich Jörg K. Hoensch: Geschichte Polens. Stuttgart (UTB 1251) 1983, S. 103. – A. Vetulani: Lenno pruskie. Od traktatu krakowskiego do śmierci księcia Albrechta 1525–1568. Krakau 1930, S. 76–86, gleichfalls ohne Erwähnung der Neuregelung der Erbfolge von 1564. W. Hubatsch: Albrecht von Brandenburg-Ansbach. Deutschordens-Hochmeister und Herzog in Preußen. 1490–1568. Heidelberg 1960, S. 231ff. S. Dolezel: Das preußisch-polnische Lehnsverhältnis unter Herzog Albrecht 1525–1568. Köln 1967, S. 149–151, Quellen S. 239. Anm. 9.

sich nach der Hochzeit des Königs mit einer Sforza 1519 erheblich. Demgegenüber trat der seit dem hohen Mittelalter vorwaltende Kultureinfluß aus Deutschland zurück. Aber er hörte nie auf. Er verstärkte sich auch wieder mit der Reformation. Frankfurt/Oder, Wittenberg, Basel und dann Marburg/Lahn wurden von Polen bevorzugte Hochschulen. Als die Jaggiellonische Universität in Krakau ein Verbot für Lutheraner erließ, ging ihre Bedeutung sogleich zurück. Für einige Jahrzehnte wurde die 1544 in Königsberg begründete Universität nicht nur zur zweiten, sondern zur wichtigsten in der Krone Polen. Hier brachten polnische Drucker unter der Protektion des Herzogs Albrecht höchst wichtige polnische Literatur heraus: Lexikon, Grammatik, Schulbuch, religiöse (evangelische) Erbauungsliteratur. Von heute aus gesehen mutet es sehr eigenartig an, daß zur gleichen Zeit deutschstämmige Drucker in Krakau, wo sie seit dem 15. Jahrhundert arbeiteten, die polnische katholische Literatur verlegten. Doch zur eigentlichen Zentrale für Polonica wurde in Deutschland Köln. Eine gerade fertiggestellte Dissertation bringt bis zum 18. Jahrhundert an die tausend Drucke zusammen, die zu Polen in Köln erschienen sind.[9]

Der Einfluß Luthers blieb beschränkt, hauptsächlich auf die deutschen Städte. Indessen entstand 1546 auch die erste polnische Psalmendichtung, des Calvinisten Nikolaus Rej (1505–1569) aus Rotreußen, nicht ohne Einwirkung von Luthers Psalmenübertragung. Nachhaltiger wirkte Melanchthon, vor allem aber Erasmus von Rotterdam. Gerade er prägte den nördlichen Humanismus in Polen, dem so bedeutende Persönlichkeiten zugehörten wie der Dichter Jan Kochanowski (1530–1584), der eine Zeitlang in Königsberg studiert hatte, und der Staatstheoretiker Fricius Modrevius (1503–1572), der zeitweise in Wittenberg gewesen war. Sie beide, der eine aus Kleinpolen, der andere aus Großpolen, wirkten mit ihren Werken lange und weit über die Grenzen des Landes hinaus in alle Erdrichtungen.

Der polnische Hochadel war in der Reformationszeit vor allem dem Calvinismus zugeneigt, und zwar besonders in Kleinpolen, in Reußen und Litauen, also im Osten. Dort, in Brest, entstand nur drei Jahre nach der ersten polnischen Gesamtübersetzung der Bibel, der katholischen „Leopolita" (1561)[10], eine calvinistische (1563), die als erste aus den Originalsprachen übersetzt war, und unmittelbar darauf eine weitere, antitrinitarische (1572) des Großpolen Simon Budny (1530–1592). In den Städten dieser Region bildeten sich Schulen aller Konfessionen. Dort entstanden Lieder- und Schulbücher, die deutsche und tschechische Quellen hatten und weit bis nach Rußland wirkten. Ohne die Einwirkung der reformatorischen Frömmigkeit und Bibelphilologie aus Deutschland war das alles nicht denkbar. Eine der bedeutendsten Figuren der Zeit und der Region war der Kreter Konstantin Lukaris (1572–1638), nachmals Patriarch in Konstantinopel. Gegen Ende des 16. Jahrhunderts war er Lehrer an orthodoxen ostslavischen Schulen in Ostpolen und wurde dort zum Krypto-Calvinisten.

Die Gegenreformation begann früh ihre Wirkung, nicht nur allgemein in Polen, sondern besonders auch im Osten. Schon 1564 führte der Bischof von Ermland, der aus Krakau

9 Ewa Bojaruniec-Stasch: Der polnische Buchdruck in Köln 1475–1800, mit einer Bibliographie der Kölner Polonica. Diss. Bonn 1990 (maschinenschriftlich).

10 Nachdruck und Kommentar jetzt in der Reihe Biblia Slavica. Reihe II: Polen. Bd. 1. Hrsg. von R. Olesch und H. Rothe. Paderborn 1989. Nachdruck der Bibeln von 1563 und 1572 ist vorgesehen.

kommende deutschstämmige Kardinal Stanislaus Hosius (1504–1579) die Jesuiten nach Polen, die 1578 in Wilna eine dritte Universität in Polen begründeten, die bald die Bedeutung von Königsberg zurückdrängte und zur ersten im Königreich wurde. Es kam 1596 zur sog. Brester Union, in der die orthodoxen Ukrainer und Weißrussen zwar ihren eigenen Ritus beibehielten, sich juristisch aber Rom unterstellten. Diese Union hatte zunächst beachtliche Erfolge. Binnen eines Jahrzehnts verlor die slavische Orthodoxie in Polen ihren gesamten höheren Klerus an sie. Erst 1620 konnte in Kiev die orthodoxe apostolische Sukzession wieder hergestellt werden. Nun geriet die Union mehr und mehr zwischen die Mühlsteine der erstarkenden Orthodoxie und des gegenreformatorischen Katholizismus. In dieser bedrängten Lage blieb sie, heute mehr denn je, da sie nach 1945, unter kräftiger Mitwirkung des Moskauer Patriarchats, verboten wurde.

Dabei war die Union in dem Städteviereck des östlichen Polen der bedeutendste Bildungsfaktor bis ins 19. Jahrhundert. Man könnte das an vielen Erscheinungen zeigen, z. B. an Mysterienspiel und Theater. Die Orthodoxie übernahm es in Lemberg von polnischen Katholiken und übertrug es nach Kiev, von wo es ukrainische Bischöfe im 18. Jahrhundert überall in Rußland verpflanzten, wo es vorher nie ein Theater gegeben hatte. Ein anderes Beispiel ist das Kirchenlied, besonders die Marienlyrik, die in unierten Klöstern im Lemberger und Wilenser Raum gepflegt und von da handschriftlich in Rußland verbreitet wurde. Schließlich ist auf mystische Erbauungsliteratur hinzuweisen. Ihre Einwirkung in Polen ist ganz unerforscht. Es zeichnet sich aber deutlich ab, daß sie zu großem Teil aus der Erzdiözese Köln, nämlich von flandrischen Jesuiten stammt, durch die kölnischen Verbindungen in Polen Eingang fand und dann durch Übertragungen von Unierten in Ostpolen wiederum handschriftlich in ganz Rußland verbreitet wurde; selbstverständlich ohne Hinweis auf den jesuitischen Ursprung; Wie man sieht, gab es erhebliche Möglichkeiten unterhalb der scharfen Trennungslinie der Konfessionen mit lateinischer Literatur in Rußland einzudringen, und dieser Kryptokatholizismus war in Rußland seit dem Ende des 17. Jahrhunderts stets wirksam.[11] Gegen Ende des 18. Jahrhunderts trug er nicht unerheblich zur Bildung von geheimen Zirkeln bei, deren enthusiastische Schwarmgeisterei in allen revolutionären Bewegungen in Rußland nachweisbar ist.

V.

Es folgte, in der Zeit des Königs Stanislaus August Poniatowski (1732–1798; Kg. 1764–1795) ein Klassizismus französischer Orientierung. Er war vorbereitet durch die sächsische Zeit, in der das lebensfrohe ‚französische' Dresden maßgebend war. Eben die neue Hofkultur ist Hauptstütze der These vom romanischen Polen. Man hat indessen zu beachten, was zur gleichen Zeit in den Nachbarländern geschah, d. h. in Preußen und Rußland. Die bei weitem wichtigste Erscheinung, vor allem für Osteuropa, war der Pietismus. Er breitete sich von Halle und Herrnhut zuerst in Brandenburg und Preußen aus und wurde dann über die baltischen Städte in das neu gegründete Sankt Petersburg getragen. Es war die letzte große nach Osten gewendete Missionsbewegung, die von dem

11 Zum Vorstehenden Hans Rothe: Religion und Kultur in den Regionen des russischen Reiches im 18. Jahrhundert (Rheinisch-Westfälische Akademie der Wissenschaften. Vorträge G 267). Opladen 1984, S. 75ff.

alten Reich ausging. Sie konnte an sächsisch-russische Beziehungen anknüpfen, die seit Mitte des 17. Jahrhunderts bestanden. Das Ergebnis war ein neuer Kulturweg, der gegen Ende des 18. Jahrhunderts Moskau, dahinter sogar noch das Gouvernement Simbirsk am mittleren Wolgalauf sowie Petersburg mit allen wichtigen deutschen Kulturzentren verband: mit Dorpat, Riga, Königsberg, Berlin, Dresden, Leipzig, Weimar, Frankfurt/Main, Mannheim, Straßburg, Basel und Zürich. Auf diesem Kulturweg konnten nach pietistischen Gedanken, zum Teil gleichzeitig mit ihnen, um die Wende zum 19. Jahrhundert Ideen und Werke der deutschen Klassik und Romantik nach Rußland eindringen.[12] Für die Entwicklung und Entfaltung der russischen Literatur und geistigen Kultur überhaupt hatte das ungeheure, bis heute noch nicht richtig eingeschätzte Folgen.

Folgen aber auch für Polen. Denn Polen war nicht nur 1795 ganz aufgelöst, sondern durch den beschriebenen neuen Kulturweg nach Rußland regelrecht umgangen. Pietistische Abgesandte waren zwar auch in Danzig, Posen, Warschau und Wilna erschienen. Aber sie hatten keinen Erfolg.[13] Der Pietismus konnte im immer noch gegenreformatorischen Polen keinen Fuß fassen. Das konnte im klassizistischen Polen aber auch die deutsche Klassik und Romantik nicht. Ob es nun einen ursächlichen Zusammenhang gibt oder nicht – jedenfalls gehören Pietismus und deutsche Klassik in Osteuropa zusammen, sowohl in Rußland, wo sie erschienen, als auch in Polen, wo sie lange ausblieben.

Da aber die deutsche Literatur seit etwa 1770 zur Leitliteratur in ganz Europa geworden war, bestand für Polen, wenn es den Anschluß an sie nicht fand, die Gefahr, daß es nach dem Verlust der äußereren Selbständigkeit auch in die innnere Isolierung geriet.

VI.

Es ist aber nicht nur die Natur pfiffig, wie Brecht sagt, sondern die Geschichte ist es auch. Sie ist es vor allem. Gerade Polens Unglück brachte die Wende. Sie fand indessen nicht mehr, wie die goldene Zeit, in Kernpolen statt, sondern im polnischen Osten. Den Anschluß an die moderne deutsche Literatur fand Polen in Lemberg, das österreichisch, und in Wilna, das russisch geworden war. Zunächst Lemberg.[14].

Als 1795 Polen endgültig aufgeteilt wurde, verließen viele Warschau, das keinen Hof mehr hatte, und gingen nach Lemberg, wo sich die geschlagenen Aufständischen von Kościuszko sammelten. Unter ihnen war auch der Direktor des Nationaltheaters, der Posener Adalbert Bogusławski (1757–1829). Und nun stellte sich eine Kulturwirkung ein, die auch in der wechselvollen Geschichte dieser Stadt frappant war. In Lemberg gastierte der Prager Schauspieler Franz Heinrich Bulla (*1754) mit einer eigenen Truppe. Er war aus Kaschau herübergekommen und hatte vorher in Buda, Prag, Linz, Salzburg gespielt

12 vgl. ebd. S. 15ff. Lit. S. 187. Anm. 25.

13 Dazu Th. Wotschke: Der Pietismus im alten Polen. Zur Erinnerung an den 200jährigen Todestag A. H. Franckes. In: Dt. Bll. in Polen. Monatsschr. für die Deutschen in Polen, Jg. IV. Posen 1927, S. 429–448; VI 1929, S. 461–468.

14 Zum Folgenden Julius Kleiner: Lewis i jego „Tales of Wonder“, jako źródło ballad Niemcewicza. In: Studia z zakresu literatury i filozofii. Warschau 1925, S. 55–63. – Ders.: Lwów kolebką romantyzmu polskiego. In: ders.: W kręgu Mickiewicza i Goethego. Warschau 1938, S. 197–200.

und in Karlsruhe eine eigene Truppe begründet. Er spielte deutsch, und zwar unter anderem sieben Shakespeare-Stücke, deren deutsche Fassungen auf die berühmten Hamburger Textbücher nach dem Original zurückgingen. Bogusławski übernahm Bullas Texte, übertrug sie ins Polnische, nahm sie nach Warschau mit, als er bald darauf zurückkehrte, und führte sie nicht nur dort auf, sondern in Gastspielen in allen polnischen Städten. Das gilt auch für Städte im ehemaligen östlichen Polen bis nach Kiev und darüber hinaus bis Odessa.[15] Das war ein erster Schritt zu einem Anschluß der polnischen an die deutsche Literatur. Ganz Polen fand sich im Hamlet wieder, dem Königssohn, den man um sein Vatererbe gebracht hatte.

In der polnischen Wissenschaft wird selten gesehen, daß die Teile Polens in Preußen, Österreich und Rußland in diesem Augenblick nur der deutschen Kulturlandschaft glichen. Nur in Deutschland und Österreich gab es im 18. und 19. Jahrhundert ein so vielfältiges Theaterleben, dessen Grundlage Gastspieltourneen der verschiedenen Truppen war. Bemerkenswert ist aber auch, daß auf diesem neuen Kulturweg über Prag, Wien und Lemberg ein moderner Shakespeare Polen erreichte, und zwar in deutscher Gestalt, die dem Original näher war als die vorher beherrschende französische. Der bis dahin verpaßte Anschluß Polens an die deutsche Literatur war dadurch ermöglicht.

Im gleichen Augenblick zeigte sich, daß Polen als Theater-, wenn nicht als Literaturlandschaft viel tiefer und sicherer grundiert war, obwohl es als Staat gar nicht mehr existierte, als das siegreiche Kaiserreich Rußland. Dort gab es nämlich nichts Vergleichbares: zwar ein deutsches Theater, aber gänzlich ohne Ausstrahlung, kein deutscher (geschweige denn ein englischer) Shakespeare, überhaupt keine deutsche Theatereinwirkung, keinerlei Gastspiele in der Provinz, also überhaupt keine moderne Literaturlandschaft, nur Hof- und Hauptstadtliteratur, und daher keine Breitenwirkung über die Zirkel der Hauptstädte hinaus. Zwar gab es den Kulturweg von Moskau nach Weimar.[16] Aber es war nur ein schmales Rinnsal, das darin in den entfernten Osten floß; fruchtbringend zwar, aber zunächst nur bei Wenigen.

VII.

In Wilna war die 1795 geschlossene Universität 1804 wieder eröffnet worden, allerdings mit einem ganz neuen Programm, das auch die gleichzeitig neu gegründeten Universitäten Dorpat und Kazań einschloß. Fortan galten in Rußland die Universität in Moskau (und ab 1819 auch eine in St. Petersburg) als russische Landesuniversität(en), die in Dorpat für deutsche, in Wilna für polnische und in Kazań für asiatische Untertanen.

---

15 Zum Vorstehenden Hans Rothe: Shakespeare in französischem und deutschem Gewande bei Polen, Russen und Tschechen. In: Das Shakespeare-Bild in Europa zwischen Aufklärung und Romantik (Jb. f. Intern. Germanistik Reihe A, Bd. 22). Hrsg. von Roger Bauer. Bern 1988, S. 262–282; hier: 269f. (mit Literatur).

16 ebd. S.271f. Jetzt auch Heinrich Bosse: Die Etablierung des deutschen Theaters in den russischen Ostseeprovinzen um 1800. In: Unerkannt und (un)bekannt. Deutsche Literatur in Mittel- und Osteuropa (Edition Orpheus. Beiträge zur deutschen und vergleichenden Literaturwissenschaft 5). Hrsg. von Carola L. Goltzmann, Tübingen 1991, S. 79-101. Fürs Theater nicht ergiebig.

Von polnischer Seite wird stets die überragende Rolle des Fürsten Adam Czartoryski (1770–1861), des Freundes des jungen Zaren Alexander I., mit dem er zusammen erzogen war, für die Universität in Wilna hervorgehoben. Mit Recht. Als ihr erster Kurator hat er außerordentlich viel für die Erhaltung der polnischen Kultur geleistet. Aber darüber werden die gemeinsamen Züge des russischen Universitätsprogramms in Polen übersehen. Es wurde von einem russischen Dichter entworfen, M. N. Muravjov (1757–1807), der, ganz an der deutschen Klassik gebildet, um 1790 schon Erzieher des russischen Kronprinzen gewesen war und damit auch Czartoryskis. Als eine Art Staatssekretär für Hochschulfragen legte er seinem Bildungsbegriff für die Universitäten das Studium der Antike zugrunde. Sein Muster einer neuen Literatur war die deutsche, sein Universitätsvorbild Göttingen (wie übrigens auch schon für Lomonosov bei der Gründung der Universität Moskau 1755). Er sorgte für die Berufung von Gelehrten aus Deutschland, darunter drei klassische Philologen von Rang, von denen zwei aus Göttingen kamen, nämlich Johann Theophil Buhle (1752–1821), der nach Moskau ging; sowie der aus Danzig gebürtige Gottfried Ernst Groddeck (1762–1826), der nach Wilna berufen wurde. Marburger Absolvent war Karl Simon Morgenstern (1770–1852), der nach Dorpat kam. Sie alle waren nicht nur klassische Philologen, sondern auch Kenner und Lehrer der neuen deutschen Literatur, und als Freimaurer waren sie zusätzlich eng untereinander verbunden und standen in regem Briefwechsel.[17]

Diese Männer wurden Lehrer der besten russischen und polnischen Dichter, und das kann die erstaunliche Gleichförmigkeit der russischen und polnischen Literaturen zwischen 1815 und 1835 erklären. Bei Groddeck in Wilna studierte Adam Mickiewicz (1799–1852). Er bezog seit 1819 in der heftigen Fehde Partei, die 1816 zwischen Anhängern einer französischen und deutschen Literaturauffassung in Wilna ausgebrochen war und 1825–1830 in Warschau fortgesetzt wurde, und er verhalf der „deutschen" Auffassung zum Durchbruch.[18] Wie in Rußland, wurde der Streit am Beispiel von Balladen und Dramen geführt, aber ganz anders als dort war Shakespeare, und zwar Shakespeare in deutscher Auffassung, der Prüfstein. Für Mickiewicz war Goethe die Leitfigur. Wie dieser verband er klassische und volksmäßige Züge in Balladen und Dramen. „Faust" – und zwar auch der zweite Teil –, „Prometheus" und „Pandora" haben ihn inspiriert. Seit etwa 1828 und besonders dann 1832 als Emigrant in Dresden rivalisierte er offen um die Würde eines europäischen Dichterfürsten mit Goethe. Er fühlte sich dazu berechtigt, da er Goethe für einen Mann der Aufklärung des vergangenen Jahrhunderts hielt, der das „religiöse Element" zwar nicht angegriffen, aber doch nicht genug berücksichtigt habe. Das wollte er, Mickiewicz, tun, und tatsächlich erweiterte er in seinem Dramenzyklus „Die Ahnenfeier" (1822–1832) die europäische Romantik um die Dimension des religiösen Messianismus, der seither aus der polnischen Literatur nicht mehr wegzudenken ist.[19]

---

17 Dazu Hans Rothe: Ballade und Drama in der polnischen und russischen Romantik. In: Gattungen in den Slavischen Literaturen. Beiträge zu ihren Formen in der Geschichte. Festschrift für Alfred Rammelmeyer (Bausteine zur Geschichte der Literatur bei den Slaven Bd. 32). Köln, Wien 1988, S. 243–257; hier: 253f. (mit Literatur).

18 vgl. J. Kleiner: Mickiewicz, Bd. 1. Lublin 1948.

19 Zum Vorstehenden genauer Hans Rothe: Goethe und die sog. „große Improvisation" im dritten Teil der „Dziady" von Mickiewicz. Der „prince des poètes" und der Herausforderer. In: Festschrift für R. Olesch (Mitteldeutsche Forschungen, 100). Köln, Wien (Böhlau) 1990. S. 337-373.

Wie Mickiewicz stammten noch drei weitere Dichter oder Philosophen der polnischen Romantik aus dem Wilenser Gebiet: die Dichter Julius Słowacki (1809–1848) und Zygmunt Krasiński (1812–1856) und der Philosoph, vielleicht besser Theosoph Andreas Towiański (1799–1878), der Gedanken von Jakob Böhme und Swedenborg aufnahm. Erst sie alle zusammen ergeben das Bild. Sie alle gehören zur sog. großen Emigration, die in Paris zusammentraf, wo Heine sie so respektlos verspottet hat.[20] Aber die französische Kultur, das wird selten bemerkt, hat sie erstaunlich wenig geprägt. Weit mehr und tiefer war das durch die geistige Bewegung in ihrer engeren Heimat im ersten Drittel des Jahrhunderts geschehen.

VIII.

Die Universität Wilna wurde 1823 durch eine Verhaftungswelle, die auch Mickiewicz erfaßte, gereinigt, 1832 bis auf die theologische und medizinische Fakultäten, und 1842 ganz geschlossen. In Warschau wurden nach dem Novemberaufstand 1830 Theateraufführungen gänzlich verboten. Das geistige Leben innerhalb der polnischen Teile wanderte nach Lemberg und Posen ab, später auch nach Krakau.

Erst gegen Ende des Jahrhunderts bildeten sich wieder geistige Zentren auch in Warschau und Wilna, und jetzt erst gewann die französische Kultur wieder einen überragenden Einfluß in Polen. Aber auch das kann täuschen. Gerade im fin de siècle bis hin zum ersten Krieg und noch darüber hinaus gab es daneben eine starke deutsche Orientierung. Nietzsche und Wagner hatten ihre Anhänger in Warschau und Posen und taten erhebliche Wirkung in der modernistischen polnischen Literatur, zur gleichen Zeit, wie Pasternak ihr unterlag.

IX.

Die These vom Rösselsprung läßt sich nicht belegen, ebenso wenig die exotische Vorstellung vom romanischen Polen. Zu konstant sind die Verbindungen mit dem deutschsprachigen Raum, sowohl in den Konturen der äußeren Entwicklung seit dem frühen Mittelalter wie in der inneren Gestalt der Kultur bis in unser Jahrhundert.

Aber auch die ältere Vorstellung von einem linearen westöstlichen Kulturgefälle ist zu einfach geschnitten. Bei bedächtigem Studium und nach den Erfahrungen der neueren Geschichte kann man sie nicht vertreten. Zu eindeutig war – um ein unverdächtiges Beispiel zu nennen – die pietätvolle Verehrung Goethes überall in Osteuropa, verbunden mit dem Staunen darüber, daß die Deutschen ihren größten Dichter nach seinem Tod mit kaum verhüllter Gleichgültigkeit übergingen, und zu deutlich war demgegenüber auch der tiefe Fall unserer Literatur in Provinzialität nach Goethes Tod bis zum Beginn dieses Jahrhunderts. Zu gewaltig waren auch Erscheinungen wie die polnische Romantik und der russische Roman, für die in Deutschland im späten 19. Jahrhundert gar kein Publikum zu gewinnen war.

20 H. Heine: Zwei Ritter (Romanzero Buch 1). In: Sämtliche Werke. Hrsg. von Ernst Elster. Leipzig (Bibliogr. Inst.) Bd. I 1890, S. 353–355.

Es ist auch das Vorstellungsbild in der Metapher Kulturgefälle kaum zutreffend. Es suggeriert, daß von einer Höhe etwas herabfällt oder herabsickert und sich dann in ungestalten Weiten verliert. Festzuhalten ist nur die Beobachtung, daß Europa von Westen nach Osten gewachsen ist. Doch wird man diesen Gang der Geschichte gewiß zutreffender beschreiben können, wenn man von der Reichsidee ausgeht und versucht, deren Grenzen und Verwandlungen im Osten zu beschreiben, wie es hier versuchsweise geschah.

Historische Beobachtung zeigt, daß die Erscheinungen und Erlebnisse seit den Tagen unserer Großväter kaum ohne Ergründung des Fundaments in der Tiefe der Geschichte richtig zu verstehen sind. Es stellt sich dann heraus, daß sich Deutschland im ganzen als östlicher Teil Europas gebildet hat und daß früh an seinem eigenen Ostrand neue Kulturregionen entstanden, die die deutsche Geschichte als ganze, nicht nur am Rande, sondern in ihrerer Substanz, mit gestalteten: die Ostmark Österreich, Böhmen und Mähren, Schlesien, Pommern, Preußen, das Baltikum.

Eine Analogie dazu stellt die Entwicklung der Krone Polen dar. Das Reich konnte sie nicht dauerhaft an sich binden wie Ungarn, oder eingliedern wie Böhmen. Die Krone Polen andererseits übernahm zeitweise für sich die Reichsidee, konnte sich dabei aber doch niemals vom Reich selbst lösen. Auch an ihrem Ostrand entstanden Kulturregionen in dem beschriebenen Städtegeviert, die in mancher Hinsicht eine Analogie zu den Ostgebieten des Reiches darstellen. Aber die Analogie ist nicht vollständig. Polen konnte dort geistige Zentren bilden, von denen einigemal eine Kulturerneuerung für das ganze Land ausging. Aber es konnte die Region nie ganz mit der eigenen Kultur durchdringen, wie Deutschland seine Ostregionen (vielleicht mit Ausnahme von Böhmen) und dadurch nicht dauernd an sich binden. Eine andere, die ostslavische Kultur blieb immer wirksam.

Das führte zu sehr eigenartigen Verwerfungen. Vor allem zwischen polnisch-katholischen und ostslavisch-orthodoxen Positionen, die seit der Einführung des gregorianischen Kalenders in ganz Polen 1582 (man bedenke: Preußen und England folgten erst im 18. Jahrhundert) mit immer größerer Heftigkeit hervortraten und nur später im alten Österreich gemildert waren. Es hatten Bildung und Zivilisation bei beiden Teilen – Katholiken und Orthodoxen, diese beträchtlich gefördert durch die Union – bis zum Ende des Königreiches Polen eine Höhe erreicht, die weit über dem Niveau in Rußland lagen. Rußland war, als es weite Teile Polens übernahm, der Verwaltung so hoch entwickelter Gebiete gar nicht gewachsen, weil es selbst nichts Vergleichbares aufzuweisen hatte.

Das zeigt sich bis heute, da nach den Nivellierungen und der Russifizierung des vergangenen Jahrhunderts die historischen Umrisse der alten Kulturrregionen im jetzigen russischen Westen in den erregenden Bewegungen unserer Tage wieder zum Vorschein kommen. Und wieder einmal sieht es so aus, als ob Schicksal und Verlauf der Begrenzung Europas im Osten von den inneren Verhältnissen der osteuropäischen Führungsmacht abhängig sind, ein natürliches Eigenleben der Regionen im mittleren Osteuropa ohne Führungsmacht noch kaum oder gerade erst in Sicht ist.

Umrisse alter Kulturregionen kommen wieder zum Vorschein – aber nicht alle. Wahrscheinlich die in dem erwähnten Städteviereck, vielleicht in Siebenbürgen, vielleicht jetzt etwas in Oberschlesien. Aber alles steht unter der bangen Frage: wie lange noch? Und wie wird es mit den Kaschuben, mit den Wolgadeutschen? Wir dürfen hoffen, daß die historischen Länder auf dem Gebiete der jetzigen DDR in absehbarer Zeit wieder hergestellt werden; aber Schlesien, Pommern, Ostpreußen? Und was ist mit Böhmen, dem Memelland? Form und Substanz der historischen deutschen Siedlungsgebiete im Osten Deutschlands und im östlichen Europa wurden zum größten Teil nach 1945 vernichtet, beseitigt. Leidenschaftsloser Blick auf die Geschichte ebenso wie Geschichtstrauer, wie wir sie seit der Bildung der modernen Welt in der Romantik lernen können, nötigen dem Betrachter diese Erkenntnis ab.

Dies war indessen kein einmaliger Vorgang in den Jahren 1944 bis 1948, und es betrifft nicht allein diejenigen, die diese schmerzhaften Amputationen damals vornahmen und die so beglückten Völker dann unterdrückten oder im Stich ließen. Es ist ein unabgeschlossener, stets weiter fortschreitender Umbildungsprozeß, und er betrifft uns. Denn in einer Art Selbstzüchtigung, die dem Todeszug der Lemminge gleicht und den wir nicht begreifen können, haben wir, allein wir und niemand anderer, freiwillig und ohne Not, die einzige und sichere Grundlage zerstört, die uns geblieben war und aus der allein die Kenntnis vom Osten Deutschlands und vom deutschen Anteil am Osten Europas gewonnen werden kann: unser Bildungssystem in Schule und Universität, vor allem in der sprachlichen, literarischen und historischen Bildung. Aber jedenfalls das können uns die Bildungsreformer lehren, daß im Bildungswesen eine Änderung einfach und schnell zu erreichen ist. Wir brauchen es eigentlich nur zu wollen.

Gabriel Adriányi

Das Verhältnis der katholischen Kirche zu den Völkern Ost-Mitteleuropas zwischen den beiden Weltkriegen 1919 bis 1939 am Beispiel Litauens, Polens und der Ukrainischen Kirche

Die Kirche ist nach ihrem Selbstverständnis eine Stiftung Gottes, die jedoch nicht nur eine übernatürliche Dimension hat, sondern durch ihre Mitglieder, das pilgernde Gottesvolk, auch in der Gesellschaft relevant ist. So hat die Kirche durch ihre Gläubigen stets Einfluß auf die politisch-gesellschaftlichen Entwicklungen der einzelnen Völker ausgeübt, wie auch die Kirche selbst aufgrund der Involvierung ihrer Mitglieder in den entsprechenden Problemen ihre Auffassung herausbilden und vertreten mußte. Diese Verwobenheit der Kirche mit den einzelnen Völkern und ihren politisch-nationalen Problemen ist besonders in Osteuropa sichtbar, sie macht dort sogar einen wesentlichen Teil ihrer Geschichte aus. Der Beitrag will dieser Frage an drei Beispielen nachgehen und an der Kirchengeschichte Litauens, Polens und der ukrainischen Kirche zeigen, welchen Standpunkt vertraten, bzw. welche Konsequenzen zogen der Hl. Stuhl und die Ortskirchen – die Auffassungen und Handlungsweisen beider stimmten oft nicht überein! – aus der gegebenen Situation.

Litauen

Das Geschick Litauens war seit 1386, der Entstehung der Personalunion, später Realunion, zwischen dem Großfürstentum Litauen und dem Königreich Polen mit der polnischen Krone verbunden. Das begreifliche Streben nach höherer Kultur hatte aber in Litauen zur Folge, daß es zwar durch die polnische Missionierung an Stärkung seines religiös-kirchlichen Lebens gewann, jedoch an nationalen Rechten Einbuße erlitt. Die litauische Sprache wurde mehr und mehr verdrängt, Klerus und Adel fielen der Polonisierung anheim. Der Niedergang Polens bedeutete auch den Niedergang Litauens. Bei der dritten Teilung Polens 1795 kam der größere Teil Litauens an Rußland, das dort sechs Gouvernements errichtete, während ein kleiner, bis zur Memellinie reichender Teil an Preußen fiel. Dieses Gebiet wurde jedoch 1807 mit dem Großherzogtum Warschau vereinigt, das 1814 als ein Teil Kongreßpolens ebenfalls von Rußland annektiert wurde. Gegen diese russische Herrschaft lehnten sich die Litauer – zusammen mit den Polen – 1831, 1863 und 1905 vergebens auf.

Ende des vorigen Jahrhunderts setzte in Litauen auch auf kirchlichem Gebiet das Ringen um Zurückgewinnung der nationalen Rechte ein. Man forderte, der Hl. Stuhl möge der Forderung nach einem einheimischen Episkopat Rechnung tragen und anstelle der bisherigen polnischen Bischöfe in Kaunas, Seina und Wilna (Vilnius) litauische Oberhirten einsetzen. Rom entsprach diesen berechtigten Wünschen, soweit die Verhältnisse es gestatteten.

Im Verlauf des Ersten Weltkrieges kam Litauen im September 1915 unter deutsche Besetzung, die Deutschen wurden verständlicherweise als Befreier begrüßt. Bald aber mußten die Litauer, besonders der katholische Klerus spüren, daß sie den alten Bedrücker mit einem neuen vertauscht hatten. Das starke und protestantisch geprägte Regiment der Deutschen hatte dort Ablehnung hervorgerufen[1]. Der Klerus suchte nunmehr Kontakte zu Rom. Papst Benedikt XV. hatte bereits zwei Jahre zuvor auf Bitten des litauischen Prälaten Konstantin Alsauskas eine Weltkollekte für das vom Krieg schwer heimgesuchte Land durchgeführt und die kirchenpolitischen Wünsche der neuen litauischen nationalen Bewegung wurden durch zwei Abgesandte dem Hl. Stuhl bereits zur Kenntnis gebracht.

Wie bekannt, konstituierte sich schon 1915 ein litauischer Vollzugsausschuß zum Zweck der Gründung eines selbständigen Staates, und im September 1917 kam ein litauischer Landesrat, die Taryba, zustande, der am 16. Februar 1918 den unabhängigen litauischen Staat mit der Hauptstadt Vilnius proklamierte. Diese Unabhängigkeitserklärung erhielt jedoch vorerst keine völkerrechtliche Anerkennung. So lag es Litauen – wie auch den anderen baltischen Staaten Estland und Lettland – viel daran, eine internationale Anerkennung mindestens seitens des Hl. Stuhls zu erlangen. Estland überreichte Benedikt XV. schon am 8. April 1919 eine entsprechende Denkschrift, die vom Papst mit besonderem Wohlwollen entgegengenommen wurde,[2] Litauen wurde in der Kurie am 28. Mai 1919 vorstellig.[3] Das Ergebnis dieses Besuches bestand in einem Apostolischen Brief, in dem der Papst sich für die Zuerkennung des Rechtes der Selbstbestimmung für Litauen aussprach und dem Land eine glänzende Zukunft wünschte. Der Papst versicherte außerdem der Abordnung, er werde nicht verfehlen, Litauen in seinem Bestreben nach Erfüllung seiner gerechten und berechtigten Bestrebungen zu unterstützen und seine religiösen Interessen zu wahren.[4]

Aufgrund der vorherigen Besprechungen führten die litauischen Domherren J. Stangaitis und A. Grigaritis im Juni und Juli 1919 Verhandlungen in Rom, die vornehmlich den Zweck hatten, die diplomatische Beziehung zwischen Litauen und dem Hl. Stuhl herzustellen.[5] In diese Verhandlungen hinsichtlich der Wünsche Litauens wurde auch der Apostolische Delegat, seit dem 6. Juni 1919 Apostolische Nuntius in Polen, Msgr. Achille Ratti, eingeschaltet. Die diplomatischen Beziehungen zwischen Litauen und dem Hl. Stuhl wurde am 17. September 1919 aufgenommen. Der Vertreter Litauens beim Vatikan – im übrigen ein Prälat – erhielt die Aufgabe, Litauens Selbständigkeit in jeder Hinsicht zu vertreten und daher auch für eine eigene litauische Kirchenorganisation, d. h. ihre Loslösung aus dem bisherigen polnischen Kirchenverband, einzutreten sowie den entspechenden polnischen Wünschen entgegenzuwirken. Zum Apostolischen Delegaten wurde der Jesuitenpater Antonio Zecchini, der später auch die diplomatische Missio in Estland erhielt, bestellt.

---

1 Friedrich Lama: Papst und Kurie in ihrer Politik nach dem Weltkrieg. Illertissen 1925, S. 411 mit Unterlagen.
2 ebd., S. 410f.
3 ebd., S. 411.
4 ebd., S. 411.
5 Auch zu dem Folgenden, ebd. S. 411–412.

Nach Abzug der deutschen Truppen aus Litauen und einem monarchischen Zwischenspiel – von Juli bis November 1918 war Herzog Wilhelm von Urach, Graf von Württemberg, König in Litauen – sowie nach Anerkennung Litauens durch Deutschland schloß das Land am 12. Juli 1920 auch mit der neuen Sowjetunion Frieden. Polen jedoch erhob Gebietsansprüche. Trotz der Vereinbarung vom 7. Oktober 1920 zwischen Litauen und Polen, wonach alle strittigen Fragen eine friedliche Lösung finden sollten, besetzte Polen am 9. Oktober 1920 Wilna. Dieses Vorgehen Polens löste einen Jahre hindurch dauernden schweren internationalen Konflikt aus, in welchen freilich auch der Vatikan involviert wurde. Denn schon gleich nach der Besetzung Wilnas durch die Polen richtete der litauische Außenminister eine Protestnote an den Hl. Stuhl, in der er unter anderem die Verdrängung litauischer Geistlicher aus ihren Ämtern und von Polen begangene Gewalttaten beklagte. Der Wunsch Litauens, seine volle kirchliche Unabhängigkeit von Polen zu bewahren, wurde in Rom auch vom Vizepräsidenten der litauischen Nationalversammlung, Domherrn Stangaitis und Bischof Franciscus Karevicius von Samogitien nachdrücklich unterstützt. Bekannt wurde auch, daß der Warschauer Nuntius, Achille Ratti (später Papst Pius XI.) die Berechtigung der litauischen Wünsche mit den Worten voll anerkannte: „Die Politik dürfe die Gewissen nicht terrorisieren“.[6] Allein der Schlüssel zur Lösung des Konfliktes lag nicht beim Vatikan.

Der Hl. Stuhl kam den berechtigten litauischen Wünschen insofern nach, daß er am 1. April 1922 eine unabhängige litauische Kirchenprovinz errichtete und im November den unabhängigen litauischen Staat – der immer noch nicht die Sanktionierung durch den Völkerbund besaß – de jure und de facto anerkannte.[7] Aber wegen der großen Zurückhaltung des Vatikans, die aus Rücksicht auf Polen herrührte, wurde das Verhältnis zwischen Litauen und Rom kühl, sogar gespannt. Der Apostolische Delegat Zecchini verstand auch nicht, sich in Kaunas beliebt zu machen. Litauen ließ seinen Botschafterposten beim Hl. Stuhl über ein Jahr unbesetzt. Erst als 1924 der Abschluß eines polnischen Konkordates in die Nähe rückte, wurde die litauische Regierung in Rom wieder aktiv.

Mittlerweile hielt sich Litauen 1923 durch die Besetzung des deutschen Memelgebietes, das seit 1920 unter französischer Besetzung stand und Polen zugedacht war, am Verlust Wilnas schadlos. Schließlich billigte die Konferenz der Entente-Mächte am 8. Mai 1924 diesen Schritt Litauens und sprach auch seine völkerrechtliche Anerkennung aus. Zu diesem Zeitpunkt besaß Litauen 52.346 qkm Oberfläche mit 2,03 Millionen Einwohnern, ohne das Memel- und Wilnagebiet. Von den Bewohnern waren 84,2 % Litauer, 3,2 % Polen, 2,5 % Russen, 7,6 % Juden und 1,4 %, d. h. 29.000 Deutsche. Im Memelland selbst wohnten 140.000 Deutsche. Bei Gründung des Staates waren 85,7 % der Bevölkerung, d. h. 1,9 Millionen katholisch. Sie waren schon in zwei Diözesen organisiert und hatten 1929 rund 388 Pfarreien und 1.072 Priester. Der Anteil der Lutheraner machte 3,3 % aus, der der Orthodoxen 2,7 %. Die Litauer selbst waren bis zu 98 % katholisch. Der Grundbesitz lag jedoch überwiegend (bis zu 65 %) in polnischen Händen, d. h. beim polonisierten Kleinadel.[8]

6 ebd., S. 415.
7 ebd., S. 413–414.
8 vgl. Herder-Staatslexikon, Bd.3. 5. Auflage, Freiburg i.Br. 1929, S. 1027. sowie ebd. 6. Auflage, Freiburg i.Br. 1957, Sp. 865–866.

Der neue litauische Geschäftsführer beim Hl. Stuhl, Juozas Macevičius, richtete im November 1924 im Namen seiner Regierung eine Note an das päpstliche Staatssekretariat, in der er den Hl. Stuhl warnte, in die im Konkordat mit Polen avisierten kirchlichen Jurisdiktionsbereiche auch jene Gebiete, sprich Wilna, einzubeziehen, die Gegenstand einer internationalen Auseinandersetzung seien und durch beiderseitiges – polnisch litauisches – Einverständnis gelöst werden sollten.[9] Wenige Wochen später – im Dezember 1924 – erschien auch eine kirchliche Delegation aus Litauen im Vatikan, die die litauischen Wünsche hinsichtlich Wilna mündlich und schriftlich vortrug. Diese Wünsche wurden wenig später etwas zurückgeschraubt, doch gipfelten sie alle darin, daß der Hl. Stuhl die Diözese Wilna, wenn auch nicht praktisch, doch de jure bei Litauen belassen sollte.[10]

Gerade dies war jedoch für den Vatikan unannehmbar. Denn die Vorstellung der litauischen Regierung ging von der vollständigen Verkennung der Lage des Papstes aus. Sie übersah, daß der obersten Kirchenleitung bei Regelung einer Kirchenorganisation nichts anderes übrigbleibt, als den tatsächlichen Souveränitätsverhältnissen Rechnung zu tragen, unabhängig davon, wie diese zustande kamen. Die Anerkennung des Status quo bedeutet noch keineswegs die rechtliche oder gar moralische Akzeptanz eines Unrechtes. An der Entstehung der Beschlüsse der Botschafterkonferenz und des Völkerbundes hatte der Hl. Stuhl nicht den geringsten Anteil, dem entstandenen internationalen Rechtszustand hinsichtlich der polnischen Hoheitsgebiete war auch der Hl. Stuhl – wollte er die Kirche nicht in endlose und schwere internationale Konflikte stürzen – verpflichtet. Außerdem drängte die seit 10 Jahren andauernde kirchenorganisatorisch chaotische Lage Polens nach einer raschen Lösung, das Konkordat mit Polen sollte an Wilna nicht scheitern. Der Papst zog damit das kleinere Übel, d. h. die Auseinandersetzung mit Litauen vor.

Die Lösung der Frage bestand auf Seite des Vatikans darin, daß Wilna nicht einer polnischen Kirchenprovinz einverleibt, sondern zu einer selbständigen Erzdiözese erhoben wurde. Überdies wurde im Artikel 26 des Polenkonkordats die Grundbestimmung vereinbart, daß die Grenzen der polnischen Kirchenprovinz und Bistümer mit den Grenzen des polnischen Staates übereinstimmen, so daß also, sobald einmal Wilna an Litauen fallen würde, es auch konkordatsgemäß aus dem Verbande der Kirche Polens ausschiede.

Doch kam es nach Unterzeichnung des Polenkonkordats am 10. Februar 1925 zu heftigen Protestkundgebungen in Litauen, in deren Verlauf auch der Apostolische Delegat, Msgr. Zecchini Unbill erleiden mußte.[11] Für diese Straßendemonstrationen und die Behandlung des Nuntius entschuldigte sich zwar die litauische Regierung beim Vatikan, zugleich jedoch richtete sie eine derart geharnischte und in der Presse bereits veröffentlichte Protestnote an den Hl. Stuhl, daß dieser die Annahme mit den Worten verweigerte: „La Santa Sede non riceve note redatte in questa forma“ – Der Hl. Stuhl nimmt in dieser Form abgefaßte Noten nicht an – und erklärte den litauischen Geschäftsträger zur „persona non grata“. Die diplomatischen Beziehungen zwischen Litauen und Polen wurden abgebrochen.

9 Abgedruckt in deutscher Übersetzung bei Lama, vgl. Anm. 1, S. 414–415.
10 ebd., S. 414–415, 417.
11 ebd., S. 417–423.

Betrachtet man heute, 64 Jahre nach ihrer Ausfertigung diese Note, kann man die Empörung im Vatikan kaum verstehen, denn sie war weder beleidigend noch in der Form ungehörig, sondern eben ein Protest, der den Standpunkt Litauens vertrat. In der Note hieß es wörtlich:

„Die litauische Regierung hat mit dem Gefühl tiefer Trauer einige durch das vom Hl. Stuhle mit der Republik Polen geschlossene Konkordat getroffene Bestimmungen zur Kenntnis genommen. Dieses Konkordat schafft eine neue kirchliche Organisation in Polen. Die besetzten Gebiete Litauens sind ohne irgendwelchen Vorbehalt dieser Organisation einverleibt (Art. XXVI) und Wilna ist zum Mittelpunkte einer der fünf polnischen Kirchenprovinzen geworden. Um das polnische Element darin zu verstärken, hat man der Wilnaer Provinz das rein polnische Gebiet Lomza angegliedert.
Laut Art. XXIII wird der Gebrauch der litauischen und weißrussischen Sprache, die in der Wilnaer Kirchenprovinz die Sprachen der Mehrheit sind, im Nebengottesdienste und Religionsunterrichte von einer Bischofskonferenz abhängig gemacht, von Bischöfen, die den Interessen der Bevölkerung völlig fremd und sogar feindlich gegenüberstehen.
Somit ist es Polen gelungen, mit Hilfe der Kirche all seine Bestrebungen zwecks Entnationisierung der besetzten Gebiete zu verwirklichen; die katholische Kirche dieser Gebiete wird einer polnischen Kirchenorganisation einverleibt, Bischöfe und Pfarrer können nur im Einverständnis mit der polnischen Regierung ernannt werden und die Regierung hat alle Mittel zur Beseitigung von Litauern und Weißrussen aus der kirchlichen Hierarchie und den Gemeindebenefizien. Die Bischöfe sollen sogar schwören, daß sie über die Interessen der polnischen Regierung wachen werden. Litauern und Weißrussen erscheinen solche Obliegenheiten völlig unannehmbar. Polen, Gegner des litauischen und weißrussischen Volkstums, entscheiden darüber, ob die gläubigen Litauer und Weißrussen in ihren Kirchen und Schulen ihre Muttersprache gebrauchen dürfen oder nicht.“[12]

Im übrigen betrachtete die Note den Schritt des Hl. Stuhls nicht als eine Notwendigkeit völkerrechtlicher Beschlüsse. Denn der Vatikan sei nach litauischer Auffassung als eine souveräne Regierung weder an die Beschlüsse der Botschafterkonferenz noch an die Entscheidungen des Völkerbundes gebunden gewesen, noch habe der Vatikan Gewalt als eine vollendete Tatsache, mit der man sich aussöhnen muß, angenommen, wie die seit 1870 andauernde sogenannte „Römische Frage“ genügend beweise.[13]

Um Litauen etwas zu besänftigen, errichtete Papst Pius XI. mit seiner Bulle „Litauanorum gente“ am 4. April 1926 eine eigene litauische Kirchenprovinz: die Erzdiözese Kaunas mit vier Suffraganbistümern.[14] Aber auch dies hatte seinen Schönheitsfehler: der Papst tat dies aus Rücksicht auf Polen ohne vorheriges Einvernehmen mit der litauischen Regierung, so daß Litauen die Bulle nicht anerkannte. Eine Verständigung gestaltete sich außerordentlich schwierig. Doch gelang es beiden Partnern, am 27. September 1927 ein Konkordat abzuschließen.[15]

---

12 ebd., S. 420–421.
13 ebd., S. 422.
14 Acta Apostolicae Sedis/AAS/18/1926/, S. 121–123.
15 AAS 19/1927/S. 425–431. Lothar Schöppe: Konkordate seit 1800. Frankfurt/Main–Berlin 1964, S. 290–297.

Es stellte die vollen diplomatischen Beziehungen zwischen dem Hl. Stuhl und der Republik wieder her, garantierte die volle Freiheit der Kirche und deren Verwaltung und bestätigte die neue litauische Kirchenorganisation. Dem Wunsch der Regierung hinsichtlich der Nationalitätenfrage kam der Hl. Stuhl in dem Sinne nach, daß – wie im Konkordat mit Lettland[16] – nichtnaturalisierte Fremde keine kirchlichen Benefizien erlangen durften (Art. 18).

Trotz des Umstandes, daß viele Areligiose („Ateitis“) die katholische Kirche, besonders ihre Schulen und wissenschaftlichen Einrichtungen bekämpften („Litauischer Kulturkampf“) und trotz abermaliger Spannungen zwischen der Regierung und dem Hl. Stuhl – 1931 kam es zur abermaligen Ausweisung des Nuntius, und erst 1939 konnten die Differenzen beigelegt werden – blühte das kirchliche Leben in Litauen auf. 1939 gab es dort bereits 800 Pfarreien und in den vier Priesterseminaren und an der Katholisch-Theologischen Fakultät zu Kaunas studierten 600 Seminaristen. Im Jahre 1940 zählte man 708 Kirchen, 73 Klöster, 85 Konvente und 1452 Welt- und 152 Ordenspriester.[17] Auch die katholische Presse und das Ordenswesen erneuerten sich kraftvoll. Diesem Aufschwung bereitete die militärische Besetzung des Landes durch die Rote Armee im Zuge des Zweiten Weltkrieges ein jähes Ende. Dies jedoch gehört nicht mehr zu unserem Thema.

Polen

In Polen gestalteten sich die Verhältnisse wesentlich schwieriger. Die Wiederherstellung des neuen polnischen Staats erwies sich als außerordentlich problematisch, in die hervorgerufenen Konflikte wurden alle europäischen Mächte hineingezogen.

Seit der Dritten Polnischen Teilung, 1795, gab es keinen polnischen Staat mehr. Die Polen lebten unter preußischer, österreichischer und russischer Herrschaft. Die nationalen Erhebungen zur Wiederherstellung der Souveränität (1830–1831, 1863) wurden grausam niedergewalzt, nationale Belange unterdrückt (Russifizierung, Germanisierung). Eine Wende in der europäischen Politik erhoffte man sich von einem großen Krieg. Unter den Exilpolen bildeten sich zwei Richtungen: eine „Jagiellonische“ Orientierung unter Einfluß der Polnischen Sozialistischen Partei unter Leitung Jozef Piłsudskis (1867–1935), hinsichtlich der künftigen polnischen Staatsgrenzen mehr nach dem Osten gerichtet, und eine „Piastische“ Orientierung der Bürgerlichen unter Leitung von Roman Dmowski, die die Westgrenzen des künftigen Polen an der ehemaligen Markierung der Piasten-Herrschaften festlegen wollte. Schon während des Ersten Weltkrieges erfolgten die ersten Schritte zur Wiederherstellung des polnischen Staates. Rußland proklamierte am 14. August 1914 für die Zeit nach dem Krieg die Errichtung eines autonomen polnischen Reiches, freilich im russischen Staatsverband, und die Zentralmächte verkündeten am 5. November 1916 die Errichtung einer Polnischen Monarchie, freilich

16 vgl. Art. 12 und Art. 3 des späteren Zusatzabkommens vom 25. Januar 1938, Schöppe, ebd., S. 284–289.

17 vgl. P. Rabikauskas: Lithuania. In: New Catholic Encyclopedia. Bd. 8. New York 1967, S. 841–845, hier: S. 845.

nur auf dem von Russen besetzten Land. Dieser letzte Schritt war möglich geworden, da die Truppen der Zentralmächte weit nach Rußland einrückten und sich an den militärischen Operationen polnische Freiwillige („Legionen") unter Führung Piłsudskis erfolgreich beteiligten. Die Entstehung des polnischen Staates unterstützten auch die Vereinigten Staaten von Amerika (14 Punkte des Präsidenten Wilson). Das proklamierte „Königreich" wurde am 14. Januar 1917 mit einem provisorischen Staatsrat und am 12. September 1917 mit einem Regentschaftsrat samt Regierung und Ministerien stufenweise ausgestattet. Die führende politische Rolle übernahmen die Sozialisten unter Leitung des Marschalls Jozef Piłsudski, der Gründer und Führer der Polnischen Sozialdemokratischen Partei, praktischer Leiter des Staates 1918–1922 und 1926–1935 war. Der Friedensvertrag zwischen Deutschland und Rußland in Brest-Litowsk, 1917–1918, zwang Rußland, am 5. Oktober 1918 die Wilsonschen Punkte anzuerkennen, d.h. auch die Wiederherstellung des polnischen Staates zu billigen. Am 14. November 1918 übernahm Piłsudski die Regierung, begann jedoch bald wegen der offenen West- und Ostgrenzen einen Krieg, sowohl gegen Deutschland als auch gegen Rußland (Sowjetunion). Der Krieg gegen Deutschland (Dezember 1918 bis Februar 1919) wurde mit dem Waffenstillstand vom 14. Februar 1919 beendet, der Krieg mit der Sowjetunion jedoch erst 1921 mit dem Friedensvertrag von Riga (18. März 1921). Mit diesen Verträgen bekam Polen große Teile Rußlands (Weißrußland, Ukraine), des Baltikums (Wilna) und Deutschlands (z.B. Weichselmündung). Das Weichseldelta und die Stadt Danzig wurden zu einer Freien Stadt unter internationaler Kontrolle erklärt, Ermland, das südliche Ostpreußen sowie der größte Teil Oberschlesies durften durch Volksabstimmung im Juli 1920 bzw. am 20. März 1921 ihren Verbleib beim Deutschen Reich erklären (auch kirchlicher Druck auf die Bevölkerung polnischerseits).

Der Versailler Friedensvertrag vom 28. Juni 1919 proklamierte schon früher die Republik Polen, etwa mit den Staatsgrenzen der zweiten Polnischen Teilung (1793), aber diese und die späteren Grenzen wurden noch korrigiert:

Fast ganz Westpreußen und Teile Schlesiens kamen an Polen. So entstand dann schließlich das polnische Staatsgebiet mit 389.000 qkm, wovon 190.000 auf weißrussische, litauische und ukrainische, wirtschaftlich unterentwickelte Gebiete entfielen. Die nicht umstrittene Volkszählung von 1921 wies entsprechend dem Territorium einen Vielvölkerstaat aus: von 27 Millionen Einwohnern bildeten die Polen nur 78%. Es gab 14,3% Ukrainer, 3,9% Weißrussen, 3,9% Deutsche und 0,3% Litauer. Die Zahl der Katholiken war 1921 mit 20,3 Millionen (unter ihnen 3,5 Mill. Unierte), die der Orthodoxen mit 2,8 Millionen (10,5%), die der Juden mit 2,8 Millionen (10,5%), die der Protestanten mit einer Million (2,8%) angegeben.[18]

Die fundamentalen Umwälzungen in Osteuropa während des Ersten Weltkrieges – nicht zuletzt die Besetzung Weißrußlands durch die Zentralmächte und der Zusammenbruch des Zarenreiches – riefen eine fieberhafte Aktivität des Hl. Stuhls hervor. Bereits in seiner Friedensnote vom 1. August 1917 bekundete Papst Benedikt XV. seine Unterstützung

18 Zu den Vorgängen und Statistiken: Hans Roos: Polen zwischen den Weltkriegen. In: Osteuropa-Handbuch. Polen. Hrsg. v. Werner Markert. Köln-Graz 1959, S. 18–68, hier: S. 22; 32–33 sowie Bernhard Stasiewski: Die römisch-katholische Kirche. In: ebd., S. 103–105.

hinsichtlich der Wiederherstellung des polnischen Staates.[19] Ein Jahr später richtete der Papst schon einen ausführlichen Brief an den Erzbischof von Warschau, Alexander Kakowski, in dem er nicht nur die Bemühungen der Päpste in der Vergangenheit um die polnische Nation aufzählte, sondern sich auch für die Belange Polens konkret einsetzte.[20] Denn schon im Frühsommer 1918 galt für den Vatikan der Weltkrieg als soweit entschieden, daß mit voller Sicherheit mit der Wiederherstellung Polens gerechnet werden konnte. Die in diesem Zusammenhang auftauchenden Probleme, zum Beispiel die Wiedererrichtung der seinerzeit von den Russen unterdrückten Kirchenprovinzen, machten eine Bestandsaufnahme an Ort und Stelle unerläßlich. Der Papst ernannte daher den gelehrten Präfekten der „Biblioteca Ambrosiana", Achille Ratti, am 25. April 1918 zum Päpstlichen Delegaten und Apostolischen Visitator und schickte ihn nach Polen, das damals noch von deutschen und österreichischen Truppen besetzt war. Ratti begann seine Arbeit mit ausgedehnten Informationsreisen, die ihn bis nach Riga und der Ukraine führten. Er durfte sich ganz frei und ungehindert überall bewegen.[21] Dank der Einhaltung seines strikten Auftrages, sich in keine politischen Angelegenheiten einzumischen, geriet er nirgendwo in Konflikt mit den Besatzungsbehörden. Eine der delikaten Aufgaben Rattis bestand darin, für die zahlreichen verwaisten Bischofsstühle geeignete Kandidaten ausfindig zu machen. Dies erwies sich jedoch besonders in den nationalen Mischgebieten als schwierig, denn dort hieß es, auf die Belange und Empfindungen der nationalen Minderheiten besondere Rücksicht zu nehmen.

Doch gelang es Ratti in erstaunlich kurzer Zeit, neue, geordnete Verhältnisse zu schaffen. Der Papst konnte bereits im Konsistorium vom 10. März 1919 die Wiederherstellung der durch russische Herrschaft unterdrückten Bistümer Minsk, Wloclaweck, Plock, Sandomir und die Neubesetzung der Bistümer Lublin, Kamienec, Lemberg, Riga und Wilna bekanntgeben. Mit der Entwicklung der internationalen Lage rückte auch die Herstellung diplomatischer Beziehungen zwischen Polen und dem Hl. Stuhl in greifbare Nähe. Am 6. Juni 1919 ernannte der Papst Ratti zum Titularerzbischof von Lepanto und Nuntius in Polen. Am selben Tag, dem 2. August, als er seinen Beglaubigungsbrief der Warschauer Regierung überreichte, tat das gleiche auch der polnische Gesandte beim Hl. Stuhl in Rom, der sofort den Beginn von Verhandlungen über ein Konkordat ankündigte.[22]

Um das kirchliche Leben in Polen zu reorganisieren, brachte der Apostolische Delegat bzw. neuernannte Nuntius auch die ersten vier polnischen Bischofskonferenzen in Minsk und Warschau zustande. Mit Hilfe des von ihm dafür delegierten Weihbischofs von Wloclawek führte Ratti als Visitator auch eine notwendige Neuordnung der polnischen religiösen Orden und Kongregationen durch, zumal die meisten Klöster im ehemaligen russischen und preußischen Staatsgebiet verschwunden waren oder nur im Geheimen existierten, während sie in Galizien – im ehemals österreichischen Anteil – noch alle vorhanden waren. Der Nuntius bemühte sich auch um die Erneuerung der wissenschaftlich-theologischen Bildung des polnischen Katholizismus. Die Gründung der Katholi-

19 Lama, vgl. Anm. 1, S. 242–242.
20 ebd., S. 241–242, 245–246.
21 Josef Schmidlin: Papstgeschichte der neuesten Zeit, Bd. 4. München 1939, S. 12–13.
22 Lama, vgl. Anm. 1, S. 245–247.

schen Universität zu Lublin, der Rechtsnachfolgerin der Geistlichen Akademie zu St. Petersburg, förderte er mit allem Nachdruck. Besondere Sympathien erwarb sich Nuntius Ratti bei der Regierung, beim Volk und den Bischöfen, als er im August 1920 zur Zeit, da die Sowjetarmee schon Warschau belagerte, fast allein von sämtlichen Diplomaten in der polnischen Hauptstadt ausharrte und alle zum Widerstand aufmunterte.

Der Papst setzte indessen trotz einiger negativer Erfahrungen im Zusammenhang mit den kirchlichen Vorgängen in Litauen und Galizien seine wohlwollende Politik gegenüber Polen fort. Im Geheimen Konsistorium vom 15. Dezember 1919 erhob er neben Fürstbischof Adolf Bertram von Breslau auch die polnischen Erzbischöfe Alexander Kakowski von Warschau und Edmund Dalbor von Gnesen-Posen zu Kardinälen, warnte jedoch die polnische Regierung vor einem Krieg mit der Sowjetunion. Allerdings vergeblich, wie oben dargelegt.

Die polnische Regierung maß beim Wiederaufbau des Staates der katholischen Kirche eine vorrangige Bedeutung bei. Sie erwartete Hilfe und Mitwirkung der Kirche bei der Verwirklichung der nationalen Ziele, so der Stabilisierung des Landes, der Gesellschaft und der Schaffung eines einheitlichen Nationalstaates. Sie strebte daher auch die Vereinheitlichung des kirchlichen Lebens und die Neuordnung der kirchlichen Verwaltung, besonders die Anpassung der Diözesangrenzen an die Staatsgrenzen an. Um diesen Zielen näherzukommen, war sie bereit, der Kirche sehr entgegenzukommen. Diese Kompromißbereitschaft hatte jedoch ihre Grenzen bei den nationalpolitischen Fragen. Diese wurden vor allem in den Auseinandersetzungen mit Litauern, Ukrainern, Weißrussen und Deutschen sichtbar. In Ostgalizien versuchten polnische Fanatiker jede völkische, politische und kirchliche Selbständigkeit der Ukrainer, Orthodoxen wie Unierten, die naturgemäß zu einem ukrainischen Nationalstaat tendierten, mit Gewalt zu ersticken. Der aus russischer Haft soeben heimgekehrte unierte Erzbischof von Lemberg, Andreas Szeptyckyj, mußte auch im Namen seiner beiden Suffraganbischöfe begründete Klagen über Verfolgungen schlimmster Art vorbringen.[23] Um den Widerstand der besetzten Ukraine und Weißrußlands zu brechen, inhaftierten die polnischen Behörden Hunderte von orthodoxen und unierten Geistlichen, unter ihnen auch Erzbischof Szeptyckyj. Ähnliche Klagen kamen auch aus Litauen, wo polnischerseits katholische Geistliche litauischer Nationalität festgenommen, mißhandelt, eingekerkert und ausgewiesen wurden.

Nuntius Ratti trat – freilich nicht nur im Einvernehmen, sondern sogar im Auftrage des Papstes – für die Belange der Weißrussen, Litauer und Ukrainer ein und beschwor die polnische Hierarchie, die zwar für das Vorgehen der Regierung nicht verantwortlich war, jedoch dagegen auch nichts tat, eine friedliche Beilegung des Konfliktes herbeizuführen. Sein Einschreiten fruchtete nichts, im Gegenteil, man fing an, ihn mit kritischen Augen zu betrachten.

Weit schwieriger und gefährlicher war jedoch der Auftrag, den Ratti als päpstlicher Oberkommissar für die Abstimmungsgebiete Oberschlesien sowie Ost- und Westpreußen vom Hl. Stuhl im März 1920 erhielt. Diese seine Mission scheiterte vollends, so daß er Polen sogar verlassen mußte.

---

23 ebd., S. 247.

Wie bekannt, sollte nach dem Beschluß der Versailler Konferenz, die am 18. Januar 1919 eröffnet wurde, in den genannten Gebieten eine Volksabstimmung stattfinden. Während die Ententekommission Bischof Bertram das Betreten des oberschlesischen Anteils seiner Diözese verwehrte, entfalteten dort polnische oder gar aus Polen zugereiste Geistliche eine derartige politische Kampagne, so daß sich Bertram dagegen sowohl öffentlich wie in seiner Korrespondenz mit Rom verwahren mußte. Er war es auch, der anläßlich seiner Kardinalserhebung die Ernennung des Nuntius Ratti zum päpstlichen Oberkommissar zum Schutz der Wahlfreiheit und gegen kirchliche Mißbräuche vorgeschlagen hatte.

Nuntius Ratti hielt sich im April in Oppeln, im Juni im Ermland und in Oberschlesien auf und versuchte, die aufgeregten Gemüter zu beruhigen. Da er sich jedoch einer Stellungnahme zugunsten des polnischen Standpunktes entzog, geriet er immer mehr in das Trommelfeld der nationalistischen polnischen Presse. Der polnische Klerus mischte sich in den Wahlkampf weiterhin massiv ein. Dies veranlaßte schließlich Kardinal Bertram am 21. November 1920 zu einer Verfügung, in der er allen Klerikern jedweder Nationalität und Sprache die Teilnahme an politischen Kundgebungen und das Halten politischer Reden strikt verbot. Ferner untersagte er allen fremden Priestern jede politische Agitation unter Strafe der suspensio ipso facto (automatischer Amtsenthebung). Kardinal Bertram erließ diese Verordnung mit päpstlicher Approbation, es versteht sich aber, daß er – da er den Hl. Stuhl nicht in die Auseinandersetzung mit hineinziehen wollte – diesen Umstand verschwieg. So vermuteten die polnischen Bischöfe, die manche Priester zu politischer Agitation in Oberschlesien eigens beurlaubt hatten und dadurch sich persönlich betroffen fühlten, im Hintergrund der Entscheidung stehe der päpstliche Nuntius. Sie verfaßten eine Klageschrift, die sofort von den zwei polnischen Kardinälen und fünf Bischöfen unterzeichnet wurde. Zwei von ihnen reisten damit nach Rom, um eine Revision der Entscheidung des Breslauer Oberhirten zu erreichen.[24]

Die Empörung in der polnischen Öffentlichkeit war auch nicht minder. Man verlangte die Lostrennung Oberschlesiens von der Breslauer Diözese und die Ausweisung des Nuntius. Am 30. November 1920 kam es darüber im polnischen Sejm zu einer Abstimmung. Der Antrag auf Ausweisung erhielt zwar nicht die erforderliche Mehrheit, es fehlten dazu jedoch nur zwei Stimmen. Die Stellung Rattis wurde unhaltbar. So reiste er am 2. Dezember ab und kehrte erst im Mai 1921 dorthin zurück, aber nur, um sich als Nuntius von Polen zu verabschieden. Denn noch im selben Monat ernannte Papst Benedikt XV. Lorenzo Lauri zum neuen Nuntius in Warschau, während Ratti zur Anerkennung seiner bisherigen Leistungen und als eine gewisse Entschädigung für das erlittene Unrecht am 13. Juni 1921 den Kardinalshut und das Erzbistum Mailand erhielt. Wie bekannt, bestieg er acht Monate später den Stuhl Petri unter dem Namen Pius XI. (6. Februar 1922).

An Rattis Stelle ernannte Papst Benedikt XV. Msgr. Giovanni Ogno Serra zum Kirchlichen Oberkommissar, der in einem Erlaß die desolaten Zustände in Oberschlesien offen angeprangert hat. Er schrieb: „Das Land bietet ein trauriges Bild der Verwüstung und Zerstörung, Priester werden ihren Gemeinden entrissen, ins Gefängnis geworfen, durch Drohung zur Flucht gezwungen, mit ruchloser Hand mißhandelt, heilige Stätten zer-

24 ebd., S. 257.

stört, Plünderungen, Gewalttaten, Mißhandlungen, Morde verübt." Und er fügte noch hinzu: „Unter den Insurgenten befanden sich Priester der Kirche, die den Haß gegen ihre Brüder schürten, die rechtmäßige kirchliche Obrigkeit mißachteten, mit eigenen, geweihten Händen die Waffen führten, Truppenkommandanten spielten, zum Blutvergießen aufforderten... Schließlich gingen einige von ihnen in frivoler Überhebung so weit, sich die Sendung für das Lehramt unserer Kirche anzumaßen und Irrtümer zu lehren, die den Grundsätzen unserer Kirche zuwiderlaufen. Deshalb rufen wir: Hütet euch vor den falschen Propheten, die in Schafskleidern zu euch kommen, inwendig aber reißende Wölfe sind!"[25]

Nach dieser Kundgebung forderte nun die polnische Regierung auch die Abberufung des Msgr. Ogno Serra. Nun schwieg der Papst nicht mehr: Er widersetze sich der Abberufung seines Spezial-Delegaten und richtete am 16. Juli 1921 ein Schreiben an die polnischen Bischöfe, am nächsten Tag auch in der vatikanischen Zeitung „L'Osservatore Romano" veröffentlicht, das an Deutlichkeit nichts zu wünschen übrig ließ. Der Papst führte unter anderem folgendes aus: „Unsere Liebe und Unsere Hingabe für Eure Nation kennt nur eine Grenze, jene, welche ihr durch Pflicht und Gerechtigkeit gezogen ist. Wenn die Völker in den Widerstreit der Interessen hineingezogen werden, muß der Oberhirt, der gemeinsame Vater der Gläubigen, vollkommen unparteilich bleiben. Er kann weder für das eine noch für das andere Land Partei ergreifen. Diese der Überlieferung entsprechende Handlungsweise der römischen Päpste war auch während des großen Krieges die Unsere und sie ist es auch jetzt anläßlich der Abstimmung in Oberschlesien, was auch immer einige Mißgesinnte oder zum mindesten hinsichtlich des Heiligen Stuhles wenig ehrerbietige Menschen sagen mögen. Wenn aber, wie die Ereignisse es deutlich beweisen, es vorkommt, daß unter dem Ansporn der menschlichen Leidenschaften das Recht vergewaltigt wird, dann sind Wir gezwungen, in Unserer unparteiischen Gerechtigkeit die Verletzung des Rechtes zu mißbilligen, von welcher Seite dies auch geschehen mag."[26]

Der Papst mahnte ferner die polnischen Bischöfe auch zum friedlichen Einvernehmen mit den Nachbarvölkern und verbot ihnen und den Priestern strikt, ihre Amtsgewalt in den Dienst politischer Interessen zu stellen.

Wie bekannt, sprach sich Oberschlesien mehrheitlich für den Verbleib beim Deutschen Reich aus. Die Siegermächte teilten trotzdem Oberschlesien auf. Aber auch daran hatte der Hl. Stuhl keinen Anteil, der nach Möglichkeit für Abstimmungsfreiheit gesorgt hatte.

Trotz der großen Spannungen, die zwischen dem Hl. Stuhl und der polnischen Regierung bestanden, schickte Polen 1921 einen neuen Gesandten nach Rom. Er nahm die Verhandlungen über ein Konkordat wieder auf. Diese erwiesen sich vorerst als äußerst schwierig, einmal wegen des Versuches der Regierung, den Unterricht vollends zu laizisieren, zum anderen wegen der Weigerung Polens, das von der russischen Regierung damals konfiszierte und nunmehr in polnischen Besitz übergegangene Kirchengut herauszugeben oder aber die katholischen Geistlichen aus staatlichen Mitteln zu besolden. Trotz

25 ebd., S. 257.
26 AAS 13/1921/S. 424–426; Auszüge bei Lama, vgl. Anm. 1, S. 258.

intensiver Verhandlungen und Aufstellung mehrerer Kommissionen konnte keine für beide Seiten befriedigende Lösung erzielt werden. Erst als im Oktober 1924 die polnische Regierung einen neuen Unterhändler nach Rom schickte, wurde ein Durchbruch erreicht. Der in Rom ausgearbeitete, dann in Warschau revidierte und schließlich wieder in Rom endgültig verfaßte Konkordatstext konnte am 10. Februar 1925 im Vatikan unterzeichnet und am 2. Juni in Warschau vom Sejm ratifiziert werden.[27]

Das Konkordat garantierte einerseits die volle Freiheit der Kirche und gewährte der Kurie Einfluß auf die Kirche Polens, berücksichtigte aber andererseits die nationalpolitischen Wünsche der Regierung.[28] Diese betrafen unter anderem die Diözesaneinteilung Polens. Diese wurde im Artikel IX. vereinbart und in der Bulle „Vixdum Poloniae" vom 25. Oktober 1925 ausgeführt: Neben den drei vorhandenen Erzbistümern (Gnesen, Lemberg, Warschau) wurden zwei neue Metropolien (Krakau, Wilna) und fünf weitere Bistümer gegründet. Diese Neuordnung war eine Kompromißlösung. Denn der Hl. Stuhl wollte die geschichtlichen Diözesen beibehalten, während die Regierung vorhatte, durch die kirchliche Reorganisation die Grenzen der Teilungszeit aufzuheben. So gab z. B. der Hl. Stuhl, der ursprünglich auch die unierten Diözesen Chelm und Polock wiederherstellen wollte, dem Drängen der Regierung nach und unterstellte in Artikel XVIII auch die unierten Ukrainer dieser Gebiete den lateinischen Bischöfen.[29]

Hinsichtlich des Sprachgebrauchs bei der Seelsorge und dem Religionsunterricht kam ebenfalls ein Kompromiß zustande. Artikel 23 des Konkordates untersagte jede Veränderung des Sprachgebrauchs, es sei denn, mit besonderer Ermächtigung der polnischen Bischofskonferenz. Da der polnische Episkopat in seiner Konferenz vom 2. September 1925 sich für eine großzügige Auslegung dieses Artikels aussprach, entstand besonders unter den deutschen Katholiken Westpreußens, Posens und Oberschlesiens, aber auch unter den Litauern und Weißrussen erhebliche Unruhe. Der Hl. Stuhl gab jedoch das Prinzip der nationalen Pfarreien nicht auf. Denn §4 des canon 216 des Codex Juris Canonici blieb voll in Kraft, der untersagte, ohne ausdrückliche Konsultation des Apostolischen Stuhles National- oder Personalpfarreien einzurichten oder vorhandene zu ändern.

Der Zusammenstoß nationaler und kirchlicher Interessen wurde besonders am Schicksal der Stadt Danzig sichtbar, die durch den Frieden von Versailles am 17. November 1920 losgelöst vom Deutschen Reich als eine „Freie Stadt" konstituiert wurde. Dies jedoch zu schildern, würde den Rahmen und die hier ins Auge gefaßte Zielsetzung spengen.

Ukrainische Unierte Kirche

Nach dem Zusammenbruch des Zarenreiches und der östereichisch-ungarischen Monarchie schöpfte die Ukraine die Hoffnung, gleich den anderen Randstaaten, staatliche Unabhängigkeit zu erlangen. Der revolutionäre ukrainische „Nationalrat" rief am 1. No-

27 Schöppe, vgl. Anm. 1, S. 319–334.
28 vgl. A. Systerhenn: Das polnische Konkordat vom 10. Februar 1925. Köln 1925 und F. Grübel: Die Rechtslage der römisch-kath. Kirche in Polen nach dem Konkordat vom 10. Februar 1925. Leipzig 1930.
29 Lama, vgl. Anm. 1, S. 268. Anm. 3.

vember 1919 zwar die souveräne „Westukrainische Volksrepublik" aus, mit Hilfe der französischen „Haller-Armee" wurde jedoch Galizien von Polen erobert. Die übrigen Ukrainer kamen unter tschechoslowakische, rumänische und nach wesentlichen Grenzkorrekturen im Zuge des polnisch-russischen Krieges unter sowjetische Herrschaft. Die Alliierten stimmten 1923 dem Anschluß Galiziens an Polen erst zu, nachdem Polen den Ukrainern Autonomie zugesichert hatten. Polen löste jedoch sein Versprechen nicht ein. Später, 1930, brach sogar der Staatschef Marschall Jozef Piłsudski den ukrainischen Widerstand durch die sogenannte Pazifikationsaktion. Nach 1920 begann die „Repolonisierung" der ukrainischen Unierten Kirche. Um den Widerstand der Ukrainer zu brechen, stellte man den soeben aus russischer Haft entlassenen unierten Erzbischof von Lemberg, Graf Andrij Szeptyckyj, unter Hausarrest, und es wurden 23 Basilianermönche sowie etwa 1.000 Priester interniert. Die meisten Klöster und alle Priesterseminare wurden geschlossen. Zur Förderung der rein kirchlichen Belange der Ukraine – denn die staatliche Souveränität wurde ihr verwehrt – ernannte Papst Benedikt XV. – nachdem er einen ausführlichen Bericht über die Lage in der Ukraine von Nuntius Ratti erhalten hatte – den Redemptoristenpater Giovanni Ghenocchi zum Apostolischen Visitator für die Ukraine. Dieser wurde jedoch von den polnischen Behörden in Warschau zurückgehalten und schließlich nach Wien ausgewiesen. Zu dieser Zeit saßen 612 unierte Priester in polnischen Gefängnissen. Erst auf Protest des Erzbischofs, des Nuntius und der Engländer kam es zu einer Entschärfung der Situation. Erzbischof Szeptyckyj durfte eine lange Auslandsreise antreten.

Nach Beendigung des polnisch-sowjetischen Krieges und nachdem Galizien endgültig Polen zugeschlagen wurde, ernannte Pius XI. – also Achille Ratti – Ghenocchi wieder zum Apostolischen Visitator für Galizien. Dieser konnte nun die unierten Diözesen bereisen und die Rückkehr des Erzbischofs Szeptyckyj vorbereiten. Danach, noch 1923, verließ er das Land. Trotz feierlicher staatlicher Zusicherung wurde jedoch Erzbischof Szeptyckyj bei seiner Rückkehr am 26. September 1923 an der polnischen Grenze verhaftet und erst nach ausländischen Protesten freigelassen.

Die Unierte ukrainische Kirche mußte im Laufe der kommenden zwei Jahrzehnte manche Einschränkungen hinnehmen; so beschränkte z. B. das polnische Konkordat die Union ausschließlich auf Ostgalizien. Die Unierten außerhalb der drei dortigen Diözesen wurden der römischen Kirche unterstellt. Auch die sogenannte Revindikation, d. h. die gewaltsame Überführung orthodoxer Kirchen und Besitzungen an die polnische katholische Kirche, die vorerst auf Protest Szeptyckyjs und des Hl. Stuhles zurückgestellt, doch 1938 durchgeführt wurde, belastete die Stellung der unierten Ukrainer. Das unsagbare Leid, schließlich 1946 die grausame Liquidierung der ukrainischen Unierten Kirche, der 10 Bischöfe, mehr als 1.400 Priester und 800 Ordensschwestern zum Opfer fielen, sind bekannt.

Aber auch dort – wo heute über 4 Millionen Christen im Untergrund leben –, wie in der ganzen Welt, hat die Kirche – in unserem Fall die katholische – dazu entschieden beigetragen, die nationale Identität zu wahren. Joseph Kardinal Slipyj, Erzbischof von Lemberg, schrieb in seinem römischen Exil 1980 über die sogenannte Exilkirche der Ukrainer: „Die Existenz und die geistige Kraft der Kirche in meinem Vaterlande sind von größter Bedeutung für die Glaubenstreue derjenigen Ukrainer, die durch Flucht oder Emigration über die ganze Welt verstreut sind und die ihrer Kirche treu blieben. Ohne die Existenz der Mutterkirche kann von einer Kirche in der Diaspora keine Rede sein! Wie das jüdische Volk in der babylonischen Gefangenschaft, sobald es Jerusalem vergaß, sich unvermeidlich heidnischen Sitten anpaßte, so wird auch die ukrainische Diaspora, ohne innere Verbundenheit mit der Mutterkirche, ihre Identität verlieren. Diese lebensgefährliche Assimilation setzt nicht nur im nationalen, sondern auch im religiösen Bereich den Prozeß in Gang, der für unser Volk mit dem Verlust seines inneren Wesens und seines katholischen Glaubens enden würde."[30]

30 Kirche in Not 28 (1980) S. 65–74, hier: S. 71–72.

Alexander Uschakow

Nationale Identität und Recht

Geschichtsbewußtsein und Rechtsbewußtsein

Auf einer wissenschaftlichen Tagung des J. G.– Herder-Forschungsrates im Jahre 1960 haben renommierte Historiker das Geschichtsbewußtsein der ostmitteleuropäischen Völker behandelt. Deren historisches Denken und Fühlen wurde in einem organischen Zusammenhang mit der „geistigen Lage" dieser Völker gesehen.[1] Was aber der Mensch kraft seiner geistigen Fähigkeit schafft, gehört zur Kulturentwicklung wie die Philosophie, Wissenschaft, Geschichtswissenschaft, Kunstwerke u.ä., und das geregelte Zusammenleben der Menschen (Recht) hat darin seine Stellung, weil die Kultur nur denkbar ist, wenn eine Ordnung herrscht.[2] Trotzdem oder gerade deshalb wird allgemein dem Recht keine hohe Bedeutung beigemessen, und was besonders überrascht: eine solche Einstellung ist innerhalb der Ostwissenschaft verbreitet. Es liegt nicht zuletzt daran, daß sich totalitäre Regime durch persönliche Entscheidungen ihrer Führer legitimieren.

Auf der Jahrestagung der Deutschen Gesellschaft für Osteuropakunde im Herbst 1990 in Coburg stand der Umbruch in Osteuropa auf dem Programm. Die Referenten für die Fächer Wirtschaft und Recht vertraten die Auffassung, das Recht sei zwar eine zureichende, jedoch nicht notwendige Bedingung sozialer Prozesse in den sogenannten sozialistischen Ländern. Diese These hat schon Tradition und sie beherrschte auch die Methodikdiskussion des Ostrechts in den 70er Jahren. Für die Vergangenheit ist dieses Urteil vielleicht diskutabel, aber gerade die in Gang gekommenen Reformen in Osteuropa im Zeichen der Priorität des Rechts erfordern eine zusätzliche intellektuelle Kraftanstrengung und vielleicht eine „Perestrojka" der bisherigen Sicht.[3] Es könnte sich am Ende herausstellen, daß für den Zusammenbruch der sozialen Utopie das Fehlen einer wirksamen Rechtsordnung verantwortlich war. Es besteht jedoch kein Zweifel daran, daß in einer pluralistischen Gesellschaft, die jetzt in Osteuropa angestrebt wird, das Recht die zureichende und

1 Geschichtsbewußtsein in Ostmitteleuropa. Ergebnisse einer wissenschaftlichen Tagung des J. G.– Herder-Forschunsrates über die geistige Lage der ostmitteleuropäischen Völker (April 1960). Hrsg. von E. Birke und E. Lemberg. Marburg 1961.

2 Aus philosophischer Sicht folgt die Idee des Rechts unmittelbar aus dem Kulturbegriff als einer gestaltenden Kraft. Zur Idee des Lebens gehören nach Heidegger und Ortega y Gasset Unruhe, Sorge und Unsicherheit, dagegen verbindet sich mit dem Begriff der Kultur Sicherheit und Sorge um Sicherheit. Darin kommt dem Recht als Kulturelement besondere Bedeutung zu. Vgl. die Besprechung der Korrespondenz: Martin Heidegger/Karl Jaspers: Briefwechsel 1920–1963. Hrsg. von W. Biemel und H. Saner. Frankfurt 1990 durch Rolf Hochhuth. In: Die Welt, v. 15. September 1990.

3 Es soll hier an Kants Definition angeknüpft werden: Recht ist der Inbegriff der Bedingungen, unter denen die Willkür des einen mit der Willkür des anderen nach einem allgemeinen Gesetz der Freiheit zusammen vereinigt werden kann. Darin sind Willkür, die Freiheit und Autonomie des Menschen gemeint, die dem Recht vorgegeben sind und keiner Verleihung seitens des Staates bedürfen. Recht ist die zureichende und notwendige Bedingung, unter der alle Handlungen aller Ordnungsgenossen miteinander zusammenstimmen können. Vgl. Staatslexikon, 7. Aufl., 5. Bd., S. 666, unter Verweis auf R. Marcic: Rechtsphilosophie. Freiburg 1969, S. 38.

notwendige Bedingung der Gemeinschaft ist. Eine solche Feststellung sagt an sich nichts Neues. Um mit Karl Engisch zu sprechen, es handelt sich doch um etwas sehr Seltsames. Kaum ein anderes Kulturgebiet geht den Menschen näher an als das Recht. Es gibt keinen Menschen, der nicht unter dem Recht lebt und ständig von ihm berührt und gestaltet wird. Das Recht ist Wesenselement der Gemeinschaft.[4]

Eugen Lemberg berührte auf der erwähnten Tagung von 1960 die Nahtstelle zwischen Geschichte und Recht: Er habe gegen Begriffe wie Geschichtsbewußtsein und Geschichtsbild gewisse Vorbehalte, weil es sich nicht um ein Geschichtsbild eines Menschen oder einer Historikerschule handle, sondern um das Geschichtsbewußtsein einer Gesellschaft.[5] Nicht anders sieht das Problem im Recht aus. Dem historischen Bewußtsein entsprechen das Rechtsbewußtsein oder die Rechtsüberzeugung als Quellen des Rechts. Unter Quellen versteht man seine Entstehungsgründe. Wie das Wasser aus der Erde, tritt uns das Recht aus verborgenen „Spalten" ans Tageslicht hervor und entwickelt sich dann zu einem Bach oder Fluß. Es ist aber nicht einfach, von dem historischen Gefühl eines Volkes, seinem kollektiven Bewußtsein, auf seine Rechtsüberzeugung zu schließen und das psychologische Erleben in geistigen Akten zu erfassen. Noch einen Schritt weiter: Es gibt keinen Konsens darüber, welche Bedeutung dem Rechtsbewußtsein bei der Rechtsbildung und Rechtspraxis zukomme. Das Rechtsbewußtsein erwächst aus vielen bestimmenden Faktoren, unter denen das Sozialmilieu, kulturelle und historische Momente nur beispielhaft gemeint sind. Die Gefahr eines Mißverständnisses ist groß. Auch die Juristen gestehen, daß sich die Bewußtseinsbildung nur in der individuellen Sphäre vollziehen kann, deshalb kann es ein Kollektivbewußtsein nicht geben. Es gibt aber Autoren, die den Charakter eines Volkes zur Erklärung heranziehen. Einige Völker seien weniger, einige mehr zur Gesellschaft geeignet. Es handle sich darum, ob Einzelpersonen zugunsten des Ganzen etwas von ihrem Eigenwillen abgeben wollen.[6] Man denke nur an die Polen, denen noch heute ein rebellischer Charakter nachgesagt wird. Was ist also das Rechtsgefühl?

Es sind diejenigen übereinstimmenden Bewußtseinsinhalte darunter zu verstehen, die sich aus der sozialen Auseinandersetzung derjenigen ergeben, die am Recht und seinen Gestaltungsproblemen Anteil haben. Es handelt sich um objektivierte Werturteile „führender" Schichten im Volke, die von der Tradition, den Sitten und Gebräuchen, der Kultur, den politischen Vorstellungen von Parteien, nationalen Ideen und sonstigen Vorstellungen bestimmt werden.[7] Mit der nackten Gewalt kann die sogenannte normative Kraft

---

4 K. Engisch: Einführung in das juristische Denken, 5. Aufl. Stuttgart 1971, S. 7.

5 E. Lemberg: Die Rolle des Geschichtsbewußtseins in Mitteleuropa. In: Geschichtsbewußtsein in Osteuropa, wie Anm. 1, S. 30.

6 vgl. Josef Kohler, der sich in seinen Arbeiten besonders intensiv mit dem Recht als Kulturerscheinung auseinandersetzte: Lehrbuch der Rechtsphilosophie, 2. Aufl. Berlin 1917, S. 206/207.

7 vgl. H. Henkel: Einführung in die Rechtsphilosophie, 2. Aufl. München 1977, S. 340/41. Da das Recht nach der Gerechtigkeit ausgerichtet ist, sehen viele Autoren die Idee der Gerechtigkeit als Kern des Rechtsgefühls. Aber was der Inhalt des Rechtsgefühlts ist, was gefühlt wird, ist umstritten. Es ist ein psychischer Vorgang, der eine Stellungnahme oder Wertung in sich schließt. Hierzu K. Larenz: Methodenlehre der Rechtswissenschaft, 5. Aufl. Berlin usw. 1983, S. 121. Als Leerformen lehnt der Soziologe Geiger das Rechtsbewußtsein strikt ab, vgl. Th. Geiger: Vorstudien zu einer Soziologie des Rechts, 2. Aufl. Neuwied 1967, S. 316/17.

des Faktischen verknüpft sein. Bei der historischen Rechtsschule des 19. Jahrhunderts nahm das Rechtsbewußtsein die zentrale Stelle ein. Sie ließ doch das Recht direkt aus dem Volksgeist, d.h. aus dem Rechtsbewußtsein des Volkes, hervorgehen, und in ihrer Ansicht über das Gewohnheitsrecht spielte die Rechtsüberzeugung eine wesentliche Rolle. Diese inzwischen überwundene Denkrichtung setzte das historische Denken dem Rechtsdenken gleich. Die Reaktion auf diesen zirkelhaften Schluß folgte mit dem Positivismus, der alle „Gründe", außer dem gesetzten Recht, als Metaphysik eleminierte.

Wenn man es abwägend betrachtet, dann gehört zu den Elementen des Rechtsbewußtseins vor allem das, was man Gemeinschaftsbewußtsein nennen kann, die Vorstellung von der Zusammengehörigkeit mit den anderen, von der Notwendigkeit des Zusammenlebens mit ihnen und von dem Vorhandensein der auf ein solches Zusammenleben gerichteten Anlagen.[8] Nicht jedes Geschichtsbewußtsein tendiert zum eigenen Staat.[9] Den Übergang zum Staat und Recht stellt das Nationalbewußtsein dar. Während das Geschichtsbewußtsein eine Kontinuität bestimmter Kultureigenschaften und Tradition eines Volkes über Generationen hinweg sicherstellt, leitet das Nationalbewußtsein zur Idee einer eigenen politischen Integration über. Es ist das Gefühl, einer politischen und sozialen Gemeinschaft anzugehören, die eine Nation, eine staatliche Organisation, bilden will. Es gibt aber eine gegenläufige Bewegung. Wir beobachten heute, wie die moderne Zivilisation zuerst das National- und Rechtsbewußtsein stärkt, dann aber es zugunsten übernationaler Einheiten auflöst. Bei allen Vorgängen dieser Art hat das Recht unterschiedliche Funktionen. Das Werden der deutschen Nation zeigt, daß dem Recht als Kulturelement eine erhaltende Funktion im Wechsel vom Geschichtsbewußtsein zum Nationalbewußtsein zufallen kann. Im territorial zersplitterten Deutschland vor der Französischen Revolution war ein gemeinsames Rechtsbewußtsein vorhanden. Zwischen der Geschichte und dem Recht besteht ein Zusammenhang, der von einer Disziplin diskutiert gepflegt wird, die als typische Bindestrich-Wissenschaft einmal mit den historischen Abläufen, zum anderen mit dem Recht zu tun hat: die Rechtsgeschichte. Trotzdem gehört sie nicht zur historischen Wissenschaft, sondern zur Rechtsdisziplin. Mit der Methode des Historikers erarbeitet sie sich zuerst den sogenannten historischen Tatbestand, aber was in der Vergangenheit als Recht Geltung hatte, ist auf eine Antwort der Juristen angewiesen. Daß gerade die Rechtsgeschichte dazu berufen ist, zur Erfassung der historischen Kontinuität[10] wertvolle Beiträge zu leisten, ergibt sich aus dem Wesen des Rechts, das mit geprägten Formen arbeitet, deren Beharrungsvermögen auch die verborgensten kulturellen Verbindungen klarzulegen imstande ist. Daher kann sie die Wechselwirkung von Dauer und Wandel ergründen, insbesondere bei Rezeptionen fremden Rechts.[11] Das trifft auf Mitteleuropa zu, wo das romanische und

8 Hierzu vor allem M. Rümelin: Rechtsgefühl und Rechtsbewußtsein. Tübingen 1925, Nachdruck 1970, S. 2 und 20/211.

9 vgl. A. Burda: U podstaw świadomości państwowej (An den Grundlagen des Staatsbewußtseins). Lublin 1982.

10 H. Mitteis: Die Rechtsgeschichte und das Problem der historischen Kontinuität, Abhandlungen der Deutschen Akademie zu Berlin, Jahrg. 1947. Berlin 1948.

11 Hierzu grundlegend die Arbeiten von Heinrich Mitteis. Es sei nur an seine Schrift: Vom Lebenswert der Rechtsgeschichte. Weimar 1947, S. 18/19, verwiesen.

germanische Recht bis heute eine maßgebende Funktion im Leben dieser Völker besitzt.[12]

Mitteleuropa

In Osteuropa, wo sich so viele Völker berühren, der Einfluß der Großmächte das Schicksal ganzer Generationen bestimmte, Kriege den Raum überzogen, war das Nationalgefühl und Rechtsbewußtsein auf Abwehr fremder Eingriffe gerichtet.[13]

Man kann durchaus von einem Mißtrauen gegen fremde Mächte sprechen. Es entstand ein Dualismus von Volk und Herrschaft, so daß zum Beispiel die Anerkennung des polnischen Staates nach 1945 keineswegs bedeutete, daß dieser Staat als unabhängig galt. Formelle Rechtsstrukturen hatten nicht viel Gemeinsames mit der alten Idee der nationalen Souveränität. Mit dem Dualismus „Gesellschaft – Herrschaft" entstand die Zweiteilung in Gesellschaft und Staat[14], womit sich das ganze emotionale Potential des polnischen Volkes automatisch gegen das sozialistische Recht richtete. Mit der Sehnsucht nach Unabhängigkeit verband sich die Sehnsucht nach dem „eigenen" Staat auf der Grundlage der nationalen Rechtstradition.[15] In den anderen ostmitteleuropäischen Ländern war die Situation ähnlich.[16]

---

12 Einschlägig H. Slapnicka: Die Rechtsentwicklung im gespaltenen Europa. Gegensätzliches und Gemeinsames. In: Bohemia. Zeitschrift für Geschichte und Kultur der böhmischen Länder 1(1990), S. 73–90. Zur Geschichts- und Rechtskontinuität in Böhmen E. Birke/K. Oberdorffer (Hrsg.): Das böhmische Staatsrecht. Mit Beiträgen von H. Aubin, R. Plaschka, H. Slapnicka, E. Lemberg und K. Rabl. Marburg 1960.

13 Der bekannte polnische Historiker Jan Józef Lipski wies bei einem Vortrag im Sommer 1989 in Krakau auch auf die kompensatorische Funktion des nationalen Bewußtseins hin. In ihm spiele die Überzeugung von der Zugehörigkeit der polnischen Kultur zu Westeuropa zwar eine besondere Rolle, doch die Polen hätten sie nach dem Verlust ihrer Staatlichkeit Ende des 18. Jahrhunderts besonders gegen die Russen ausgespielt. In dieser Lage war es selbstverändlich, die kulturelle Verschiedenheit zu betonen. Dies sei „notwendig gewesen zur Selbstverteidigung, zur Rettung der eigenen Identität". Die Folge sei jedoch eine Geringschätzung der russischen Kultur gewesen. J. J. Lipski: Polen, Deutsche und Europa. In: Kontinent 2 (1990), S. 24.

14 vgl. hierzu insbesondere H. H. Hahn: Die Gesellschaft im Verteidigungszustand. Zur Genese des Grundmusters der politischen Mentalität in Polen. In: Gesellschaft und Staat in Polen. Hrsg. von H. H. Hahn und G. Müller. Berlin 1988, S. 15–48.

15 Die nationale Selbstbehauptung manifestierte sich in Polen in der juristischen These von der Kontinuität des polnischen Staates von den Teilungen im 18. Jahrhundert über die Wiedererlangung der Unabhängigkeit im Ersten Weltkrieg bis zur staatlichen Existenz nach 1945. Mehrere Urteile des Obersten Gerichts vor 1938 und die Rechtsdoktrin nach 1945 folgen der Identitätsthese, daß der polnische Staat die Teilungen und Kriege überdauert habe. Es ist der Gedanke der Restitution eigener Staatsorgane und Einrichtungen, die während der fremden Okkupation entweder ganz beseitigt worden (1795–1918) oder, wie nach 1945, durch fremde Herrschaft überlagert worden seien. Dies hat aktuelle Bedeutung für die rechtliche Wertung der Veränderungen, die sich in Polen jetzt vollziehen. Restitution, Wiederherstellung, Rückgriff auf das traditionelle Recht usw. ist keine Revolution im Rechtssinne. Schon in der Proklamation des russischen Großfürsten vom 14. August 1914 war von einer Wiederherstellung des polnischen Staates die Rede, an die die Entscheidung der Alliierten Botschafter-Konferenz über die Curzon-Linie vom 9. Dezember 1919 anknüpfte. Vgl. hierzu A. Uschakow: Die Wiederherstellung Polens als Modell für Deutschland. In: Festschrift für G. Rhode. Stuttgart 1981, S. 448–456.

16 Hierzu Lemberg, wie Anm. 5. Patriotismus in Europa. Hrsg. von K. Weigelt. Bonn 1988, darin der Beitrag von W. Bartoszewski.

Was allerdings unter Ostmitteleuropa oder Mitteleuropa verstanden wird, ist nur in Umrissen erkennbar. Die diplomatische Geschichte zeigt, daß sich der Blick von Politikern und Wissenschaftlern auf diesen Raum aus mannigfaltigen Gründen richtete, in dem die baltischen Völker der Esten, Letten und Litauer, dann südlich von ihnen Slawen wie die Polen, Slowaken und Tschechen leben. Diese Zone von Finnland bis zum Mittelmeer, zwischen Rußland und Deutschland, wurde nach dem Ersten Weltkrieg „Zwischeneuropa" oder in politischer Sprache „cordon sanitaire" genannt.[17] Gegenwärtig kann man als Folge des politischen Umbruchs in der Sowjetunion unter Gorbatschow eine Wiederbelebung der Idee vom Mitteleuropa beobachten.[18]

Obwohl Rußland/Sowjetunion kein ostmitteleuropäisches Land ist, darf seine Problematik als „kontrollierende" Macht in Verbindung mit der Staatsideologie des Marxismus nicht ausgeklammert werden. Günther Stökl sprach das latente Spannungsverhältnis innerhalb der sowjetischen Einflußsphäre an. Für den Russen und einen Teil nichtrussischer Sowjetbürger habe es kaum eine Schwierigkeit gegeben, weltrevolutionäre Gesinnung und Sowjetpatriotismus miteinander zu verbinden. Dagegen habe die sowjetische Sicht der Weltgeschichte bei den anderen Völkern das Bild der eigenen nationalen Geschichte eingeengt. Sie sei nicht „eurozentrisch", sondern „moskauzentrisch" ausgerichtet gewesen und habe dadurch „einen totalen Wandel im Geschichtsbild jener Völker, die vor der kommunistischen Machtergreifung in ihrer Geschichte und in ihrem Geschichtsbewußtsein[19] dem abendländischen Westen zugewandt waren", zur Folge gehabt. Aber: diese Pression habe mit „inneren Widerständen, die noch lebendig sind", zu kämpfen gehabt.[20]

Wir sind heute Zeugen emanzipatorischer Bewegungen in ganz Osteuropa, nachdem sich Gorbatschow nach seinem Machtantritt im Frühjahr 1985 mit seinen Ideen des radi-

---

17 Die Diskussion über den „besonderen" Raum im Osten Deutschlands brachte F. Naumann: Mitteleuropa. Berlin 1915, in Verbindung mit deutschen Kriegsplänen in Gang. Es gab allerdings einen Vorläufer von O. Schuchardt: Umrisse einer Staatsverfassung für das mittlere Europa. Eine Ergänzung zur Politik der Zukunft. Dresden 1905. Sie fand kein Echo. Die 2. Auflage erschien 1920. Auch Lenin nahm 1915 dazu Stellung, lehnte aber in dem Artikel „Über die Losung von den Vereinigten Staaten von Europa" jegliche Zusammenschlüsse ab. Aus sozialdemokratischer Sicht polemisierte mit Naumann K. Kautsky: Die Vereinigten Staaten Mitteleuropas. Stuttgart 1915. Über paneuropäische Pläne und über Mitteleuropa nach 1918 vgl. R. Frommelt: Paneuropa oder Mitteleuropa. Stuttgart 1977. Zur Zeit nach 1945, J. Löser/U. Schillig: Neutralität für Mitteleuropa. München 1984; S. Papcke/W. Weidenfeld (Hrsg.): Traumland Mitteleuropa. Darmstadt 1988. Lipski, wie Anm.7, sieht in dem Begriff Mitteleuropa politische und kulturelle Elemente. Politisch soll dieser Raum den Einfluß Rußlands und Deutschlands neutralisieren, dagegen leite sich die kulturelle Komponente aus der Geschichte, dem gemeinsamen Schicksal, naher Verwandtschaft der Völker usw. her.

18 Konkrete Bedeutung bekam diese Idee in politischen Kreisen der UdSSR im Zusammenhang mit dem Prozeß der Verselbständigung der kleineren sozialistischen Staaten, insbesondere den Vorgängen in Deutschland im Frühjahr und Sommer 1990. Eine mit der UdSSR lose verbundene „Pufferzone" sollte deren Sicherheit garantieren.

19 Aus der umfangreichen Literatur zu Polen vgl. G. Rhode auf der Marburger Tagung: Die Situation im polnischen Geschichtsbild und Geschichtsbewußtsein, wie Anm. 1, S. 46–61, und H. Ludat: Geschichtswissenschaft als Spiegel des Geschichtsbewußtseins in Polen nach 1945, S. 62–93. R. Breyer: Geschichtsbewußtsein in Polen. In: Geschichte und Geschichtsbewußtsein, 19. Vorträge. Hrsg. von O. Hauser. Göttingen 1981, S. 348–377; W. Bartoszewski: Tradition und Zukunft im Denken von Polen und Deutschen. Vortrag in der Paulskirche am 5. Oktober 1986.

20 Geschichtsbewußtsein in Ostmitteleuropa, wie Anm. 1, S. 28/29.

kalen Wandels der sowjetischen Innen- und Außenpolitik durchgesetzt hatte und „Mitteleuropa“ aus der sowjetischen Kontrolle entließ.[21] Wenn heute die baltischen Republiken innerhalb der Sowjetunion eine nach der anderen ihre Unabhängigkeit und Souveränität proklamieren, ihre Verfassungen aus der Zeit zwischen den beiden Weltkriegen ganz oder teilweise wieder in Kraft setzen, wenn Polen, Ungarn und die Tschechoslowakei von der Volksdemokratie zu ihren alten Staatsnamen zurückfinden, der polnische Adler im Staatswappen die alte Königskrone zurückerhält[22], in Ungarn die Stephanskrone den Roten Stern verdrängt, das Datum der kommunistischen Machtergreifung in Polen vom 22. Juli 1944 zugunsten des 3. Mai 1791 als Nationalfeiertag[23] aufgegeben wird, weiter die alten Staatsorgane wie das Amt des Präsidenten, der Senat, das Verwaltungsgericht, das Verfassungsgericht wieder eingeführt werden, die Soldaten, Richter und Beamte nicht mehr auf den Sozialismus, sondern auf die Nation als höchsten Wert vereidigt werden, dann kommt überall der Wille dieser Völker zur nationalen Identität und historischen Kontinuität zum Ausdruck, der in der modernen Formulierung in der Charta der Vereinten Nationen, in den UN Menschenrechtspaketen und in der Schlußakte von Helsinki als Selbstbestimmungsrecht der Völker allgemeine Verbindlichkeit erlangt hat.[24] Im Zeichen dieses Rechtsprinzips vollzieht sich gegenwärtig der politische Umbruch in Osteuropa.

---

21 Gorbatschow ließ die Zustimmung des Politbüros zur Aufgabe der sog. Breschnew-Doktrin zuerst protokollieren, dann führte er zweiseitige Gespräche mit den verantwortlichen Partei- und Staatspolitikern der osteuropäischen Länder durch. Den Abschluß der Konsultationen bildete die Konferenz der Parteivertreter im Rahmen des Comecon vom 10. bis 11. November 1986 in Moskau. Vgl. die Konferenz von Wissenschaftlern und Praktikern des Außenministeriums der UdSSR vom 25. Juli 1988, „Meždunarodnaja Žiz'n“ (Internationales Leben; fortan: MŽ), 9/1988, darin die Rede des Stellvertreters des Außenministers der UdSSR zu Ostmitteleuropa, I. P. Abojmov, S. 40, und A. S. Puto, 10/1988, S. 29. Im sowjetischen Schrifttum werden die ersten Jahre nach der Revolution von 1917 als „revolutionärer Messianismus“ bezeichnet, der später durch Stalin in einen „staatlichen Messianismus“ und schießlich in die Breschnew-Doktrin verwandelt worden sei. Hierzu E. Pozdnjakov: Nacional'noe i internacional'noe vo vnešnej politike (Das Nationale und das Internationale in der Außenpolitik), 5/1989, S. 10.

22 Bei der kommunistischen Machtergreifung im Jahre 1944 wurde die alte Piastenkrone im polnischen Staatswappen ohne die entsprechende Rechtsgrundlage entfernt. Das Gesetz vom 9. Februar 1990 über das Wappen und die Nationalhymne symbolisiert nicht nur eine Restitution der Zweiten Republik nach dem Ersten Weltkrieg, sondern auch den Übergang des polnischen Staates zum Rechtsstaat. Nationale Symbole hatten in Polen schon immer eine große Bedeutung gehabt. Nur in einem Lehrbuch des Staatsrechts wird auf die Jahre 1944/45 eingegangen: Die Entfernung der Königskrone im Staatswappen sollte „das Zeichen für die Unterbrechung der Kontinuität des Klassencharakters Polens aus der Vorkriegszeit setzen“. Eine kleine Korrektur brachte schon das Gesetz vom 5. Dezember 1955 über das Wappen. Vgl. hierzu A. Burda/R. Klimowiecki: Prawo Państwowe (Staatsrecht). Warschau 1959, S. 633.

23 Für das hier behandelte Thema über die Rolle des Rechts der osteuropäischen Völker ist nicht uninteressant anzumerken, daß auch die Führung in einer Krisensituation wie in der gegenwärtigen mit Vorrang auf das Recht als Instrument der Erneuerung zurückgreift. Diese Aussage gilt gleichermaßen auch für die kleineren Nationen des ehemaligen sozialistischen Staatenblocks, doch die UdSSR befindet sich darin in einer besonderen Lage wegen ihrer kulturellen Tradition. Die erwähnte polnische Verfassung von 1791 war die erste geschriebene Verfassung in Europa und sollte mit radikalen Reformen dem Verfall der polnischen Adelsrepublik entgegenwirken. Durch die Intervention der damaligen Teilungsmächte konnte sie keine Wirkung entfalten, sie führte direkt zur 2. (1793) und 3. letzten Teilung Polens von 1795.

24 Eine Generation nach den Teilungen errichtete der Wiener Kongreß mit Art. 1–4 der Kongreßakte ein „Rumpfpolen“ unter russischer Herrschaft, das bis zum ersten polnischen Aufstand von 1831 bestand. Der prominente Völkerrechtler R. v. Laun bemerkte in seiner Preisschrift von 1933: „Hier sehen wir zum erstenmal einen völkerrechtlichen Schutz einer nationalen Minderheit ausgesprochen...“. Staat und Volk. 2. Aufl. 1933. Nachdruck Aalen 1971, S. 178.

Kontinuität europäischer Revolutionen

Geschichtsdeutungen auf der Grundlage des erwachten Nationalbewußtseins sind erst auf einer Stufe der Reflexion aufgetreten, die mit dem ersten Bruch der modernen Nation Ende des 18. Jahrhunderts zur Zeit der Französischen Revolution beginnen. Im Zentrum des nationalen Geschichtsdenkens stehen dabei fast bei allen Nationen Kontinuitätsprobleme: Welches ist der konstituierende Akt der modernen Nation? Ist die Entwicklung irgendwann unterbrochen worden, und, worauf Theodor Schieder hingewiesen hat, ob sich die Brüche auf ein Prinzip zurückführen lassen? Völker, die einmal staatliche Autonomie durchlebt hatten, dann aber ihrer verlustig wurden, entwickelten ein besonders intensives Nationalgefühl, um den verlorenen Status der Unabhängigkeit wiederzuerlangen. Dazu gehören die Völker in Ostmitteleuropa.

Radikale Veränderungen als Folge der Überwindung der Teilung in Staatenblöcke regen zum Nachdenken über die Einheit Europas an. Hierher gehört auch der Gedanke, daß es vielleicht keinen absoluten Gegensatz von Revolution, Restauration und Kontinuität gibt.[25] So verstanden sich bereits die ersten Revolutionen in Europa nur als Rebellionen gegen den Mißbrauch der monarchischen oder fürstlichen Gewalt, um die „verletzte, alte, gute Ordnung" wiederherzustellen. Auf einen engen Zusammenhang europäischer Revolutionen mit dem Charakter der Völker machte schon Eugen Rosenstock–Huessy 1931 aufmerksam. Er verstand unter Revolution solche Umbrüche, die ein für allemal ein neues Lebensprinzip in die Weltgeschichte einführen wollten, also eine Totalumwälzung. Diese wollen stets einen neuen Anstoß und eine neue Ordnung mitteilen. Als Revolutio-

25 vgl. Th. Schieder: Die Probleme des Geschichtsdenkens bei den europäischen Völkern. In: Geschichtsbewußtsein in Ostmitteleuropa, wie Anm. 1, S. 4/5. Ein Gedanke soll besonders herausgestellt werden: „Der nationaldemokratische Emanzipationsprozeß allüberall steht durchgängig im Zeichen des Willens zum Staate und bleibt nirgends in einer vorstaatlichen oder außerstaatlichen Vorhalle stehen" (S. 10). Der Grund dafür kann im „System" der europäischen Staaten als einer Einheit zu suchen sein, aus dem sich keine Nation ausschließen darf, ohne in einen minderen Status zu verfallen. Das würde einer Richtung in Deutschland über eine apolitische deutsche Nation widersprechen. Die Deutschen sollen sich nur als Kulturnation verstehen. Ob das der richtige Ansatz gegen einen deutschen Nationalismus sein kann, ist sehr zweifelhaft. Vgl. hierzu immer noch grundlegend F. Meinecke: Weltbürgertum und Nationalstaat. 6. Aufl. München und Berlin 1922, S. 4–22. Meinecke selbst relativierte jedoch seine Aussage: „Der Fall, daß eine Kulturnation rein und ausschließlich aus gemeinsamer Kultur entsteht, ist jedenfalls selten", S. 4, Anm. 2. Er stellt dann die Frage, ob ein Staat, der wie z. B. Rußland Peter des Großen, überhaupt ein Nationalstaat sei, weil seine Verfassung nach fremdem Muster gebildet sei? Für die Gegenwart würde die Antwort lauten: Die Übernahme bewährter, „fremder" Rechtseinrichtungen durch einen kommunistischen Staat ist keine „Entfremdung" der eigenen nationalen Rechtskultur, weil sie einen integralen Teil der modernen Zivilisation bildet, die Gorbatschow so vehemend befürwortet. Für die Diskussion der 60er Jahre über die Atombombe und die deutsche Frage sei die Ansicht Karl Jaspers anzuführen: Die Bundesrepublik hätte die Chance, der Welt ein neues Beispiel politischer Freiheit hinzuzufügen. Nachdem Deutschland den größten Exzeß des Nationalismus vollzogen habe, könnte es „nun die klarste Einsicht in den heute notwendigerweise nur noch unpolitischen Charakter des Nationalbewußtseins finden", K. Jaspers: Freiheit und Wiedervereinigung. München 1960, S. 12, und H. Schmidt: Die Deutschen und ihre Nachbarn. Berlin 1990, S. 41. Er verweist auf den Begriff „verspätete" deutsche Nation von Helmuth Plessner. Aber es gibt ein anderes Beispiel, das ist die „verfrühte" polnische Nation, als sie der europäischen Entwicklung vorauseilend nach einem Freiheitsbegriff im 18. Jahrhundert lebte, der in das Zeitalter des Absolutismus zur nationalen Katastrophe führte. Der letzte Akt wider den sogenannten Zeitgeist waren die Teilungen des polnischen Staates.

nen würden zwar auch solche Ereignisse wie die deutsche Reformation, die erste Teilung Polens als europäisches Unrecht, die „Industrielle Revolution" in England und die Französische Revolution bezeichnet, doch erst die Russische Revolution von 1917 habe den Zusammenhang zwischen den verschiedenen Revolutionen anerkannt. Sie habe sich als die Antithese zur Französischen Revolution von 1789 und als letzte europäische Revolution verstanden. Die Französische Revolution könne man noch als „Rebellion" bezeichnen, weil sie letzten Endes doch noch in die Kulturgemeinschaft der europäischen Völker zurückgefunden (Restauration) habe. So verdiene nur die bolschewistische Auflehnung den Namen Revolution, weil sie sich in Permanenz vollziehe und als letzte verstehe, wie es der Autor in den 30er Jahren formulierte.

Man mag solche Gedanken mit Fragezeichen versehen, doch sie enthalten auch einen Ansatz, der noch aktuell ist. Das ist einmal die These von der Kontinuität von Revolution und dann die Beobachtung, daß eine marxistische Revolution die Ewigkeit nur aus sich selbst erklären könne, in dem Revolutionieren selbst. Sie sei eine bewußte Verneinung des vorhergehenden Zustands, „deshalb spielt das Bewußtsein im Marxismus die geradezu entscheidende Rolle. Das Selbstbewußtsein der Klasse ist das Dogma, Kirche und Metaphysik der sozialistischen Revolution".[26] Die russische Revolution trat zuerst unter dem Banner der rationalen Vernunft des Marxismus als „Weltrevolution" gegen bürgerliche „Vorurteile" auf, verkehrte sich jedoch während ihrer praktischen Erprobung in Rußland in eine Religion[27], und im weiteren Verlauf versetzte sie die ihr unterworfenen Bürger sowie ganze Völker in einen Zustand der permanenten revolutionären Unruhe.[28] In diesem geistigen Klima sank die Rolle des Rechts auf die primitive Stufe politischer Einzelanweisungen.

---

26 E. Rosenstock-Huessy: Die europäischen Revolutionen und der moderne Charakter der Nationen. Breslau 1931, Nachdruck Moers 1987, S. 5 und 15. Weiter zum sozialen Wandel in Europa N. Elias: Über den Prozeß der Zivilisation. 2 Bde. Bern 1969.

27 Autoren aus den ostmitteleuropäischen Ländern kritisierten schon seit langem den Angelpunkt der kommunistischen Theorie in dem Begriff der „Klasse" als Träger allen Geschehens und Fortschritts. Diese Konstruktion hat man eine „mystische" Angelegenheit genannt. Gorbatschow hat in seinem programmatischen Artikel über die Zukunft des Sozialismus im Zusammenhang mit den Umwälzungen in Osteuropa und in der DDR die Konfrontation der Systeme als „absolut metaphysisch" bezeichnet, Prawda, v. 26. November 1989. Nach Pozdnjakov, wie Anm. 16, S. 11, Anm. 13, hätten Dogmatiker die marxistische Lehre zu einer Art Religion entwickelt. Erich Rothacker warnt vor Gefahren einer falschen Theorie: „Politische Theorien hätten den Begriff der Demokratie rationalisiert und ihn in die Verfassungen aufgenommen. Es wäre sicherlich ein Vorteil, die praktische Politik und analog auch die Wirtschaft nach der Theorie treiben zu können, doch soweit dasselbe nicht unter der falschen Theorie ebenfalls maßlos zu leiden verdammt ist", E. Rothacker: Die dogmatische Denkform in den Geisteswissenschaften und das Problem des Historismus. Akademie der Wissenschaften und der Kultur (Mainz). Wiesbaden 1954, S. 277.

28 Der Kommunismus opferte die Vergangenheit und die Gegenwart für die Zukunft durch totale Mobilmachung einer Nation. Ein totaler Staat befindet sich in einem Zustand der dauernden Mobilmachung, in ihm gibt es keinen Normalzustand. Vgl. G. Leibholz: Das Phänomen des totalen Staates, Festschrift für Herbert Kraus (1954). Nachdruck: Wege der Totalitarismus-Forschung. Darmstadt 1974, S. 124. Die andere Seite der Medaille ist ein Fatalismus der Menschen als Folge der marxistischen Ideologie. Da sich die Gesellschaft wie nach naturwissenschaftlichen Gesetzen entwickle, die allein von der Avantgarde der Arbeiterklasse in Gestalt der einen Partei gedeutet werden, sei die Aktivität des Menschen ohnehin nutzlos.

Die Krise des Kommunismus im Lichte des Rechts

Wenn von politischen und gesellschaftlichen Krisen die Rede ist, dann stellt sich die naheliegende Frage, welche Wirkung die Behebung der unerwünschten Situation für das sogenannte System haben könnte. Von verschiedenen Varianten abgesehen, sind zwei Auffassungen möglich und werden nicht nur diskutiert, sondern auch praktisch erprobt: Die eine, auf ältere Erfahrungen in Osteuropa zurückgehende, ist die Reformthese. Die sozialistische Idee sei gut, ihre Verwirklichung dagegen schlecht. Nun kann man in der Politik mit moralischen Urteilen nicht viel ausrichten, noch weniger im Recht, und neue Wortschöpfungen oder Begriffe helfen auch nicht weiter. Bis vor kurzem hat man einen unüberbrückbaren Gegensatz zwischen dem sogenannten Kapitalismus und Kommunismus behauptet. Wenn aber jetzt die westliche Demokratie sogar als Vorbild genommen wird, dann handelt es sich entweder um eine evolutionäre Konvergenz der Staatsformen oder um eine Revolution. In Mittelosteuropa zeigten sich alle „Revisionisten" maßlos enttäuscht darüber, daß ihre Idee einer „Reparatur" der östlichen Variante des Kommunismus auf der Basis der marxistischen Axiome ein Irrtum gewesen ist. Der polnische Philosoph Leszek Kołakowski tröstet sich damit, daß die Hegelsche „List der Geschichte" doch noch eine Mission erfüllt habe.[29] Mit Recht bezeichnet es der bekannte polnische Historiker Jerzy Holzer als „einseitig".[30]

Mit Ausnahme der Sowjetunion haben mittlerweile alle ehemaligen sozialistischen Länder das Adjektiv „sozialistisch" aus ihrem Vokabular entfernt; mehr noch, sie knüpfen offen an ihre Rechtstraditionen an. Anders die Sowjets, sie befinden sich in einer ungleich schwierigeren Lage schon wegen der zeitlichen Wirkung des Kommunismus seit 1917, aber auch deshalb, weil ihre bolschewistische Umwälzung radikal und traditionsfeindlich gewesen ist. Noch in den 30er Jahren gab es Priorität des „revolutionären Bewußtseins" im Recht.[31] Schließlich stellt die verbale Absage an die kommunistische Vision, die man doch mit solcher Hartnäckigkeit verfolgte und anderen Völkern aufoktroyierte, eine psychologische Belastung dar. Tatsächlich bedeutet die „Perestojka" in ihrer radikalen Form einen vollständigen Bruch mit der Entwicklung nach der Revolution, was das Volk so direkt berührt.

In seiner Antwort auf den Umbruch in Zentraleuropa mit der Überschrift die „Sozialistische Idee und die revolutionäre Perestrojka" führte Gorbatschow aus, daß die Väter des Marxismus niemals konkrete Formen für die Entwicklung einer neuen Gesellschaft verkündet hätten. Keine Revolution verlaufe nach einem bestimmten Plan, sie müsse von

29 „Der Traum von einem solchen Kommunismus, der nicht Stalinismus ist, diese Wunschträume trugen bei all ihrer intellektuellen Ärmlichkeit dennoch zur Desintegration des Systems bei", L. Kołakowski: Świadomość narodowa i rozkład kommunizmu (Das Nationalbewußtsein und der Zerfall des Kommunismus). In: 1956 w dwadzieścia lat później z myślą o przłyszości (1956 zwanzig Jahre später mit dem Gedanken an die Zukunft). London 1978, S. 24.

30 J. Holzer: Krisen und Krisenbewältigung in kommunistischen Staaten. In: Gesellschaft und Staat, wie Anm. 11, S. 54, Anm. 11.

31 15. Parteitag VKP (B). Materialien. Bd. 1. Moskau 1935, S. 503–505. V. V. Kopejčikov: Rol' pravovoj kultury v formírovanii socialističeskogo pravovogo gosudarstva (Die Rolle der Rechtskultur in der Herausbildung des sozialistischen Rechtsstaates). In: „Sovetskoe gosudarstvo i pravo" (Sowjetstaat und Recht; fortan SGiP) 2 (1990), S. 28–34.

Zeit zu Zeit überprüft werden. Und die Oktoberrevolution sei kein Irrtum gewesen, weil die Alternative nicht die bürgerliche Demokratie, sondern Anarchie gewesen wäre.[32]

In Gorbatschows Denken bekommt das Bekenntnis zu einer Zivilisation die zentrale Bedeutung für die „Perestrojka". Er lehnt den Stalinschen Begriff der „Revolution von oben" ab, weil sie von dem Diktator nur für die Zwangskollektivierung benutzt worden sei. Diese Deformation habe den „positiven" Ausgangspunkt der Revolution verdeckt. Die Ziele der bürgerlichen Demokratie und des Kommunismus seien die gleichen, nämlich Industrialisierung und kulturelle Revolution. Der Kapitalismus habe sich zu einer leistungsfähigen Gesellschaft entwickeln können, dagegen hätte die Sowjetunion den Anschluß versäumt, den es nun gelte, in Anlehnung an die Errungenschaft der modernen Zivilisation, aufzuholen. Gorbatschow verfolgt bei seinen Reformen folgende Ziele: Abschied vom Klassenkampf, politischer Pluralismus[33], Demokratisierung von Staat und Gesellschaft auf der Grundlage des Rechtsstaates, Garantie für die persönliche Freiheit der Bürger und Sicherung seiner sozialen Rechte. Gorbatschow faßt diese Elemente in dem Satz zusammen: bürgerliche Gesellschaft und Rechtsstaat. Es ist leicht zu erkennen, daß er zwei tragende Säulen der liberalen Demokratie als Legitimation benutzt: die Volkssouveränität und den Rechtssttaat.[34] In der sowjetischen Rechtsdoktrin wird das erste, gesellschaftliche Element (Bürgergemeinschaft) mit dem Aufbau des „rechtsstaatlichen" Rechts gleichgesetzt, d. h. des Vorrangs des Gesetzes vor der Politik und der Bindung der staatlichen Gewalt an die Gesetze. Welche Legitimation kennzeichnete aber das alte Regime? Das waren die führende Rolle der kommunistischen Partei und die sozialistische Gesetzlichkeit.[35] Die führende Rolle der KPdSU wurde bereits aus der Verfassung der UdSSR von 1977 gestrichen, und der letzte, 28. Parteitag von 1989 hat die Trennung von Partei und Staat vollzogen.

Seit der Verkündigung der „Perestrojka" wird in der sowjetischen Literatur über den Begriff des Rechtsstaates intensiv diskutiert. Die Zahl der Beiträge ist inzwischen kaum überschaubar geworden, doch eines schält sich heraus, die Meinung, daß zur Erneuerung

32 Prawda, v. 26. November 1989.

33 In der UdSSR wurde die Formulierung „sozialistischer Pluralismus" eingeführt, womit sich die Vorstellung von Demokratie und Selbstverwaltung verbindet. Außerdem deutet der Ausdruck auf die Vielfalt der Meinungen, Interessen, Anschauungen usw. Von sowjetischen Juristen wird demgegenüber vorgebracht, daß es sich nicht um den faktischen Zustand der Gesellschaft, sondern um die rechtliche Institutionalisierung des Pluralismus handelt. Vgl. z. B. N. N. Deev/N. F. Sarafedinov: Socialističeskij pljuralizm v politike (Der sozialistische Pluralismus in der Politik), SGiP 4 (1989), S. 3.

34 Diese rechtspolitische Direktive geht auf die Beschlüsse der 19. Unionskonferenz der KPdSU vom Juni/Juli 1988 zurück. Vgl. Materialien in 2 Bänden in russischer Sprache. Moskau 1988. Deklaration zur Demokratisierung und Reformen. Bd. 1, S. 106.

35 Würde man diese rechtliche Institution wörtlich nehmen, dann wäre die Forderung nach einem Rechtsstaat im Sinne der Herrschaft des Gesetzes nicht eindeutig, weil es doch „Gesetze" auch unter Stalin gegeben habe. Wäre das ein „totalitärer Rechtsstaat"? Es ist ein Widerspruch in sich. Vgl. hierzu V. Stupišin: U kogo vl'ast v pravovom gosudarstve? (Wo befindet sich die Macht in einem Rechtsstaat?), MŽ 11/1989, S. 31. Die sowjetische Doktrin verlangt für den Rechtsstaat eine Übereinstimmung des Gesetzes mit dem gerechten Recht. Das frühere, totalitäre Recht habe über die Partei nur einen Teil der Bevölkerung repräsentiert, was schon den Keim der Ungerechtigkeit in sich getragen habe, weil die Partei am Zustandekommen der Gesetze und der Rechtsanwendung maßgebend beteiligt war. Trotzdem impliziert das die Frage, was Gerechtigkeit ist.

des Rechtsdenkens auf die bürgerlichen Ideen, insbesondere Immanuel Kants[36], zurückgegriffen werden müsse, weil eigene Vorarbeiten fehlten. Die Idee des Rechtsstaates sei nicht neu, doch in der marxistischen Literatur habe es nur kritische Stimmen gegeben.[37]

In einer solchen Lage befinden sich die ostmitteleuropäischen Völker. Sie haben nach 1945 nicht ganz mit der rechtsstaatlichen Tradition gebrochen. Zum Teil ist dort noch die Rechtstradition lebendig geblieben und brauchte nur eines politischen Anstoßes, um sich neu zu entfalten. Sie stellten relativ früh Kontakte zu westlichen Universitäten her. Als Beispiel kann das erste Urteil des polnischen Verfassungsgerichts aus dem Jahre 1986 gelten, in dem der Berichterstatter, Richter Kazimierz Działocha, in seiner Begründung zur Frage der Gleichheit vor dem Gesetz die soziale Gerechtigkeit und Rechtskultur herangezogen hatte.[38] Was folgt aus den Ausführungen? Es soll die Herrschaft einer Person oder Oligarchie durch die Herrschaft des Rechts ersetzt werden. Das Recht wird nicht mehr im Sinne der alten marxistischen Auffassung als Interesse und Wille der Arbeiterklasse definiert, sondern als Wert an sich durch die Übernahme erprobter Einrichtungen der freiheitlichen Demokratie.[39] Doch von diesem Ausgangspunkt bis zu einer gut funktionierenden Rechtsordnung ist vielleicht der Weg noch einmal so lang wie von der beginnenden „Entstellung" des Sozialismus in den 20er Jahren unter Stalin bis zur „Perestrojka".[40]

Ideengeschichtlich greift die „Perestrojka" zwar auf die Oktoberrevolution zurück (geistige Restauration), von der Organisation der Gesellschaft her als Rechtsstaat setzt sie dagegen unter spezifisch sowjetischen Lebensverhältnissen am gegenwärtigen Entwicklungsstand der liberalen Demokratie an. Ob man sie noch Revolution nennen kann, ist zweifelhaft, weil die bisherige Ordnung nicht gewaltsam geändert wurde. Außerdem setzt der Begriff der Revolution[41] die Existenz einer wirksamen Rechtsverfassung voraus. Die rechtlichen Grundlagen der Sowjetunion waren jedoch mehr politischer als rechtlicher Qualität. Die oberste Pyramide des Rechtssystems bildete die persönliche Herrschaft der totalitären Machthaber, nicht eine Verfassung, die auch für den Inhaber politischer

---

36 Kant habe die Kategorie des Rechtsstaates in die Wissenschaft eingeführt, V. Stupišin: Ot kakich stereotipov my otkazyvaemsja (Welchen Klischees erteilen wir Absage?), MŽ 6/1989, S. 35.

37 vgl. hierzu stellvertretend Z. M. Černilovskij: Pravovoe gosudarstvo: istoričeskij opyt (Der Rechtsstaat: die historische Erfahrung), SGiP, S. 48–57; 9. Razdel'enie vlastej: teorija i praktika (Die Gewaltenteilung in Theorie und Praxis), Narodnyj Deputat (Volksvertreter), 15 (1990).

38 „Orzecznictwo Trybunału Konstytucyjnego" (Rechtsprechung des Verfassungsgerichtshofes). 1. Bd., (1987), S. 7–13.

39 In dieser Beziehung hat sich auch die sowjetische Methodik des Rechts der Theorie von Karl Popper angenähert. Die Entwicklung läßt sich nach ihm als ein Prozeß von „trial and error" begreifen. Durch Versuche und Irrtum entstünden wichtige Institutionen des freiheitlichen Rechtsstaates. Durch Experimentieren an Verfassungen, die Antwort auf das Verhältnis von Machtwillen und Willkür im Laufe der Geschichte gaben, ist bisher die beste Lösung im Rechtsstaat gefunden worden. Vgl. hierzu R. Zippelius: Die rechtsstaatliche parlamentarische Demokratie als Ergebnis geschichtlicher Lehren. In: Freiheitliche Tendenzen der Deutschen Geschichte. Hrsg. von B. Rill, Hanns-Seidel-Stiftung. Regensburg 1989, S. 170/171.

40 „Die soziale Revolution unserer Tage verläuft wie ein Prozeß, der sich über Jahrzehnte erstreckt." In: „Kommunist", September 1989, S. 7.

41 Hierzu H. Herrfardt: Revolution und Rechtswissenschaft, Habilitationsschrift. Greifswald 1930, Nachdruck Aalen 1970, S. 2.

Macht verbindlich wäre. Es ist eher an eine Rezeption modernen Rechts der freiheitlichen Demokratie zu denken.[42]

Einst hat die siegreiche russische Revolution das Absterben des Staates und des Rechts verkündet. Nationale Tradition, Gewohnheitsrecht, das Recht des zaristischen Regimes wurden insgesamt soweit beseitigt, als sie dem „revolutionären Gewissen", dem „revolutionären Bewußtsein" (Dekrete v. 24. November 1917 und vom 21. Februar 1918) bzw. dem „sozialistischen Rechtsbewußtsein" nicht widersprachen. Ersetzt wurden die Gesetze durch das Rechtsdenken einer sozialen „Klasse", dessen Auslegung in den Händen der Partei bzw. des Parteiführers lag.

Wie die Einigung Deutschlands zeigte, ist die sogenannte sozialistische Gesetzlichkeit mit dem Recht des liberalen Rechtsstaats unvereinbar. Der Vertrag über die Währungs-, Wirtschafts- und Sozialunion vom 18. Mai 1990 enthält eine Regelung über sozialistische Rechtsgrundsätze. Im gemeinsamen Protokoll Nr. 1 zum Staatsvertrag[43] wurde vereinbart, daß Vorschriften des DDR-Rechts über die sozialistische Gesetzlichkeit, die Anschauungen einzelner Bevölkerungskreise oder Parteien (Arbeiterklasse), die sozialistische Moral oder vergleichbare Begriffe nicht mehr gelten würden. Die notwendige rechtliche Homogenität hat die DDR mit Gesetz vom 17. Juni 1990 hergestellt.[44] Sie hat die Verfassung dem Vertrag angepaßt und in Art. 1 über „Freiheitliche Grundordnung" das Prinzip des demokratischen Zentralismus, die sozialistische Gesetzlichkeit, das sozialistische Rechtsbewußtsein usw. aufgehoben.

42 Gereizt reagierten die Sowjets auf eine These des Sicherheitsberaters der US-Administration F. Fukuyama: The End of History? In: „The National Interest", Summer 1989, daß der Sozialismus nun wohl endgültig das Modell der liberalen Demokratie übernommen habe, was überhaupt das Ende der historischen Entwicklung bedeuten würde. A. Puškov: Vozmožen li koncert ideologij? (Ist ein Konzert der Ideologien überhaupt möglich?), MŽ 7/1990, S. 49. Es wird auch gefragt, ob allein die „Perestrojka" die Veränderungen in Zentraleuropa bewirkt habe. Das würde nach Falin bedeuten, daß ein organischer Zusammenhang zwischen den Ereignissen in Zentraleuropa und in der Sowjetunion bestünde. Daraus könnte man ihren weiteren Verlauf in der UdSSR anhand der osteuropäischen Veränderungen konstruieren. Nach seiner Meinung gebe es dort auch „eigene" Ursachen wie den Abfall Jugoslawiens (1949), den Aufstand in der DDR (1953), in Polen und Ungarn (1956), in der Tschechoslowakei (1968) und wieder in Polen (1970/71 und 1981). Vgl. die Sitzung der ZK-Kommission der KPdSU vom 15. Juni 1990 über Veränderungen in Mittel- und Osteuropa, Izvestija ZK KPSS (Nachrichten des ZK der KPdSU), 10 (1990), S. 102–113 (102/103). Ähnlich Puškov in dem obengenannten Artikel.

43 Text des Staatsvertrages zur Währungs-, Wirtschafts- und Sozialunion, BGBl.II S. 537.

44 GBl. der DDR I Nr. 33, S. 299.

Bastiaan Schot

Staat, Nation und territoriale Fragen im östlichen Mitteleuropa

Innere Konsolidierung und internationale Konstellation. Zur Entwicklung Polens in der Zeit zwischen den beiden Weltkriegen.

Wenn man von Abgrenzungen und Zusammenleben redet, so fragt man nach dem Verhältnis von Staat und Nation. Damit wird eines der meistdiskutierten Themen der modernen Geschichte angesprochen. Was man unter Staat verstehen soll, hat Max Weber in seinem Vortrag *Politik als Beruf* wie folgt umschrieben: „Staat ist diejenige menschliche Gemeinschaft, welche innerhalb eines Gebietes das Monopol legitimer physischer Gewaltsamkeit für sich (mit Erfolg) beansprucht."[1] Und er fügt zwischen Bindestrichen hinzu: „– dies, das Gebiet, gehört zum Merkmal –". Somit sind die beiden Erscheinungsformen des modernen territorialen Staates in dieser Definition enthalten. Erstens, der Staat ist eine Anstalt, die die souveräne Gewalt (das Monopol der legitimen physischen Gewaltsamkeit) innerhalb eines bestimmten Gebietes ausübt, und zweitens, der Staat ist eine Gemeinschaft. Die letzten Worte verweisen auf die Menschen – und nach heutigem Verständnis zugleich auch Bürger – die das staatliche Gebiet bewohnen. Man kann diese Gemeinschaft als Nation bezeichnen, insofern ihre Mitglieder sich ihrer Gemeinsamkeit bewußt sind, sich dementsprechend als Kollektiv organisiert haben und in dieser Eigenschaft als Einheit (als eine politische Gemeinschaft) handeln. In diesem Sinne sind Staat und Nation identische, austauschbare Begriffe.

Es erhebt sich jedoch die Frage, ob diese Vorstellung vom Verhältnis zwischen Staat und Nation der historischen Erkenntnis entspricht. Vielleicht mag sie auf Westeuropa (und die Vereinigten Staaten Nordamerikas) zutreffen, aber bestimmt nicht auf Mittel- und Osteuropa. Hier hat sich die politische Bewußtwerdung in der Regel innerhalb von Gemeinschaften vollzogen, die sich durch besondere persönliche Merkmale wie Sprache, Religion oder kulturelle Herkunft voneinander unterschieden und nicht auf einem bestimmten, mehr oder weniger geschlossenen Gebiet zusammenwohnten. Die Initiative zur Gründung moderner Staaten im Sinne von Anstalten, d. h. Ansätze zur administrativen Vereinheitlichung und Durchsetzung der Vorrangsansprüche zentralstaatlicher Behörden, ergriffen in diesem Raum die aufgeklärt-absolutistischen Fürsten. Die nationalen Bewegungen, welche sich im Laufe des 19. Jahrhunderts entfalteten, richteten sich in Mittel- und Osteuropa meistens gegen diese vorherrschende autokratische Ordnung und erstrebten sowohl die soziale Emanzipation ihrer Anhänger als auch deren Befreiung von „fremder" Unterdrückung.[2] Alle diese Bewegungen orientierten sich an den demokrati-

1 Max Weber: „Politik als Beruf". In: Gesammelte Politische Schriften. 2. Aufl. Hrsg. von Johannes Winckelmann. Tübingen 1958, S. 493–548, hier bes. S. 494. Hervorhebung im Original.

2 vgl. dazu die grundlegende Studie von Miroslav Hroch: Social preconditions of national revival in Europe. Cambridge 1985.

schen Verfassungen, wie sie sich in Westeuropa nach der Französischen Revolution durchgesetzt hatten. Die Anwendung dieses Typus auf die ostmitteleuropäischen Nationalitätenverhältnisse – darüber ist sich die Geschichtsschreibung weitgehend einig[3] – habe jedoch die nationalen Gegensätze eher verschärft als ausgeglichen. Wenn jede national-kulturelle Gemeinschaft ihren eigenen souveränen Staat gründen und sich mit seiner Hilfe der Vorherrschaft in einem bestimmten Raum versichern wollte, so ließen sich Auseinandersetzungen über die Frage, welche „Nationalität" die politische Führung im jeweiligen Staat übernehmen sollte, nicht vermeiden. Diese Befürchtung bewahrheitete sich besonders am Ende des Ersten Weltkriegs, als die traditionellen, mehrere Völker umfassenden Großreiche in mehrere kleine Staaten zerfielen.

Vor die Aufgabe gestellt, die zahlreichen Grenzkonflikte durch Schiedsspruch beizulegen, entschlossen sich die alliierten und assoziierten Hauptmächte auf der Pariser Friedenskonferenz 1919 gegen eine allzu weitgehende territoriale Zersplitterung (eine „Balkanisierung") und für die Schaffung größerer, leistungsfähiger Staaten. Die sich daraus ergebenden Minderheitenprobleme versuchten sie dadurch zu lösen, daß sie einerseits auf die Übernahme der parlamentarischen Demokratie bestanden und andererseits den Angehörigen dieser Minderheiten internationalen Schutz gewährten. Seine Anwendung sollte der Rat des Völkerbundes überwachen. Beide Vorbedingungen sollten ihnen – trotz kultureller Unterschiede ihrer Mitbürger – die unbeschränkte Beteiligung an der allgemeinen politischen Willensbildung in ihren jeweiligen Wohnstaaten garantieren. Um zu verhindern, daß sich diese Minderheiten zu politischen Fremdkörpern entwickelten, hatten die Verträge absichtlich auf öffentlich-rechtliche Autonomie verzichtet. Auf die Dauer sollten auch die Angehörigen nationaler Minderheiten als vollwertige Bürger in der sich ausbildenden Staatsnation aufgehen. Die parlamentarische Demokratie und die Volkssouveränität galten also als Allheilmittel für die künftige politische Stabilisierung Mittel- und Osteuropas. In diesem Zusammenhang vertraten sonst so unterschiedliche Politiker wie der amerikanische Staatspräsident Woodrow Wilson, der erste Präsident der tschechoslowakischen Republik Thomas Masaryk oder der deutschbaltische Parlamentarier und Leiter der deutschen Fraktion im lettländischen Parlament, Paul Schiemann, die gleiche Meinung. Politische Selbstbestimmung – also Teilnahme am Aufbau eines gemeinsamen Staates – schaffe die beste Voraussetzung für die *Entstehung eines staatsbürgerlichen Bewußtseins und für die Bereitschaft, diesem Staat gegenüber gewisse Pflichten erfüllen zu wollen.*[4]

Absicht dieser Betrachtung ist es, an Hand eines konkreten Falles nachzuverfolgen, inwieweit und unter welchen Voraussetzungen sich diese hochgespannten Erwartungen praktisch bewähren konnten. Als Vorbild für diese Fallstudie dürfte Polen am ehesten geeignet sein, weil hier die Probleme der Staatsbildung nach 1918 am deutlichsten hervortraten.

3 vgl. dazu die vor kurzem erschienene Abhandlung von Eric J. Hobsbawm: Nations and Nationalism since 1780, Programme, myth, reality. Cambridge 1990, bes. S. 131ff. Dort auch Hinweise auf ältere Untersuchungen.

4 Zu Masaryk, siehe seine in mehreren Sprachen erschienene Schrift: Das neue Europa. Der slawische Standpunkt. (Dt. Übers. von Ernst Saudek. Berlin 1922); zu Paul Schiemann, Volksgemeinschaft und Staatsgemeinschaft. In: Nation und Staat I (1927/28), S. 38; im Allgemeinen siehe: Erwin Viefhaus: Die Minderheitenfrage und die Entstehung der Minderheitenschutzverträge auf der Pariser Friedenskonferenz 1919. Würzburg 1960, S. 175ff. Zu Wilson: ebd., S. 56ff. und S. 192ff.

Dieses Land stand damals vor der Aufgabe, nicht nur mehrere fremdsprachige und religiöse Minderheiten zu integrieren, sondern auch die seit mehr als 150 Jahren auf die Gebiete der drei Teilungsmächte zerstreuten Glieder der polnischsprachigen Mehrheit wieder an das Zusammenleben in einem Staat zu gewöhnen. Außerdem war Polen in der Zeit zwischen den beiden Weltkriegen mit Abstand der größte Staat Ostmitteleuropas. Seine Stabilisierung sollte wie ein Vorbild auf die anderen ostmitteleuropäischen Staaten wirken. Deshalb hatten ihm die westlichen Alliierten eine Schlüsselrolle in dem von ihnen erstrebten antideutschen und antibolschewistischen Sicherheitssystem zugedacht. Somit sind die folgenden Abschnitte (1) der innenpolitischen Entwicklung, (2) dem Einfluß der internationalen Konstellation und (3) dem Beitrag des Völkerbundes – namentlich an Hand seiner Rolle in der Anwendung des Minderheitenschutzes – gewidmet.

Zur inneren Entwicklung Polens nach 1918

Die Verfassung vom 17. März 1921

Wie die anderen ostmitteleuropäischen Staaten konstituierte auch Polen sich nach dem Ersten Weltkrieg als eine parlamentarische Demokratie. Am 17. März 1921 verabschiedete der verfassunggebende Sejm eine Verfassung, zu welcher das Frankreich der Dritten Republik Modell gestanden hatte. Wie ihr Vorbild beruhte sie auf Volkssouveränität und Unitarismus. Praktisch bedeutete dies, daß die höchste Gewalt innerhalb der Gebiete, welche die Pariser Vorortverträge im Jahre 1919 bzw. der Rigaer Vertrag mit der Sowjetunion am 18. März 1921 endgültig Polen zugesprochen hatten, im Prinzip von einem geeinten Volk ausgeübt wurde. Dessen allgemeiner Wille gestaltete sich in einer von ihm direkt gewählten Vertretung, die die Gesetze beschloß, die Mitglieder der Regierung berief und ihr Verhalten kontrollierte. Der unitarische Staatsaufbau äußerte sich darin, daß die Provinzen (Wojewodschaften), Gemeinden und sonstigen öffentlich-rechtlichen Verbände den Weisungen der zentralen Regierungsbehörden unterstanden und ihre Befugnisse nur innerhalb der von den Gesetzen umschriebenen Schranken ausüben konnten. Demselben Grundsatz entsprach auch das sogenannte fünfadjektivische Wahlrecht: es war allgemein, direkt, geheim, proportional und erfaßte gleichermaßen (erwachsene) Männer und Frauen.

Aufgrund dieser Konzeption bildeten auch die verschiedenen nationalen Minderheiten innerhalb der polnischen Grenzen einen Teil des Staatsvolkes. Den Angehörigen dieser Minderheiten wurde die volle Gleichberechtigung mit der polnischsprachigen Mehrheit sowie der Anspruch auf die bürgerlichen Grundrechte verbürgt, ihre Forderung nach national-kultureller Autonomie wurde dagegen abgelehnt, weil sie ihre Integration in die Gemeinschaft der polnischen Bürger angeblich verhinderte. Doch die Beratungen im Sejm zeigen auch, daß die Gesetzesgeber vor allem fürchteten, daß die Minderheiten diese Autonomie dazu benutzen könnten, so intensiv wie möglich mit ihrer sogenannten Konnationale (dem Staat, in dem die jeweils sprachverwandte Gruppe die regierende Mehrheit bildete) zusammenzuarbeiten. Diese Furcht geht besonders klar aus den Auseinandersetzungen über die Regelung der Beziehungen zwischen Staat und Kirche hervor. Aufgrund seiner hervorragenden Rolle bei der organisatorischen Zusammenfassung des polnischen Volkes und der Pflege seines Nationalbewußtseins in der Zeit der Teilungen hatte der römisch-katholische Klerus für sich eine verfassungsmäßige Hervorhebung gefordert. Diese Forderung war zwar nach heftigen Debatten abgelehnt worden, doch erkannte die Verfassung ausdrücklich den Tatbestand an, daß die polnische Bevölkerung in großer Mehrheit der römisch-katholischen Kirche angehörte. Ihr Verhältnis zum polnischen Staat sollte durch ein Konkordat mit dem Hl. Stuhl – das am 23. April 1925 vom Sejm ratifiziert wurde – näher bestimmt werden. Weiter sah die Verfassung vor, daß die Kirchen „und sonstige Religionsverbände" der Minderheiten sich nach eigenen Gesetzen verwalten durften, insofern diese den polnischen Staatsgesetzen nicht widersprachen. Ihr Recht auf Selbstverwaltung unterlag also der Aufsicht durch die staatlichen Behörden.[5] In der Praxis wurde diese Bestimmung vor allem gegen das Bestreben der uniert-evangelischen Kirche in den ehemals preußischen Teilungsgebieten angewandt, allzu enge organisatorische Verbindungen mit der Mutterkirche im Deutschen Reich zu unterhalten. Im allgemeinen mißtrauten die polnischen Behörden jeder auf dem Staatsgebiet wohnenden fremdnationalen Minderheit, deren Konnationale in einem der benachbarten Staaten regierte und bemühten sich, die internationalen Beziehungen dieser Minderheiten – und wenn diese auch auf bloß kulturelle Angelegenheiten beschränkt waren – strengstens zu überwachen. Dies Verhalten zeigt, daß zumindest, was die Minderheiten betrifft, der Gedanke eines geeinten Staatsvolkes einstweilen auf einer Fiktion beruhte.

Parteienstruktur

Vom Tag seiner Gründung im Herbst 1918 an bewarben sich in Polen mehrere politische Parteien um die Gunst der Wähler. In dieser Beziehung unterschied es sich kaum von anderen kontinental-europäischen Demokratien, wie zum Beispiel der Dritten Französischen Republik, den Niederlanden, Skandinavien oder der Weimarer Republik. Ein Mehrparteiensystem kann man auch als Ausdruck einer modernen pluralistischen Gesellschaft auffassen und es gefährdet an sich die innere Stabilisierung nicht, wenn zwischen diesen Parteien zumindest ein Konsens vorhanden ist in Bezug auf solche Grundfragen wie das Verhältnis zwischen Legislative und Exekutive, die Rechte und Pflichten der Bürger, oder auch auf die Vergabe der wichtigsten Staatsämter oder Vorstandsposten in den einflußreichen politischen und wirtschaftlichen Verbänden sowie auf die Spielregeln, welche die Parteien bei der Austragung ihrer Konflikte beachten sollen.[6]

In dieser Perspektive trat Polen seine Unabhängigkeit unter denkbar ungünstigen Vorzeichen an. Bereits bei den Wahlen zum verfassunggebenden Sejm im Frühjahr 1919 offen-

---

5 siehe dazu Bastiaan Schot: Kirche, Staat, nationale Minderheit. Zur Lage der evangelischen Kirche in der Republik Polen in der Zeit zwischen den beiden Weltkriegen. In: Bernhart Jähnig und Silke Spieler (Hrsg.:): Kirchen und Bekenntnisgruppen im Osten des Deutschen Reiches – Ihre Beziehungen zu Staat und Gesellschaft. Bonn 1991.

6 siehe dazu z. B. die grundlegende Untersuchung von Arend Lijphart: The politics of accommodation. Pluralism and Democracy in the Netherlands. Berkeley 1968. Nied. Übers.: Verzuiling, pacificatie, kentering in de Nederlandse politiek. Amsterdam 1968. Zum hier dargelegten Modellfall der Niederlande auch Horst Lademacher: Geschichte der Niederlande. Darmstadt 1983, S. 324ff. Zur parteipolitischen Entwicklung in den skandinavischen Ländern vgl. Erik Allardt und Yrjö Littunen (Hrsg.): Cleavages, ideologies and party systems (Transactions of the Westermarck society, Bd. X. Helsinki 1964), S. 70–131, S. 343–399 u. S. 441–463; sowie: Seymour Martin Lipset und Stein Rokkan (Hrsg.): Party systems and voter alignments. Cross-national perspectives. New York–London 1967, S. 323–344.

barten sich grundsätzliche Meinungsverschiedenheiten zwischen den politischen Gruppierungen, die den Willen der polnischsprachigen Mehrheit zu vertreten vorgaben. Diese widerspiegelten wiederum die tiefen Risse, welche die Zeit der Teilungen im politischen Verhalten der polnischen Bevölkerung hinterlassen hatte. Außerdem hatte sich in derselben Zeit ein grundsätzliches Mißtrauen gegenüber jeder staatlichen Autorität entwikkelt.[7]

Um einen einigermaßen klaren Einblick in die reichlich verworrenen parteipolitischen Gegensätze zu gewinnen und langfristige Entwicklungen aufzudecken, neigt die Forschung dazu, auf zwei Hauptrichtungen, die Nationaldemokraten und die Polnisch-Sozialisten abzuheben. Wenn sich auch die folgende Betrachtung dieser Gewohnheit anschließt, so soll man doch bedenken, daß es in der Zeit zwischen den beiden Weltkriegen in Polen keine Ansätze zu einer Art Zweiparteiensystem gegeben hat.[8]

Die Zielsetzungen der Nationaldemokraten

Die Nationaldemokraten fanden ihren Schwerpunkt in den ehemals preußischen Teilungsgebieten, obwohl manche ihrer Führer ursprünglich aus Kongreßpolen stammten. Sie hatten ihre Feuertaufe im Kampf gegen die 1885 von Bismarck eingeleitete preußisch-deutsche Germanisierungspolitik in Posen und Pomerellen erhalten und stützten sich dementsprechend auf ein weitverzweigtes Netz von Siedlungsgesellschaften, landwirtschaftlichen Kreditgenossenschaften und sonstigen Kampfverbänden, welche sich als erfolgreiche Abwehrmittel erwiesen und nicht unerheblich zur Mobilisierung der polnischsprachigen Bevölkerung beigetragen hatten.[9] Während des Ersten Weltkrieges, als ihre parlamentarische Tätigkeit sehr eingeschränkt wurde, waren manche ihrer Führer ins westeuropäische Exil gegangen, wo sie mit Erfolg die alliierten Regierungen für die Unterstützung ihrer Unabhängigkeitsbestebungen zu gewinnen wußten. Hier, im Exil, waren auch die wichtigsten national-demokratischen Grundkonzeptionen für eine künftige polnische Verfassung entwickelt worden, welche sich an der Verfassung der Dritten Französischen Republik orientierten. Diesen besonderen Erlebnissen und Erkenntnissen entsprach ihre Forderung nach einem starken, zentralverwalteten Staat, in dem die Vorherrschaft der polnischen Kultur und Sprache für immer gesichert sein sollte. Etwaige nationale Minderheiten hatten sich mit der führenden Rolle der polnischsprachigen Mehrheit abzufinden, so wie sich im Laufe des 19. Jahrhunderts die langue d'oc im Süden Frankreichs der Herrschaft der um Paris beheimateten langue d'oui untergeordnet hatte.[10] Ohne ihre kulturelle Identität vollständig aufgeben zu müssen, sollten diese Minderheiten als Zeichen ihrer politischen Loyalität gegenüber dem neuen Staat sich bereit zeigen, die offizielle Sprache des Landes – also die polnische – zu erlernen.

Im verfassunggebenden Sejm gelang es den Nationaldemokraten, mehrere kleinere, sich zu den gleichen Zielen bekennende Parteien – unter ihnen vor allem Vertreter des rö-

7 vgl. Piotr S. Wandycz: The lands of partitioned Poland 1795–1918. Seattle–London 1974, S. 366ff.

8 Ausführlicher zu diesen Entwicklungen vgl. A. Polonsky: Politics in independent Poland 1921–1939. The crisis of constitutional government. Oxford 1972.

9 vgl. Martin Broszat: Zweihundert Jahre deutsche Polenpolitik. München 1963, S. 117ff.

10 vgl. Eugene Weber: Peasants into Frenchmen. The modernization of rural France, 1870–1914. Stanford 1976, S. 303ff. u. S. 485ff.

misch-katholischen Klerus – um sich zu sammeln und ihren Standpunkt bei den Abstimmungen zu den einzelnen Paragraphen durchzusetzen. Nur auf dem Gebiet des Verhältnisses zwischen Kirche und Staat stimmten sie einem von der sozialistischen Opposition eingebrachten Kompromiß zu.[11]

Die Ziele der Polnisch-Sozialisten

Die Polnisch-Sozialistische Partei (PPS) hatte ihre Basis in dem bis 1916 von Rußland verwalteten Königreich Polen. Ihr Kern bestand aus den zersprengten Resten der radikalen Linken, die sich am gescheiterten Aufstand vom Januar 1863 gegen die russische Herrschaft beteiligt hatte. Sie vermochte sich allenfalls in der Illegalität zu behaupten und stand in enger Beziehung zu den russischen Sozialdemokraten. Doch im Gegensatz zu diesen bekannten sich die polnischen Sozialisten ohne Vorbehalt zum Nationalismus und setzten sich für die Wiederherstellung eines unabhängigen Polen ein.

Im Unterschied zu den Nationaldemokraten bezogen sich die Verfassungsprojekte der Sozialisten auf die frühere Adelsrepublik. Das bedeutete allerdings nicht eine Art Restauration des frühneuzeitlichen Ständestaates, sondern vor allem den Rückgriff auf eine – wie sie sahen – genuine polnische Demokratie auf föderativer Grundlage. Weiterhin sahen sie die Trennung von Kirche und Staat vor sowie weitgehende Autonomie für die verschiedenen Provinzen und nationalen Gruppen, aus denen sich der Staat zusammensetzte. Die Einheit der Nation sollte also nicht durch eine starke Zentralgewalt verwirklicht werden, sondern durch eine enge Zusammenarbeit auf der Grundlage freier Verständigung und gegenseitigen Respekts. Schließlich erstrebten die Sozialisten auch die Emanzipation der Bauernbevölkerung, u. a. durch Parzellierung des landwirtschaftlich genutzten Bodens.

Aufgrund der wirksamen Repression der russischen Besetzungsbehörden in den Jahrzehnten nach dem gescheiterten Januaraufstand vom Jahre 1863 fehlte den Polnisch-Sozialisten jedoch die Möglichkeit, sich einen starken organisatorischen Rückhalt unter der Bevölkerung im russischen Teilungsgebiet zu verschaffen. Ihre Stunde schlug erst, als sie sich nach der Niederlage der russischen Armee in der Schlacht bei Tannenberg (1916) weigerten, mit den deutschen und österreichischen Militärverwaltungen zusammenzuarbeiten. Es war in dieser Zeit, daß sich einer ihrer Führer, der General Josef Piłsudski, gerade wegen seines Widerstandes bei der Bevölkerung im gesamten Polen besonders beliebt machte. Doch reichte diese Beliebtheit nicht aus, um seiner Partei bei den Wahlen zum verfassunggebenden Sejm eine ausreichende Mehrheit zu verschaffen. Das erklärt, weshalb die wichtigsten Verfassungskonzepte der Sozialisten – mit Ausnahme des Status für den römisch-katholischen Klerus – bei den Abstimmungen unterlagen. Dem Übergewicht der Nationaldemokraten war es auch zu verdanken, daß die Befugnisse des Staatspräsidenten auf bloß repräsentative Aufgaben beschränkt wurden. So wurde ihm das Recht vorenthalten, das Parlament aufzulösen oder die Berufung der Minister mitzubestimmen. Mit der Annahme dieser Bestimmung kamen sie mit Erfolg einer Kandidatur Piłsudskis zuvor, der sonst ohne Zweifel seine Popularität dazu eingesetzt hätte, ein ple-

11 Zur Vorgeschichte der Religionsartikel in der polnischen Verfassung s. Alfred Kleindienst und Oskar Wagner: Der Protestantismus in der Republik Polen 1918/19–1939. Marburg/Lahn 1984.

biszitäres Gegengewicht gegen das von den Nationaldemokraten beherrschte Parlament zu bilden.

Die am 17. März 1921 von einer Mehrheit der Abgeordneten verabschiedete Verfassung entsprach also mehr der momentanen parteipolitischen Kräftekonstellation als einem Grundkonsens zwischen den wichtigsten politischen Strömungen, in dem sich der einheitliche Wille der polnischen Staatsbürger verkörperte. Erst die Zukunft sollte zeigen, inwieweit diese Verfassung wesentlichen Verlagerungen im parteipolitischen Kraftfeld gewachsen war.

Entscheidend für die innenpolitische Entwicklung der polnischen Republik im ersten Jahrfünft seit ihrer Gründung war der Umstand, daß es den Nationaldemokraten nicht gelang, ihre einflußreiche Stellung im Parlament weiter auszubauen. Schuld daran dürfte vor allem das proportionale Wahlverfahren gewesen sein, das das Aufkommen mehrerer kleinerer, an einer bestimmten Weltanschauung orientierter Parteien begünstigte und die Bildung tragfähiger parlamentarischer Koalitionen erschwerte.[12] Aber das Wahlrecht allein reicht nicht aus, um die nahezu endemische Instabilität in der Ersten Polnischen Republik zu erklären.

Es darf nicht übersehen werden, daß im damaligen Polen eine einigermaßen leidlich funktionierende zentrale Verwaltung – eines der wesentlichsten Merkmale des modernen Staates – noch im Aufbau begriffen war. Es lag auf der Hand, daß jede politische Gruppierung den größten Einfluß auf diese Vorgänge zu gewinnen bestrebt war. Jede Partei versuchte im Wahlkampf möglichst viele Wähler für ihre Ziele zu mobilisieren und Wettbewerber zu überbieten. Leidenschaftliche Appelle an weltanschauliche Prinzipien oder auch nationale Gefühle schienen in diesem Zusammenhang die besten Erfolge zu versprechen. Aufgrund ihrer jeweils erzielten Parlamentsmandate erhob eine Partei entsprechende Ansprüche auf die personelle Besetzung der führenden demokratischen Ämter. Somit wurden die Wahlkämpfe in aller Schärfe ausgetragen, während Partner in einer Regierungskoalition nur widerwillig die Verantwortung für solche Maßnahmen übernehmen wollten, die ihnen den Verlust mancher Wähler einbringen würde. Im Gegensatz zu etwa der Weimarer Republik, oder auch der Ersten Tschechoslowakischen Republik, fehlte es an einem selbständigen, nicht von jeweiligen parteipolitischen Einflüssen abhängigen Fachbeamtentum, das sich loyal jeder amtierenden Regierung zur Verfügung stellte.

Schließlich soll noch darauf hingewiesen werden, daß in Polen eine starke, hervorragende Persönlichkeit wie ein Thomas Masaryk, der erste Präsident des tschechoslowakischen Staates, fehlte. Sie hätte den Parteien gegenüber das nationale Interesse verkörpern und ihnen in der Formulierung eines Konsenses in allen wichtigen politischen Auseinandersetzungen beistehen können.[13] General Piłsudski – nach dem „Wunder" an der Weichsel im August 1920 zum Marschall befördert – war für diese Rolle weniger geeignet, weil er die Weitschweifigkeit und den Parteienhader im Parlament zutiefst verachtete und außerdem mit manchem nationaldemokratischen Abgeordneten persönlich verfeindet war.

12 Alexander J. Groth: Proportional representation in prewar Poland: In: Slavic Review 23 (1964), S. 103–116, bes. S. 108ff.

13 vgl. dazu die Aufsatzsammlung von Karl Bosl (Hrsg.): Die „Burg". Einflußreiche Kräfte um Masaryk und Beneš. 2 Bde., München–Wien 1973–1974.

Die von den Nationaldemokraten beherrschte Koalition, welche die Verfassung vom 17. März 1921 durchgebracht hatte, erwies sich außerstande, auch die Verantwortung für die Wirtschafts- und Sozialgesetzgebung zu übernehmen, welche jetzt auf der Tagesordnung stand. Denn nun ging es darum, die verschiedenen Regionen Polens, die sich in der Zeit der Teilungen einander entfremdet hatten, mit Hilfe umfassender Reformen auf dem Gebiet des Handels- und Zivilrechts, der Steuer- und Wirtschaftspolitik und nicht zuletzt auch der landwirtschaftlichen Besitzverhältnisse wieder zu einer Einheit zu verschmelzen. In allen diesen Bereichen offenbarten sich alsbald grundsätzliche Unterschiede zwischen Nationaldemokraten und ihren wichtigsten Koalitionspartnern, namentlich der im ehemals österreichischen Teilgebiet beheimateten Bauernpartei. Das parteipolitische Chaos bedrohte schließlich den Fortbestand Polens derart, daß Piłsudski dem Drängen seiner direkten Umgebung nachgab und im Mai 1926 durch einen Staatsstreich eine autoritäre Wende in der Innenpolitik einleitete. Mit der bald darauf einsetzenden politischen Sanierung oder „Sanacja“ wurden nun die parteipolitischen Einflüsse auf die Staatsverwaltung weitgehend ausgeschaltet und mehrere für notwendig erachtete Reformen sozusagen von oben herab diktiert. Wenn auch diese Art der Stabilisierung tatsächlich kurzfristig einen Ausweg aus der innenpolitischen Dauerkrise versprach, erbrachte sie auf die Dauer doch eine Entfremdung zwischen bürokratischem Staat und politischer Nation, welche vor dem Ersten Weltkrieg das Merkmal der autoritär regierten Teilungsmächte gewesen war. Polen behauptete also seine staatliche Einheit, aber nicht auf freiheitlicher, demokratischer Grundlage. Dafür fehlte bereits zwischen den politischen Strömungen der polnischsprachigen Mehrheit der notwendige Konsens.

Polen zwischen den Mächten

Auch auf dem Gebiet der Außenpolitik gingen die Zielsetzungen von Nationaldemokraten und Sozialisten auseinander. Aufgrund ihrer Erlebnisse in den ehemals preußischen Teilgebieten waren die Nationaldemokraten zu dem Schluß gekommen, daß die angebliche Wahlverwandtschaft zwischen preußischem Machtstaatdenken und deutschem Nationalismus die größte Bedrohung für die Unabhängigkeit – ja für den Fortbestand überhaupt – der polnischen Nation darstellte. Um sich vor einem künftigen deutschen Revanchismus zu schützen, sollte Polen sich mit jeder Macht verbinden, die die gleichen Interessen verfolgte. So arbeiteten die Nationaldemokraten voller Überzeugung mit Frankreich zusammen am Aufbau eines ostmitteleuropäischen Sicherheitssystems, des „cordon sanitaire“. Zugleich stand, trotz intensiver Bemühungen der französischen Diplomatie, der Streit um das Teschener Kohlenbecken, das zwar einen Teil der böhmischen Kronländer bildete, aber in Mehrheit von polnischen Bergarbeitern bewohnt wurde, einer dauernden Versöhnung mit der tschechoslowakischen Republik während der ganzen Zwischenkriegszeit im Wege.[14] Zunächst wußten die Tschechen den Konflikt zu ihren Gunsten zu entscheiden, doch die Polen revanchierten sich im Frühjahr 1939, als die Tsche-

14 vgl. dazu Piotr S. Wandycz: France and her Eastern allies, 1919–1925. French-Czechoslovak-Polish relations from the Paris Peace Conference to Locarno. Minneapolis 1962 und Dagmar Perman: The shaping of the Czechoslovak state. Diplomatic history of the boundaries of Czechoslovakia, 1914–1920. Leiden 1962, hier bes. S. 228–257.

choslowakei von der nationalsozialistischen Expansion überrannt wurde. In bezug auf die Sowjetunion wollten die Nationaldemokraten verhindern, daß sich in den Ostgebieten Polens eine umfangreiche ukrainische Irredenta etablierte. Deshalb waren sie bereit, auf weitgehende territoriale Erwerbungen zu verzichten, wenn diese auch dem weitverbreiteten Verlangen nach Wiederherstellung der Grenzen von 1772 entsprochen hätten. Und schließlich erwies sich auch der unitarische Staatsaufbau als eine Quelle häufiger Auseinandersetzungen mit der deutschen Minderheit im Westen und den ukrainischen und weißrussischen Minderheiten im Osten, die sich bei ihrer jeweiligen Konnationale einen Rückhalt gegen allzu weitgehende Eingriffe der polnischen Zentralbehörden suchten.

Die außenpolitischen Vorstellungen der Polnisch-Sozialisten wurden von Piłsudski und den um ihn versammelten jungen Offizieren der polnischen Armee beherrscht. In ihren Augen stellte eben Rußland die größte Herausforderung für die Unabhängigkeit Polens dar. Dementsprechend boten sie alles auf, um den Bürgerkrieg zwischen Bolschewiken und ihren „weißen" Gegnern für weitgehende Eroberungen auszunutzen. In erster Linie wollten sie sich nicht mit den Grenzen von 1772 zufriedengeben, sondern erstrebten für Polen die Stellung einer osteuropäischen Großmacht, welche etwa jener der Zeit der Wirren (1584–1613) entsprochen hätte. Tatsächlich wußten sich die polnischen Truppen im Frühsommer 1920 der Stadt Kiev zu bemächtigen. Doch alsbald wendete sich das Schicksal und belagerte die Sowjetarmee Anfang August 1920 die Hauptstadt Warschau. Nur durch ein Wunder – und das strategische Geschick Piłsudskis – blieb Polen erhalten. Erst der alliierte Druck auf die Polen sowie das nationaldemokratische Übergewicht in der polnischen Regierung setzten diesen Ambitionen ein vorläufiges Ende.[15]

Die Vorgänge im ersten Jahrfünft nach der Unterzeichnung des Friedensvertrags von Versailles zeigten, daß die polnische Diplomatie ihren tatsächlichen Handlungsspielraum erheblich überschätzte. Bereits auf der Pariser Friedenskonferenz erinnerten die alliierten Politiker die polnische Regierung nachdrücklich daran, daß ihr Sieg im Westen über die deutschen Armeen die entscheidenden Voraussetzungen für die Wiederherstellung der polnischen Selbständigkeit geschaffen habe. Dementsprechend nahmen sie das Recht in Anspruch, der jungen Republik jedes Zugeständnis abzuverlangen, das einen künftigen Krieg zwischen Polen und seinen Nachbarn verhindern könnte.[16] Welche Gefahr die faktische Abhängigkeit von der alliierten Diplomatie bedeutete, spürten die Polen zum erstenmal im Jahre 1925, als Frankreich sich in Locarno mit dem Deutschen Reich verständigte und von diesem Land keinen endgültigen Verzicht auf Rückgabe der 1919 abgetretenen Gebiete forderte. Allenfalls gelang es der Warschauer Regierung als Gegengewicht gegen künftige deutsche Ambitionen, ihre westlichen Verbündeten zu überreden, Polen einen sogenannten halbständigen Sitz im Rat des Völkerbundes zu versprechen. Bevor das Deutsche Reich also in den Völkerbund aufgenommen wurde, sollte es sich auch dazu verpflichten, alle drei Jahre Polen in diesen Rat wiederzuwählen.

---

15 vgl. dazu ausführlicher Kai von Jena: Polnische Ostpolitik nach dem Ersten Weltkrieg. Das Problem der Beziehungen zu Sowjetrußland nach dem Rigaer Frieden von 1921. Stuttgart 1980, S. 14–32.

16 vgl. z. B. die Rede Wilsons auf der Plenarsitzung der Friedenskonferenz vom 31. Mai 1919. In: Papers relating to the foreign relations of the United States, The Paris Peace Conference 1919 (13 Bde., Washington D.C. 1942–44), hier Bd. III, S. 407ff., und die Mantelnote, die der Vorsitzende der Friedenskonferenz, Clemenceau, am 24. Juni 1919 Paderewski vorlegte, ebd. Bd. VI, S. 629–634. Vgl. auch Viefhaus, Minderheitenfrage, wie Anm. 3, S. 192ff u. S. 207ff.

Die Abhängigkeit von der sich wandelnden internationalen Mächtekonstellation bewirkte auch, daß der Staatsstreich Piłsudskis keinen wesentlichen Kurswechsel in der polnischen Außenpolitik erbrachte. Die Hoffnung Deutschlands, daß die Dauerkrise in Polen die Voraussetzungen für eine Revision der Ostgrenzen schaffen würde, bewahrheitete sich nicht. England und Frankreich ließen unmißverständlich durchblicken, daß sie an der Verwirklichung dieser Forderungen nicht mitarbeiten wollten.[17] Erst der Nichtangriffspakt mit Hitler-Deutschland vom Januar 1934 und die bald darauf folgende Französisch-Sowjetrussische Allianz schienen eine „Umkehrung der Bündnisse" einzuleiten. Dadurch gestützt, versuchte der neue „starke Mann" Polens, Josef Beck, wieder an die Projekte seines Vorgängers anzuknüpfen und Polen zum Mittelpunkt eines multilateralen ostmitteleuropäischen Sicherheitssystems auszubauen.[18] Die Armee wurde erheblich verstärkt, um die baltischen Staaten und die Kleine Entente für ein umfassendes Defensivbündnis zur Aufrechterhaltung des territorialen Status Quo zu gewinnen.[19] Aber diese lehnten es ab, in etwaige antibolschewistische Großmachtambitionen Polens verstrickt zu werden. Dennoch verfolgte Beck diese Pläne weiter, bis ihn eine neue deutsch-russische Verständigung auf Kosten der polnischen Unabhängigkeit völlig überraschte.[20] Obwohl sich die alliierten Westmächte im Sommer 1939 erneut schützend vor die Polen hinstellten, vermochten sie eine vierte Teilung nicht abzuwenden. Die innerpolitischen Verhältnisse haben keinerlei Einfluß auf diese Entwicklungen ausüben können.

Minderheiten und Völkerbund

Mit dem Minderheitenschutzvertrag vom 28. Juni 1919 beabsichtigten die Alliierten, die innere Konsolidierung Polen zu fördern. Weil der Völkerbundsrat die Ausführung der Vertragsbestimmungen überwachen sollte, empfand die polnische Regierung ihn als eine völkerrechtswidrige Einschränkung ihrer Souveränität. Während der ganzen Zwischenkriegszeit wurde der Vertrag deswegen als „das kleine Diktat von Versailles" angeprangert.[21] Trotzdem hat der Völkerbund tatsächlich zur inneren und äußeren Konsolidierung Polens beigetragen, was sich an seiner Rolle in der Anwendung des Minderheitenschutzvertrags nachweisen läßt. In diesem Zusammenhang verzichten wir auf die Betrachtung der Politik des Völkerbundes in bezug auf die Abrüstungs- und Sicherheitsfrage sowie die Förderung der wirtschaftlichen Kooperation in Ostmitteleuropa.

Jeder dritte Einwohner Polens gehörte einer Minderheit an. Aufgrund der Volkszählung vom Jahre 1921, welche kurz nach der definitiven Festlegung auch der polnischen Ost-

---

17 vgl. Helmut Lippelt: „Politische Sanierung". Zur deutschen Politik gegenüber Polen 1925/26. In: Vierteljahrshefte für Zeitgeschichte 19 (1971), S. 323–373.

18 Jena, Polnische Ostpolitik, wie Anm. 15, S. 100–140, sowie Marian Wojciechowski: Die polnisch-deutschen Beziehungen 1933–1938. Leiden 1971, S. 119ff.

19 Dazu hat Georg W. Strobel auf der Historikertagung der „Kulturstiftung der deutschen Vertriebenen" vom 29.–30. November 1990 ergiebiges und bisher unbekanntes Aktenmaterial vorgelegt.

20 vgl. Bernard Michel: La formation du Ministère des Affaires Etrangères et le personnel diplomatique en Pologne de 1918 à 1939. In: Ulrich Haustein, Georg W. Strobel und Gerhard Wagner (Hrsg): Ostmitteleuropa. Berichte und Forschungen. Gotthold Rhode zum 28. Januar 1981. Stuttgart 1981, S. 403–421, hier bes. S. 420.

21 siehe Pawel Korzec, Polen und der Minderheitenschutzvertrag. In: Jahrbücher für die Geschichte Osteuropas N.F. 22 (1974), S. 515–555, hier bes. S. 515ff.

grenzen durchgeführt wurde, wohnten insgesamt 27,2 Millionen Menschen in Polen. 8,4 Millionen von ihnen bezeichneten sich nach ihrer Sprache, Religion oder nationalkulturellen Herkunft als Mitglied einer nationalen Minderheit.

Die weitaus umfangreichste Gruppe bildeten die Ukrainer (oder Ruthenen) in Ostgalizien, das früher zum österreichischen Teilgebiet gehört hatte, bzw. in den östlichen Kreisen des ehemaligen Königreichs Polen, das von Rußland verwaltet worden war. Zusammen mit den Litauern im Nordosten und den benachbarten Weißrussen bestanden diese Minderheiten größtenteils aus armen Kleinbauern oder landlosen Arbeitern, die wirtschaftlich und politisch von polnischen Gutsherren abhängig waren. Zwar war ihre Erbuntertänigkeit in Galizien bereits nach 1848 und im russischen Teilungsgebiet nach der großen Bauernbefreiung Alexanders II. im Jahre 1862 aufgehoben worden, aber ihre Gleichberechtigung und Eingliederung in eine freie Bürgergesellschaft war noch keineswegs vollzogen, als Polen seine Unabhängigkeit wiedergewann. Nach wie vor blieb in diesen Gegenden der polnische Adel die regierende Schicht und somit das Rückgrat der polnischen Nationalbewegung. Diese empfand tiefes Mißtrauen gegenüber der parlamentarischen Demokratie und fürchtete außerdem, daß sich die Bauernbevölkerung unter Einfluß progressiver Strömungen – u. a. vor allem des Bolschewismus in der benachbarten Sowjetunion – dem polnischen Staate entfremden würde. Jeder Versuch zur Gründung einer selbständigen ukrainischen Bewegung, und wenn sie sich auch auf kulturelle Selbstverwaltung beschränkte, galt in Kreisen der Großgrundbesitzer als Zeichen aufkommenden Irredentismus.[22] Aus diesem Grunde widersetzten sie sich auch dem von den Polnisch-Sozialisten vorgeschlagenen förderativen Staatsaufbau.

Ein größerer Kontrast zwischen der rückständigen Bauernbevölkerung in den östlichen Provinzen Polens und der politisch aufgeschlossenen und sich ihrer nationalen Identität wohl bewußten deutschen Minderheit im Westen, den ehemals preußischen Teilungsgebieten, läßt sich kaum denken. Nach dem Übergang der Souveränität waren fast alle preußischen Staatsbeamten, Eisenbahner und Volksschullehrer ins Deutsche Reich zurückgekehrt. Wer blieb, wollte seine wirtschaftliche Existenz als Gutsbesitzer, selbständiger Gewerbetreibender, Handwerker oder Kaufmann nicht aufgeben und war bereit, für die vom Vertrag und der polnischen Verfassung gewährten Rechte zu kämpfen. Sie fühlten sich finanziell stark genug, um etwaige Auseinandersetzungen mit den polnischen Behörden zu bestehen und gründeten zu diesem Zweck mehrere kulturelle und politische Verbände. Aus dem Deutschen Reich flossen ihnen auf geheimen Wegen umfangreiche öffentliche und private Subventionen zu.[23] Eine besondere Stellung nahm in Polen die deutsche Minderheit in Oberschlesien ein, das aufgrund eines Schiedsspruchs des Völkerbundsrates 1922 zwischen Deutschland und Polen geteilt wurde. Ihr Einfluß als sozial führende Schicht wurde kaum von der polnischsprachigen Arbeiterbevölkerung angezweifelt und nicht wenige von ihr empfanden sich bereits als Deutsche. Die

22 Zur Lage der ukrainischen Minderheit in Polen vgl. Stephan Horak: Poland and her national minorities, 1919–1939. A case study. New York-Washington-Hollywood 1961.

23 vgl. Norbert Krekeler: Revisionsanspruch und geheime Ostpolitik der Weimarer Republik. Die Subventionierung der deutschen Minderheit in Polen 1919–1933. Stuttgart 1973.

polnischen Behörden mußten manchmal bis an die Grenze der Legalität gehen, um das Übergewicht der deutschen Minderheit auszuschalten.[24]

Die Juden trennten sich in zwei Hauptrichtungen, nämlich Zionisten, welche auf die Dauer nach Palästina zurückkehren, und solche, die als religiöse Minderheit in Polen verbleiben wollten. Sie erwarteten von einer Demokratie das Ende der sozialen und politischen Diskriminierung sowie Schutz vor dem oft verhüllten Antisemitismus des römisch-katholischen Klerus. Aber solange die Nationaldemokraten und ihre mehr rechtsstehenden Verbündeten eine Mehrheit in der polnischen Volksvertretung kontrollierten, war es unwahrscheinlich, daß diese Absichten in absehbarer Zeit verwirklicht werden sollten.

Die nationalen Minderheiten Polens standen also unter völlig entgegengesetzten Voraussetzungen vor ihrer Eingliederung in den polnischen Staat. Die Ukrainer und Weißrussen waren vor allem an politischer und sozialer Emanzipation interessiert. Dafür sollten sie von der Vormundschaft des polnischen Adels in den östlichen Provinzen befreit werden. Wenn ihnen der Staat dabei helfen wollte, etwa mit einer durchgreifenden Agrarreform, so drohte er seine wichtigste Stütze gerade in diesen ohnehin schon umstrittenen Gebieten zu verspielen. Dazu aber war der politische Einfluß des Adels im Zentrum des polnischen Staates zu stark.

Die deutschsprachigen Einwohner in den ehemaligen preußischen Teilungsgebieten Polens stellten bereits vor dem Ersten Weltkrieg eine Minderheit dar. Sie fühlten sich sowohl bedroht als auch der polnischen Mehrheit überlegen. Diese Kampfstimmung beherrschte auch ihre Einstellung gegenüber dem unabhängigen Polen, in dessen Souveränität sie wider ihren Willen überführt worden waren. Sie weigerten sich, sich in diesen Staat zu integrieren, und wenn er sich auch nach den neuesten demokratischen Einsichten der damaligen Zeit konstituierte. Demokratie hätte in ihren Augen allenfalls einen Sinn, wenn sie ihnen erlaubte, möglichst enge Verbindungen mit dem Deutschen Reich zu unterhalten. Nur unter diesem Vorbehalt waren sie bereit, sich als loyale und gesetzestreue Bürger ihres Gastlandes zu verhalten.

Der Minderheitenschutzvertrag vom 28. Juni 1919

Mit der Unterzeichnung des Minderheitenschutzvertrags verpflichtete sich die polnische Regierung, „allen Einwohnern, die sich nach Sprache, Religion oder kultureller Herkunft von der Mehrheit der Bevölkerung Polens unterschieden," vor jeder Diskriminierung zu schützen und ihnen ohne Vorbehalt die Ausübung der allgemeinen bürgerlichen Grundrechte zu garantieren. Außerdem sollte sie in Gegenden, wo eine beträchtliche Zahl von Angehörigen einer solchen Minderheit zusammenwohnte, diesen die Benutzung der eigenen Sprache im Verkehr mit den Behörden und vor den Gerichten ermöglichen und nach Bedarf Unterricht durch das Medium dieser Sprache erteilen. Schließlich sah der Vertrag vor, daß der Rat des Völkerbundes die Anwendung dieser Bestimmungen zu

24 Zum oberschlesischen Schulstreit in den Jahren 1926–1928 vgl.: Bastiaan Schot, Nation oder Staat? Deutschland und der Minderheitenschutz. Zur Völkerbundspolitik der Stresemann-Ära. Marburg/Lahn 1988, S.187ff.

überwachen hatte. Aber nur eine im Rat vertretene Macht war befugt, den Rat auf eine Verletzung einer Vertragsbestimmung aufmerksam zu machen. Wenn eine Minderheit sich wegen einer solchen Verletzung beschweren wollte, mußte sie also eine dieser Mächte um Vermittlung ersuchen. Zwar gelang es dem Sekretariat des Völkerbundes im Jahre 1920, die Signatarmächte zu überreden, in erster Linie ihm die Sammlung und Bearbeitung von solchen informellen und unverbindlichen Anzeigen für die Ratsmächte zu übertragen. Mit Billigung der Ratsmächte ging es sodann dazu über, in geheimen Verhandlungen mit der jeweils betroffenen Regierung die Richtigkeit der eingegangenen Anzeige festzustellen, und wenn tatsächlich eine Verletzung ermittelt wurde, ihr eine außergerichtliche Lösung vorzuschlagen. Damit erhielt dieser Staat eine Gelegenheit, aus eigener Bewegung den Grund der Beschwerde zu beseitigen und blieb ihm eine ohnehin schon weniger angenehme öffentliche Konfrontation mit dem Völkerbundsrat erspart. Die Öffentlichkeit erfuhr allerdings nichts vom Ergebnis einer solchen informellen Vermittlung. Diese Praxis entsprach der damaligen vorherrschenden Auffassung, daß eine Gruppe von Staatsbürgern gegen ihre legitime Regierung keine Klage vor einem internationalen Forum führen dürfe. Zugleich verrät sie auch die Absicht der Vertragsautoren, den Angehörigen einer nationalen Minderheit keine besonderen Vorrechte gegenüber den Angehörigen der Bevölkerungsmehrheit einzuräumen.[25]

Aus der gleichen Absicht, nämlich die Minderheiten friedlich in ihren jeweiligen Wohnstaat einzugliedern, verzichteten die Verträge auf die Gewährung von national-kultureller Autonomie. Der Staat selbst konnte die Initiative ergreifen, in der Verfassung eine solche Autonomie einzuführen, wie sie tatsächlich in der Zwischenkriegszeit nur in Estland funktionierte. Eine völkerrechtlich begründete Selbstverwaltung hätte jedoch nach alliierter Auffassung die nationale Minderheit in einen Fremdkörper verwandelt.

Trotz dieser alliierten Rücksichtnahme auf die innere Konsolidierung Polens weigerte sich im Juni 1919 die von Nationaldemokraten geführte Regierung, einstweilen den Minderheitenschutzvertrag zu unterzeichnen, weil sie ihn als eine völkerrechtswidrige Beschränkung der polnischen Souveränität empfand. Daraufhin drohten die alliierten Großmächte, die von der Pariser Konferenz festgestellten polnischen Grenzen nicht anzuerkennen. Ohne diese internationale Garantie verwirkte Polen auch das Recht auf den im Artikel 10 der Völkerbundssatzung enthaltenen kollektiven Beistand gegen Angriffe von dritter Seite gegen seinen territorialen Besitzstand. Dieses Risiko konnte und wollte die Regierung nicht eingehen, aber die Verärgerung über das „kleine Diktat von Versailles“ sollte in der ganzen Zwischenkriegszeit nie erlöschen.

Die deutsche Minderheit in der polnischen Innenpolitik

Schon die Zeitgenossen bemerkten, daß das Sekretariat und auch der Rat des Völkerbundes verhältnismäßig oft mit Klagen wegen der Politik der polnischen Behörden gegenüber der deutschen Minderheit befaßt wurden. Selbst wenn man die Petitionen der deutschen Minderheit in Polnisch-Oberschlesien außer Betracht läßt, für die in der Konvention vom Mai 1922 ein besonderes Verfahren vorgesehen war, so bleibt noch eine be-

25 vgl. ebd., S.7ff. Grundlegend vor allem auch: Christoph Gütermann: Das Minderheitenschutzverfahren des Völkerbundes. Berlin 1979.

trächtliche Zahl von Verletzungen übrig, die beim Völkerbund eingingen.[26] Zum Teil widerspiegeln sich hier der hohe Organisationsgrad und die Kampfbereitschaft der betreffenden deutschen Minderheit, zum Teil aber auch das eigenmächtige Verhalten der dort amtierenden polnischen Behörden. Abgesehen von einigen spektakulären Fällen, wie dem Verhalten gegen die deutschen Ansiedler (1921–1925) oder dem oberschlesischen Schulstreit (1926–1928), beziehen sich die meisten Beschwerden auf kleinere Zwischenfälle zwischen Beamten der lokalen oder provinziellen Verwaltung und Angehörigen der Minderheit über Fragen wie die Einziehung von Schankkonzessionen, das Hintertreiben von Baugenehmigungen und ähnliches mehr.

Man kann sich hier schwer dem Eindruck entziehen, daß die polnischen Behörden manchmal überempfindlich auf solches Verhalten reagierten und in konkreten Aktionen der in ihren Kreisen verbleibenden Minderheiten einen gezielten Angriff gegen die Würde des polnischen Staates witterten. Sehr oft wurden sie dafür von den Gerichten gerügt. So hob der Oberste Polnische Gerichtshof 1925 das vom Wojewoden von Pommerellen 1922 verhängte Verbot des Bromberger „Deutschtumsbundes zur Wahrung der Minderheitsrechte in Polen“ wieder auf und wurde Otto Ulitz, der Vorsitzende des „Deutschen Volksbundes für Oberschlesien“ im Sommer 1929 nach einem aufsehenerregenden Prozeß von einer Anklage wegen Landesverrats freigesprochen. Trotzdem beharrten die Beamten auf ihrem betont minderheitenfeindlichen Standpunkt.

Der Hauptgrund für die wiederholte Inanspruchnahme der Völkerbundsgarantie dürfte wohl das Fehlen der notwendigen Ausführungsgesetze zu den in der Verfassung vom 17. März 1921 verankerten Bestimmungen zum Schutz der Minderheiten gewesen sein. Dies hing wiederum mit dem Unwillen der an den jeweiligen Regierungen beteiligten Parteien zusammen, sich angesichts der hoch auflodernden nationalen Leidenschaften die Finger an der Vorlage entsprechender Entwürfe zu verbrennen. Die Minderheiten wurden den Interessen der um die Vorherrschaft im Staate kämpfenden politischen Parteien der polnischsprachigen Mehrheit untergeordnet. Zwar vermochten sie bei gewissen einzelnen Abstimmungen als Zünglein an der Waage konkrete Forderungen durchzusetzen. So gaben ihre Stimmen den Ausschlag bei der Wahl des gemäßigten linken Politikers Gabriel Narutowicz zum Staatspräsidenten am 9. Dezember 1922 (der bereits eine Woche später von einem fanatischen Nationalisten erschossen wurde). In der Regel aber waren die Minderheiten zahlenmäßig zu schwach, um sich gegen die starke Opposition der Nationaldemokraten durchzusetzen. In diesem Machtvakuum versuchte nun die Bürokratie, oft unter Berufung auf die geltenden Gesetze, welche von den autokratischen Teilungsmächten erlassen worden waren, vollendete Tatsachen zu schaffen. Ein Opfer dieser Politik war zum Beispiel die uniert-evangelische Kirche in den polnischen Westgebieten, als sie im Frühjar 1919 peinlich von einem Erlaß überrascht wurde, der das königlich-preußische Summepiskopat auf den polnischen Staatspräsidenten übertrug.[27] Gegen eine

26 vgl. Julius Stone: International guarantees of minority rights. Procedure of the Council of the League of Nations in theory and practice. London 1932, S. 265 und C. A. Macartney. National states and national minorities. London 1934, S. 375. Die Arbeit Herbert von Truharts: Völkerbund und Minderheitenpetitionen. Ein Beitrag zum Studium des Nationalitätenproblems. Wien-Leipzig 1931 basiert nur auf unvollständigen, vom Auswärtigen Amt gesammelten Angaben und sollte mit äußerster Vorsicht als Quelle herangezogen werden.

27 vgl. Schot, Kirche, Staat, nationale Minderheit, wie Anm. 5.

solche Salamitaktik schien die Berufung auf den Völkerbund den bestgeeigneten Ausweg zu bieten. Aber dieser war nicht in der Lage, das Ausbleiben einer konstruktiven Minderheitenpolitik der verschiedenen polnischen Kabinette zu ersetzen.[28]

Die Stabilisierung der polnischen Grenzen

Um die Einwände Polens gegen die Kontrolle durch den Völkerbund zu widerlegen, hatten die Alliierten schließlich auch darauf hingewiesen, daß dadurch der polnische Staat am sichersten vor einer Intervention eines seiner beiden großen Nachbarn, des Deutschen Reiches oder der Sowjetunion, geschützt würde. Denn sonst wäre zu befürchten, daß diese Staaten eine Beschwerde der betreffenden sprachverwandten Minderheit zum Vorwand einer diplomatischen Offensive gegen Polen nehmen und es sogar zur Rückgabe der von dieser Minderheit bewohnten Gebiete zwingen wollten. Dagegen sehe der vorliegende Vertrag vor, daß Klagen wegen Vertragsverletzungen ausschließlich vom Rat des Völkerbundes entschieden werden sollten. Dieser urteile auf der Basis der vertragsmäßig von Polen übernommenen Verpflichtungen und nachdem dieses Land ausführlich zu den vorliegenden Anklagen Stellung genommen habe.[29] Damit war der Minderheitenschutz eng mit der Stabilisierung der polnischen Grenzen verknüpft worden.

In den zwanziger Jahren erinnerte Polen denn auch die westeuropäischen Verbündeten wiederholt an diesen Zusammenhang. Als das Deutsche Reich sich anschickte, dem Völkerbund beizutreten, bot die Regierung in Warschau deshalb alles auf, um zu verhindern, daß es seine Befugnisse als Ratsmitglied zu antipolnischen Aktionen mißbrauche. Diese Initiative hatte teilweise Erfolg: So verabschiedete der Rat des Völkerbundes am 10. Juni 1925 eine Resolution, die das Reich von vertraulichen Vorverhandlungen über die zur Klärung eingegangenen Anzeigen ausschloß, wenn sie eine der in Polen verbleibenden Minderheiten betrafen. Auch die von den deutschen Minderheitenverbänden scharf angegriffene Mello-Franco-Erklärung auf der Ratssitzung vom 13. Dezember 1925 ging auf polnische Sicherheitsbedürfnisse zurück. Wie man weiß, erklärte der brasilianische Berichterstatter für Minderheitsfragen bei dieser Gelegenheit auf persönliche Verantwortung: Ziel der Minderheitenschutzverträge sei, die Voraussetzungen zu schaffen für die Wiederherstellung „de la complète unité nationale". Und der britische Außenminister Austin Chamberlain fügte noch hinzu: „The object of the Minority Treaties (...) was (...) to secure for the minorities that measure of protection and justice which would gradually prepare them to be merged in the national community to which they belonged."[30] Im Grunde genommen bedeuteten diese Erklärungen keine wesentlichen Veränderungen in der Minderheitenpolitik des Völkerbundes. Doch dürften sie den Optimismus in Deutschland über das Ergebnis von Locarno nicht unerheblich gedämpft haben.[31]

Auch nachdem Deutschland in den Völkerbund aufgenommen war, konnte sich Polen auf die Unterstützung der westeuropäischen Ratsmächte verlassen, sobald das Reich sich

28 vgl. Pablo de Azcárate y Florez: League of Nations and national minorities. An experiment (transl. from the Spanish by Eileen Brooke. Washington D. C. 1945), S. 29ff.

29 vgl. die Clemenceau-Note vom 24. Juni 1919, wie Anm. 16.

30 Dazu ausführlicher: Bastiaan Schot, Nation oder Staat? wie Anm. 24, S. 161–171.

31 ebd., S. 161ff.

in Minderheitenangelegenheiten allzu weit nach vorne wagte. Dies stellte sich namentlich im Frühjar 1929 heraus, als Stresemann, um der Kritik im Lager der deutschen Minderheitenverbände an der bis dahin geübten Zurückhaltung entgegenzutreten, eine groß angelegte Offensive gegen die geltende Praxis des Völkerbundes einleitete. Zunächst schienen die anderen Ratsmächte ihn frei gewähren zu lassen, vielleicht auch aus Verärgerung über das starre Verhalten der polnischen Regierung. Als der deutsche Außenminister jedoch ganz vorsichtig und unverbindlich auf etwaige Grenzänderungen anspielte, warnten sie ihn davor, Reformen des Minderheitenschutzes mit irredentistischen Absichten zu verknüpfen. An diesem entscheidenden Moment erkannte Stresemann, daß sein Engagement für die deutschen Minderheiten die Glaubwürdigkeit seiner Annäherungspolitik ernsthaft zu gefährden drohte. Mit einem leidenschaftlichen Appell an die moralischen Verpflichtungen der Völkergemeinschaft gegenüber den national-kulturellen Minderheiten versuchte er einer diplomatischen Niederlage zu entgehen. Es sei, so legte er dar, die vorrangige Aufgabe des Völkerbundes, die Zusammenarbeit zwischen den Völkern über die vorherrschenden Grenzen hinweg so zu fördern, daß in absehbarer Zukunft die Staaten auf ihre exklusiven souveränen Ansprüche verzichteten und die Grenzen faktisch gegenstandslos würden. Sodann würde auch das Minderheitenproblem wie von selbst von der Tagesordnung verschwinden. Und in einer Sonderbeilage der Kölnischen Volkszeitung vom 20. August 1919 führte er aus: „Der Friede zwischen den Völkern wird um so sicherer gegründet sein, je weniger oft der Ruf von in ihrem kulturellen Ausleben bedrohten Minderheiten ans Ohr der Öffentlichkeit dringt. Das eben setzt voraus, daß die Lenker der Minderheitenstaaten sich immer mehr von der Erkenntnis durchdringen lassen, daß es den eigensten Interessen des Staates entspricht, wenn er eine positive staatsrechtliche Lösung der Minderheitenfrage auf seinem Gebiet anstrebt."[32] Faktisch bedeutete dies, daß das Deutsche Reich sich mit der Unabhängigkeit Polens in den Grenzen von 1919 (bzw. 1921) abzufinden begann.

Rückblick und Ausblick

Fassen wir das Ergebnis dieser knappen Übersicht zusammen: Weder die parlamentarische Demokratie noch der internationale Minderheitenschutz haben im Polen der Zwischenkriegszeit eine ehrliche Chance gehabt, sich zu bewähren. Dafür gingen die ideologischen Gegensätze und politischen Interessen innerhalb der polnischsprachigen Mehrheit zu weit auseinander. In das von diesem parteipolitischen Patt geschaffenen Machtvakuum stieg die Bürokratie ein. Mit Hilfe bewährter absolutistischer Regiermethoden und unter Rückgriff auf die in den einschlägigen Teilungsgebieten geltenden Gesetze wuchs das Land sozusagen von oben herab zumindest zu einer administrativen Einheit zusammen. Doch die von den ursprünglichen Teilungsmächten übernommenen Gesetze und Verordnungen galten nur innerhalb der alten Gebietsteile. Somit blieben die Risse, welche sich in der Zeit der Teilungen gebildet hatten, einstweilen fortbestehen. Der einheitsstiftende Einsatz der Bürokratie vermochte aber die Bürger nicht näher an ihren Staat heranzuführen. Die Entfremdung zwischen Staat und Bürgerschaft wirkte sich vor allem zum Nachteil der Eingliederung der fremdnationalen Minderheiten aus. Entgegen den

32 Gustav Stresemann: Die Minderheitenfrage als Friedensproblem. In: Sonderbeilage der Kölnischen Volkszeitung vom 20. August 1929.

von den Bürokraten durchgeführten Einschränkungen ihrer politischen Tätigkeit, suchten sie sich vergebens beim Rat des Völkerbundes rückzuversichern. Denn dazu waren die Minderheitenverträge nicht ins Leben gerufen. In der Sicht der Minderheiten konnte der Völkerbund nur eine untergeordnete Rolle spielen.

Dem Übergang zum bürokratischen Absolutismus, der Verstärkung der Armee sowie der günstigen internationalen Konstellation verdankte Polen seine Selbständigkeit in der Zeit zwischen den beiden Weltkriegen. Um ihrer Beistandsverpflichtung gegenüber Polen willen waren die Alliierten sogar bereit, dem Dritten Reich im August 1939 den Krieg zu erklären. Aber diese Voraussetzungen reichten nicht aus, um die Bewohner des polnischen Staatsgebietes zu einer nationalen Einheit zusammenzuschweißen. Nach dem Zweiten Weltkrieg mußte Polen ganz von vorne anfangen, jetzt unter Verzicht auf die von Ukrainern und Weißrussen bewohnten Ostgebiete und nachdem es sich seiner deutschen Minderheiten so gut wie ganz entledigt hatte. Allem Anschein nach hat auch die kommunistische Diktatur nicht die erstrebte nationale Einheit erzeugen können, wie der Kampf der in der Solidarnośc zusammenarbeitenden Gruppen zeigt. Welche Gruppierung sich der Macht im Staate versichern wird, läßt sich zu dieser Zeit noch nicht vorhersagen. Aber die Herausforderung für die Zukunft könnte vielleicht so umschrieben werden: wird es der neuen Bewegung in Polen gelingen, sich zu einem stabilen Kampfplatz zu entwickeln um den Ausgleich der gegenseitigen Interessen zu ermöglichen?

John Hiden

Minderheiten, Diplomaten und Wirtschaft. Die deutsche Außenpolitik im baltischen Raum in der Zwischenkriegszeit

Studien über das internationale System der Zwischenkriegszeit haben sich – im Gegensatz zu solchen über die Jahre der beiden Weltkriege – verhältnismäßig wenig mit dem baltischen Raum beschäftigt. Ungeachtet des unendlichen Stroms der Aufsätze über deutsch-russische Beziehungen scheint es, als ob die kleinen baltischen Staaten nicht existierten oder als peripher anzusehen seien.[1] Heute aber sind die baltischen Völker neu entdeckt worden, haben sie zentrale Bedeutung für die Sowjetunion gewonnen. Was sich jedoch seit 1919 als ‚peripher' am Baltikum erweist, ist lediglich die westeuropäische Behandlung der Geschichte der unabhängigen baltischen Staaten. Es wird im folgenden umrissen werden, wie unser Verständnis der deutschen Politik in der Zwischenkriegszeit vergrößert werden kann, wenn man baltische Perspektiven berücksichtigt.

Im ersten Teil dieser Arbeit müssen die 20er Jahre ausführlich analysiert werden. Hier werden die neuen Realitäten der Nachkriegswelt ermittelt und vor Augen geführt, wobei es nicht um die groben Kontinuitäten der deutschen Außenpolitik von Bismarck bis Hitler geht. Beeindruckender ist nämlich die vorsichtige und realistische Politik der einflußreichen deutschen Kräfte während der Jahre 1919 bis 1930.[2] Die beste Metapher hierfür ist die eines Gebäudes, das mit Sorgfalt und ungeachtet größter Schwierigkeiten nach 1919 aufgebaut wurde, um dann später durch das Abbruchunternehmen Hitlers niedergerissen zu werden. Es werden sozusagen nur die drei wichtigsten Bausteine dieses Gebäudes, die Minderheiten, die – wenigstens in den 20er Jahren – solide und wirkungsvolle Arbeit der deutschen Gesandten in den Randstaaten und die deutsche Wirtschaftspolitik behandelt.

Was die deutschen Minderheiten in Osteuropa anbetraf, so war im Deutschen Reich die schmerzliche Erfahrung der Kriegszeit eine „lebendige Mahnung" für das Verständnis, das man den Deutschen außerhalb der Grenzen entgegenbrachte.[3] Mit Recht hat man 1918 die Stunde der Auslandsdeutschen genannt. Es ist nicht sinnvoll, an dieser Stelle ausführlich die umfangreichen Aktivitäten, die nach 1918 in Deutschland zur Unterstützung der Auslandsdeutschen unternommen wurden, zu beschreiben. Es lohnt sich aber vielleicht, drei Tendenzen ganz kurz als Hintergund anzudeuten. Zum einen grenzten sich verschiedene Privatorganisationen mit der Zeit mehr und mehr voneinander ab. Zum anderen förderte das Auswärtige Amt solche Bestrebungen vor und nach der Gründung des Zweckverbands der freien Deutschtumsvereine im Jahr 1923, eines Verbands,

---

1 vgl. Marie-Luise Recker (Hrsg.): Von der Konkurrenz zur Rivalität. Das britisch-deutsche Verhältnis in den Ländern der europäischen Peripherie 1919 – 1939. Wiesbaden 1986.

2 J. W. Hiden: Germany, home and away. In: Historical Journal 30, 2 (1987), S. 463 – 482. P. Krüger: Die Außenpolitik der Republik von Weimar. Darmstadt 1985.

3 O. Boelitz: Das Grenz- und Auslanddeutschtum. Seine Geschichte und seine Bedeutung. München – Berlin 1926.

der schließlich fast 90 % der Privatorganisationen umfaßte.[4] Drittens muß die Deutsche Stiftung wenigstens erwähnt werden: Jene große, überparteiliche und behördlich verfaßte Organisation, die zunächst die Interessen der Deutschen in Polen, dann aber zunehmend auch die Interessen der anderen Auslandsdeutschen in Osteuropa vertrat. Die Deutsche Stiftung unterstrich insbesondere die Entschlossenheit des Auswärtigen Amts, die Frage des Auslandsdeutschtums in die Außenpolitik einzuordnen.[5]

Nun zum deutschen Element im baltischen Raum. Es soll hier bewußt das Hauptgewicht auf diejenigen Deutschen gelegt werden, die sich in den ehemaligen russischen Ostseeprovinzen Kurland, Livland und Estland, also in den Staaten Lettland und Estland befanden. Vor dem Ersten Weltkrieg war es in der Praxis nicht unbedingt notwendig, exakt zwischen der geringen Zahl der „Reichsdeutschen", die im baltischen Raum lebten, und der Mehrheit der baltischen Deutschen, die seit Hunderten von Jahren in den Provinzen eine dominierende Stellung einnahmen, zu unterscheiden. Mit der Unabhängigkeit Lettlands und Estlands aber mußten diejenigen baltischen Deutschen, die ihre Heimat nicht aufgaben, von Deutschland wie estnische und lettische Staatsbürger behandelt werden. Sie waren eine Frage der lettischen und estnischen Innenpolitik geworden. Deutschland konnte nurmehr die kleinen reichsdeutschen Kolonien direkt schützen. Man gedachte in Berlin, durch diese formale und rechtliche Distanzierung von der in den baltischen Staaten damals in manchen Kreisen verhaßten deutsch-baltischen Schicht, eine allmähliche Abkühlung der aufgeheizten Stimmung gegen alles „Deutsche" – deshalb auch die neue deutsche Ostpolitik nach November 1918 – zu fördern. Dies bedeutete, einen Schlußstrich unter den Krieg zu ziehen und den deutschen politischen und wirtschaftlichen Einfluß in den Randstaaten auf die sichere Basis der deutsch-baltischen Freundschaft umzustellen.[6]

Diese Taktik war keineswegs ein Indiz für eine in Berlin herrschende Gleichgültigkeit gegenüber dem Deutschtum im Baltikum als Ganzem. Gerade wegen des Ersten Weltkriegs war für den baltischen Deutschen das Bewußtsein der Zugehörigkeit zum deutschen Volk „fortan nicht mehr nur eine Frage der Kulturgemeinschaft, sondern nahm immer mehr politische Elemente in sich auf".[7] Daß die baltischen Deutschen ebenfalls als Auslandsdeutsche angesehen wurden, bestätigte August Winnig, nach dem deutschen Zusammenbruch im November 1918 Generalbevollmächtigter der Reichsregierung für die baltischen Lande. Das Ziel seiner Politik war „die Schaffung von Beziehungen zwischen uns und den Baltenländern, die sie wirtschaftlich und politisch auf unsere Seite brachten und uns die Möglichkeit gaben, unsere in ihren Grenzen wohnenden Staatsbrüder vor Unbill und Gewalt zu schützen".[8] Daß dieses Ziel an sich keine automatische Bedrohung der Randstaaten bedeutete, blieb lange Zeit verborgen, wegen Winnigs eigener Hand-

4 J. W. Hiden: The Weimar Republic and the problem of the Auslandsdeutsche. In: Journal of Contemporary History 12 (1977), S. 273 – 289.

5 ebd., S. 275.

6 vgl. D. Unfug: The Baltic policy of Prince Max of Baden. In: Journal of Central European Affairs 23 (1963), S. 152 – 165. W. Ribhegge: August Winnig – eine historische Persönlichkeitsanalyse. Bonn 1973, S. 125 ff.

7 J. von Hehn: Die Umsiedlung der baltischen Deutschen – das letzte Kapitel baltisch-deutscher Geschichte. Marburg/Lahn 1982, S. 23.

8 A. Winnig: Am Ausgang der deutschen Ostpolitik. Berlin 1921, S. 37.

lungsweise und seiner späteren Laufbahn, aber ebenso wegen der starken Betonung, die die Geschichtswissenschaft auf die Kontinuität der deutschen Annexionsziele im Osten nach 1918 legte, natürlich auch wegen der weitverbreiteten, durch das Prisma des Dritten Reichs geformten Meinung, daß das Auslandsdeutschtum immer nur eine Fünfte Kolonne gewesen sei.[9]

Letztere Annahme ist durch die Studien über die Deutsche Stiftung und Polen gefestigt worden. Aber die komplizierten und geheimen Methoden dieser Stiftung waren nicht zuletzt durch die anti-deutsche Stimmung in Europa bestimmt. Zumindest sind sie nicht ohne weiteres als eine gezielte Verfolgung aggressiver revisionistischer Pläne gegen die osteuropäischen Staaten zu werten. Gestellt sei hier nur die rein hypothetische Frage, ob deutsche Regierungen die deutschen „Stammesbrüder" nach dem Ersten Weltkrieg wirklich hätten allein lassen können. Mit Lettland und Estland jedoch hatte Deutschland keine Grenzstreitigkeiten. Man hat es daher hier mit einem anderen Aspekt der auslandsdeutschen Frage zu tun, ohne das Gewicht der heute vielleicht etwas veralteten Historiographie über die deutsche „Revisionspolitik" der Zwischenkriegszeit tragen zu müssen.[10]

Freilich lautete der Befehl der deutschen Politik gegenüber dem deutschen Element im Baltikum: feststehen und ausharren.[11] Die unterschiedlichen und vielfältigen Verbindungen, die von 1920 an rasch zwischen den deutsch-baltischen und den auslandsdeutschen Organisationen im Deutschen Reich geknüpft wurden, betrafen vor allem die Bereiche Kultur und Wohlfahrt. Hierfür wurde nach 1919 allmählich durch die Gesetzgebungen der baltischen Staaten, die das Prinzip der Kulturautonomie anerkannten, eine Grundlage geschaffen. Die materielle Unterstützung des Deutschen Reichs war dagegen unter den Versailler Bedingungen notwendigerweise äußerst gering: Der berühmte 30-Millionen-Reichsmark-Kredit, den Stresemann 1926 für das Auslandsdeutschtum bewilligte, mußte eben nicht nur für die Deutschen in Polen ausreichen, sondern auch für die Deutschen in Eupen-Malmedy, Litauen, Estland, Lettland und an der Wolga. Darüber hinaus waren die Subventionen ursprünglich als vorläufig gedacht, bis die deutschen Minderheiten wieder in der Lage seien, die Kosten für ihr Sozial- und Bildungswesen selbst aufzubringen.

Man baute dabei auf eine wirtschaftliche Erholung des Deutschtums im Baltikum, das furchtbare Verluste durch die Agrarreformen und die Auswirkungen des Krieges auf die deutschen Fabriken und Geschäfte erlitten hatte.[12] Aber die Erholung des deutschen Elements – genauer das Ziel, den baltischen Deutschen dazu zu verhelfen, wieder auf eigenen, festen Füßen zu stehen – hing mit einer gesunden wirtschaftlichen Entwicklung der drei baltischen Staaten aufs engste zusammen. Mit Recht warnte Wilhelm Baron Fircks in

9 vgl. N. Krekeler: Revisionsanspruch und geheime Ostpolitik der Weimarer Republik. Die Subventionierung der deutschen Minderheit in Polen. Stuttgart 1973.

10 Außer Krüger, Außenpolitik. Vgl. dazu auch B. Schot: Nation oder Staat? Deutschland und der Minderheitenschutz. Marburg/Lahn 1988.

11 Boelitz, Grenz- und Auslandsdeutschtum, S. 101.

12 J. W. Hiden: The Baltic states and Weimar Ostpolitik. Cambridge – London - New York – Melbourne – Sydney 1987, S. 36 ff; auch dazu, K. – H. Grundmann: Deutschtumspolitik zur Zeit der Weimarer Republik. Eine Studie am Beispiel der deutsch-baltischen Minderheit in Estland und Lettland. Hannover – Döhren 1977.

seinem 1927 erschienenen Aufsatz „Lettländische Innenpolitik und wir", daß der Niedergang „unseres Wirtschaftslebens ... ein Hinübergleiten zu Rußland" bedeutete.[13] Dies wollten weder die baltischen Völker noch die Deutschen im Baltikum.

Das Hauptziel der deutschen Baltikumpolitik mußte in den 20er Jahren also alles andere sein, als eine Fünfte Kolonne zu schaffen. Vielmehr galt es, ein deutsches Element aufzubauen und zu bewahren, das nicht gegen die baltischen Regierungen arbeitete, sondern mit ihnen zusammenarbeitete. Es wäre nicht sinnvoll gewesen, wenn die Politik der baltischen Deutschen stets parallel mit der Politik der Weimarer Regierungen gelaufen wäre – dies trotz der Unterschiede zwischen der liberal gefärbten Demokratie eines Paul Schiemann und dem Konservativismus eines Baron Fircks in Lettland oder zwischen Schiemann und denjenigen baltischen Deutschen in Estland wie Werner Hasselblatt und Axel de Vries, die am ehesten mit den deutschen Konservativen im Reich verglichen werden konnten. Wichtig war nur, daß die Deutschen versuchten, im Rahmen der neuen Staaten eine neue, wenn auch sehr verringerte Existenz aufzubauen und daß sie eine Rolle für den Erhalt der selbständigen baltischen Staaten spielten.

Je mehr die Deutschen im Baltikum in das Wirtschaftsleben der neuen Staaten integriert würden, so dachte man, desto besser sei es für die deutsche Handelspolitik, die das Baltikum als wirtschaftliches Sprungbrett für den russischen Markt betrachtete. Ein wirtschaftlich starkes deutsches Element in den baltischen Staaten könnte als Vermittler der deutsch-baltischen, d. h. auch der deutsch-russischen Handelsbeziehungen dienen. Diese Idee, der Auslandsdeutsche als Vermittler des deutschen Außenhandels, war nach 1919 in der Tat ein Leitmotiv in den Veröffentlichungen der auslandsdeutschen Organisationen. Das Konzept war alles andere als negativ. Je länger solche Bestrebungen dauerten, desto mehr wurden – natürlich sehr langsam – neue Realitäten geschaffen, die eine gewaltsame und einseitige Veränderung des Versailler Systems in Osteuropa in weite Ferne rückten.

Natürlich ist es erforderlich, zwischen dem zu unterscheiden, was die verantwortlichen deutschen Politiker auf der hohen politischen Ebene in der Öffentlichkeit über Revisionismus sagen mußten, und dem, was im Alltag des Auswärtigen Amts und im diplomatischen Leben der deutschen Gesandten in den Randstaaten geschah.[14]

Zunächst zu den deutschen Gesandten. Mit Recht hat der engliche Historiker D. C. Watt geschrieben, der Auswärtige Dienst spiegele nur die Gesellschaft wider, der er diene. Und es ist auch klar, daß die deutschen Diplomaten im baltischen Raum in den 20er Jahren weitaus interessanter sind als diejenigen, die unter Hitler nach Reval (Tallinn), Riga und Wilna (Vilnius) gingen. Parallel zur Politik gegenüber der deutschen Minderheit waren solche deutsche Geschäftsträger und Gesandte für den baltischen Posten gewählt worden, die geeignet erschienen, die deutsch-baltischen Beziehungen schnell auf den Grad der Erwärmung zu bringen, der unbedingt für eine aktive deutsche Wirtschaftspolitik notwendig war.

13 Baltische Monatsschrift 58/3, S. 178 – 85.

14 vgl. zum Beispiel die Bemerkungen H. Lippelts: „Politische Sanierung". Zur deutschen Politik gegenüber Polen 1925/6. In: Vierteljahreshefte für Zeitgeschichte 19 (1971), S. 323 – 73.

In den ersten, unsicheren Monaten der Nachkriegszeit wurden Männer wie Fritz Henkel, der deutsche Geschäftsträger in Reval, ernannt. Henkel war ein Mann, den Graf Keyserling als bestens geeignet beschrieb, „denn heute kann Deutschland in Estland nur durch das Schlüsselloch hineinschlüpfen".[15] Gegen Ende des Jahres 1921, als Lettland, Estland und Litauen schon de jure anerkannt waren, und als die deutschen Wirtschaftskreise den Druck auf die Reichsregierung verstärkten, um ihre Handelsbeziehungen in Osteuropa zu intensivieren, ging zur wichtigen Rigaschen Stelle Erich Wallroth, später Leiter der Ostabteilung des Auswärtigen Amts. Nach Wallroth arbeitete zwischen 1923 und 1928 der berühmte Literat Adolf Koester in Riga. „Im übrigen", schrieb Koester an Wallroth im Sommer 1923, „ersehen Sie aus den Berichten, daß es hier einmal wieder höchst lebendig zugeht, sowohl was das gesellschaftliche Leben in der Gesellschaft, als auch das politische in dem kleinen Lettland anbetrifft ... Im ganzen aber muß ich sagen, daß die Arbeit hier mir ganz außerordentlich lieb zu werden beginnt und daß ich keine Sehnsucht verspüre, weder nach Berlin noch auf einen anderen Kampfplatz zu gehen."[16]

So hat die immens wichtige und vielseitige Arbeit Koesters angefangen. Wichtig, weil man sich im Auswärtigen Amt bewußt war, wie hoch die baltischen politischen Führer die Qualität der ausländischen Vertreter bewerteten. Auf diese Weise versuchte das Auswärtige Amt, zielbewußt die baltischen Staaten davon zu überzeugen, daß es Deutschland ernst damit war, konstruktive und beständige freundschaftliche Beziehungen mit den Randstaaten zu erreichen. Koester war auch, anders als deutsche Gesandte nach 1933, kein Jasager gegenüber Berlin. Er hat Einfluß auf die deutsche Regierung ausgeübt. Ein gutes Beispiel hierfür ist die Idee einer deutsch-russischen Garantie für die baltischen Staaten, die Koester im Jahr 1925 ins Spiel brachte, eine Initiative, die eine umfassende Diskussion unter Stresemann und seinen Mitarbeitern im Auswärtigen Amt und auch mit Brockdorff-Rantzau in Moskau bewirkte.[17]

Selbstverständlich waren die deutschen Gesandten in den baltischen Staaten wichtig für die Kontakte zwischen den Organisationen der Auslandsdeutschen in Deutschland und den Deutschen in Estland, Lettland und Litauen. Koester war auch hier einflußreich in seiner Rolle bei der Verteilung der Subventionen aus Deutschland. Er war der beharrliche Fürsprecher einer vernünftigen deutschen Ostpolitik und arbeitete für die „Überbrükkung der Gegensätze nicht nur zwischen Letten und Reichsdeutschen, sondern auch zwischen den Letten und den Deutsch-Balten im Lande, so daß auf diesem Wege allmählich ein besserer Boden für die deutsche Betätigung in Lettland überhaupt bereitet werden kann".[18] Für Koester war Kulturpolitik auch Außenpolitik, und er wandte sich besonders gegen rechte Kreise in Deutschland, die die Letten und Esten nicht ernst nahmen. Wie erfolgreich Koester gegenüber den Letten war, ist ersichtlich aus einem Leitartikel des Jahres 1927 im „Jaunakas Sinas", der Zeitung der lettischen Parteien der Mitte, die in allen lettischen Regierungen nach 1919 vertreten waren. Der Artikel stellte bedauernd die persönlichen Angriffe auf Koester in der deutschen Rechtspresse fest und erklärte: „Es wäre zu wünschen, daß man in Lettland diesen Intrigen gegen den anerkannten Diplomaten

15 Bericht von Keyserling, 3.3.1920, Auswärtiges Amt, Akten betreffend politische Beziehungen Estland zu Rußland, Bd. 1, London, Foreign Office Microfilm (FO) K249/K076223–9.
16 FO Handakten Erich Wallroth betreffend Lettland, 5265H/E1985–8.
17 Hiden, Baltic states and Weimar Ostpolitik, S. 152 – 155.
18 Handakten Erich Wallroth betreffend Lettland, 5265H/E319767–9.

gar keine Beachtung schenkt. Wir hoffen, daß trotz der fünf deutschnationalen Minister in der jetzigen deutschen Regierung diese Angriffe der Rechtsblätter nicht ernst zu nehmen sind. Es wäre sehr zu bedauern, wenn die dankenswerte Arbeit Dr. Koesters, seine ernste, auf Regelung der Beziehungen zwischen den zwei Staaten gerichtete Tätigkeit, gestört werden sollte."[19]

Wenn hierfür Raum wäre, wäre es aufschlußreich, psychologische Studien über die Unterschiede zwischen einerseits Diplomaten wie Henkel, Frank, Schroetter, Hentig, Wallroth und Koester, und andererseits den britischen Geschäftsträgern in den Randstaaten, wie Colonel Tallents, Colonel Ward und zum Teil auch Wilton zu betreiben. Letztgenannter wurde Ende 1922 eigens nach Kaunas (Kowno) geschickt, um die ungünstigen Auswirkungen der Politik von Tallent und Ward auf die baltischen Staaten zu beheben. Gemäß der Beurteilung des Foreign Office war Tallents Handelsmission für „jedermann eine Katastrophe, um nicht noch Schlimmeres zu sagen ...". Währenddessen stellte die bolschewistische Intelligenz in den Randstaaten fest, Colonel Ward und seine Mitarbeiter „hätten Sport lieber als die Arbeit".[20] Aber selbst der fleißige und kluge Wilton bildete einen Kontrast zu Koester, als er Kaunas als „einen furchtbaren Schutthaufen" beschrieb und später berichtete, er habe sehr viele litauische Politiker kennengelernt, aber nie einen einzigen Staatsmann.[21] Eine solch hochnäsige Einstellung gegenüber den Randstaaten findet man unter den deutschen Gesandten in den baltischen Staaten nicht, wenigstens nicht vor 1933, obgleich der berühmte Brockdorff-Rantzau gelegentlich über die „Rand- und Schandstaaten" sprach.

Nun zum dritten Baustein, der Wirtschaftspolitik. Wie erfolgreich Deutschlands vernünftige Politik war, die langsam und mit größter Geduld schließlich nach Jahren solch heikle Fragen erledigte wie die der Kriegsschulden, die der Entschädigung der durch die Agrarreform betroffenen Deutschen in Lettland und Estland, die der Zolltarife und viele andere mehr, zeigte sich letztendlich an Deutschlands Erfolg bei der wirtschaftlichen Durchdringung der baltischen Staaten.[22] Das Wirtschaftsministerium Lettlands sah in dem deutsch-lettischen Handelsvertrag von 1926 einen Wendepunkt für Lettland; der deutsch-estnische Vertrag von 1929 war für Estland ebenso wichtig.[23] Deutschlands Erfolg war auf Kosten seines ökonomischen Hauptgegners in Europa, Großbritanniens, erreicht worden. Es lohnt sich, diese Rivalität im baltischen Raum während der 20er Jahre ein wenig weiter zu verfolgen.

Daß der Vertrag von Rapallo (1922) Deutschland bestimmte wirtschaftliche Vorteile gegenüber Großbritannien im Rußlandhandel einbrachte, enttäuschte Lloyd George sehr. Gegen eine Vertiefung der deutsch-baltisch-russischen Wirtschaftsbeziehungen hatte Großbritannien grundsätzlich nichts einzuwenden, hatte doch Lloyd George früher einmal gesagt, daß die Wiedererholung und der Wiederaufbau Rußlands ohne Deutschland

19 Rigasche Rundschau vom 31.3.27, zitierend Jaunakas Sinas vom 30.3.27.
20 Bericht von Axelrod, 15.10.20, British Foreign Office Files, Public Record Office (PRO) FO 371/5380.
21 Bericht Wiltons 23.2.21, PRO FO 371/6725.
22 vgl. R. Brenneisen: Lettland. Das Werden und Wesen einer neuen Volkswirtschaft. Berlin 1936; U. Kaur: Wirtschaftsstruktur und Wirtschaftspolitik des Freistaates Estland 1918 – 1940. Bonn 1962.
23 B. Gernet: Lettlands auswärtige Handelsbeziehungen. In: J. Bokalders (Hrsg.): Lettlands Ökonomist. Riga 1929, S. 108.

unmöglich sei. Zu bedauern war natürlich, daß die Deutschen so viel des baltischen und russischen Markts für sich selbst beanspruchten. Aber sehr interessant, auch für das Verständnis der internationalen Beziehungen im baltischen Raum, ist die Tatsache, daß Deutschland Hauptlieferant der baltischen Staaten wurde, während Großbritannien der Hauptabnehmer der baltischen Ausfuhr war.[24]

Dies bedeutete, daß ein deutsch-britisch-baltisches Dreieck entstand und daß England die Devisen hergab, die von den baltischen Staaten benutzt wurden, um deutsche Waren zu kaufen. In London war das nicht besonders willkommen. Dieses Muster jedoch, das darüber hinaus in den Handelsbeziehungen zwischen Skandinavien, Deutschland und England erschien, verstärkte die Tendenzen der Stresemannschen Außenpolitik, Deutschland in den Kreis der westlichen Staaten einzugliedern. Durch die Weimarer Politik wurden die baltischen Staaten ebenfalls in das westeuropäische Handelssystem einbezogen. Man muß betonen, daß diese Entwicklung auch eine Folge der Weigerung der Sowjets war, ihre Wirtschaftsbeziehungen mit den Westmächten zu intensivieren. Das war eine bittere Enttäuschung für die baltischen Staaten, die sich einen Vorteil davon erhofften, eine große wirtschaftliche Brücke zwischen Ost und West zu bilden. Es war also für die baltischen Staaten notwendig, allmählich ihre Wirtschaft zu rationalisieren – auch mit Hilfe des ausländischen Kapitals. Estland, Lettland und Litauen wandten sich zunehmend nach Deutschland und Westeuropa.[25]

Wenn man die oben beschrieben Aktivität Deutschlands in einen breiteren Kontext stellt, wird klar, daß für die deutschen Regierungen unter den Versailler Bedingungen die Wirtschaftspolitik nicht an die Stelle der Außenpolitik trat, sie vielmehr ebenso wie die deutsche Kulturarbeit und die Minderheitenpolitik eine aktive Außenpolitik konstituierte.[26] Deutschlands Erfolg nach 1918, eine Reihe von Handelsbeziehungen nach dem alten Meistbegünstigungsprinzip mit den osteuropäischen Staaten zu knüpfen, versprach, durch eine Erweiterung des deutschen wirtschaftlichen Einflusses politische Vorteile in Osteuropa mit sich zu bringen. Die starke deutsche ökonomische Präsenz in den baltischen Staaten wirkte während der 20er Jahre natürlich als ein Hemmnis für die polnisch-französischen Bestrebungen, eine baltische Union zu errichten. Aus wirtschaftlichen Gründen aber wäre eine solche Union wegen der ähnlichen ökonomischen Strukturen der baltischen Staaten ohnehin schwach gewesen.

Diese Tatsache bedeutet, daß es verfehlt ist, eine starke deutsche Präsenz automatisch als eine Bedrohung der nördlichen Randstaaten zu begreifen. Dies trifft besonders aus heutiger Sicht zu. Wenn irgendein Druck auf die baltischen Staaten, z. B. durch Rapallo, ausgeübt wurde, so geschah dies aus dem Verlangen heraus, die wirtschaftlichen Beziehungen zwischen Deutschland, den baltischen Ländern und Rußland zu vertiefen. Der Vertrag von Rapallo wurde in Berlin als Modell für die damals angestrebten Verträge mit Estland, Lettland und Litauen angesehen.[27] Jeglicher Verdacht, daß Berlin sich in die In-

24 Hiden, Baltic states and Weimar Ostpolitik, S. 189.
25 vgl. I. Romas: Die wirtschaftliche Struktur der baltischen Staaten und die Idee einer Zollunion. Rytas 1934, S. 131 ff.
26 Hiden, Baltic states and Weimar Ostpolitik, S. 171.
27 vgl. Brief von Wipert von Blücher an von Maltzan, 19.4.22, FO, Auswärtiges Amt, Akten betreffend politische Beziehungen der Randstaaten zu Deutschland, K1752/K429136.

nenpolitik der baltischen Staaten einmischen wolle, entweder durch die Aktivitäten der deutschen Gesandten oder durch die deutsche Volksgruppe, hätte die wirtschaftlichen Möglichkeiten der Unternehmer des Reichs und der Exportkreise im Osten vermindern müssen und zudem die Lage der Deutschen in den Randstaaten gefährdet. Ferner war Deutschland noch darauf angewiesen, Geld und Hilfe von den Westmächten zu bekommen, um die wirtschaftlichen Möglichkeiten im Osten voll auszunutzen. Deshalb eröffneten sich nach den Dawes- und Locarno-Verträgen für Deutschland die besten Möglichkeiten, das deutsche Außenhandelssystem im Osten zu erweitern.[28]

Man kann also feststellen, daß während der 20er Jahre alle drei Faktoren, die hier berücksichtigt wurden, in der deutschen Baltikumpolitik eher in einem konstruktiven als in einem negativen Sinne wirksam waren: eine Minderheitenpolitik, die auf enge und freundschaftliche Beziehungen zwischen Deutschland und den baltischen Staaten hinzielte; Gesandte, die einen positiven persönlichen Einfluß auf die baltischen Politiker ausübten; eine Wirtschaftspolitik, die am Anfang auf eine Vertiefung der deutschen Handelsbeziehungen in Osteuropa hindeutete, dann aber auch die baltischen Staaten in das westeuropäische Handelssystem hineinzog. Die deutsche Politik – ungeachtet der deutschen Versicherungen, die Weimarer Regierungen wollten die sowjetischen Interessen im Baltikum nicht stören – verstärkte mithin die Verwestlichung Estlands und Lettlands. Aber dies war eine Verwestlichung, die ironischerweise die Sowjetregierung selbst durch ihre Politik des „Sozialismus in einem Land" verursachte. Wichtig für das Verständnis der Weimarer Ostpolitik ist noch etwas anderes. Obgleich die deutsche Politik gegen eine Erweiterung des französischen und polnischen Machtbereichs wirkte und in diesem Sinn den deutschen „Revisionismus" unterstützte, verhinderte sie in der Praxis jegliches gemeinsame deutsch-russische Vorgehen gegenüber den Randstaaten. So gesehen hatte der deutsche Außenminister Curtius völlig recht, als er 1931 dem estnischen Außenminister versicherte, Deutschland versuche die Unabhängigkeit der baltischen Staaten zu bewahren und wolle nicht, daß diese Staaten entweder in das russische oder in das polnische Fahrwasser gerieten.[29] Wenn sich diese Entwicklungen fortgesetzt hätten, wäre Deutschland sicher in der Lage gewesen, eine ökonomische Hegemonie im Baltikum zu erreichen, aber auf eine Weise, die – wenn auch nicht besonders erwünscht – doch wenigstens tragbar für die anderen Westmächte gewesen wäre.

Mit Hitler mußte alles anders laufen. Die Aussicht auf eine vielversprechende deutsche Politik, die europäische und deutsche Interessen wahrnahm, ist nach 1933 schnell geschwunden. Wenn nun die drei Faktoren des ersten Teils dieser Arbeit in umgekehrter Reihenfolge weiterverfolgt werden, ist es klar, daß die Weltwirtschaftskrise bereits die Basis des Meistbegünstigungs-Handelsvertragssystems erschüttert hatte. Die wachsende Finanzkrise nach 1929 machte es für die baltischen und anderen europäischen Staaten schwer, für die notwendige Einfuhr aus Westeuropa mit Geld zu bezahlen. Die Alternative, nach Deutschland noch mehr baltische Agrarprodukte auszuführen, war vor 1933 wegen der in der späteren Weimarer Zeit aus innenpolitischen Gründen eingeführten Schutzzölle nicht möglich. Außerdem litt auch Deutschland zunehmend unter einem

28 Dazu H. – J. Schröder: Zur politischen Bedeutung der deutschen Handelspolitik nach dem Ersten Weltkrieg. In: G. Feldmann u. a. (Hrsg.): Die deutsche Inflation. Eine Zwischenbilanz. Berlin – New York 1983.

29 Zitiert in W. Hubatsch: Die außenpolitischen Beziehungen des deutschen Reiches zu Lettland un Estland. In: Deutsche Studien 13 (1975), S. 308 – 9.

Devisenmangel. Ohne das nationalsozialistische Verlangen nach Autarkie entwickelten sich daher während der Weltwirtschaftskrise Verhältnisse, die neue bilaterale Handelsverträge zwischen Deutschland und den Randstaaten bedingten. Eine Lösung versprach man sich von einer neuen, d. h. devisenlosen Form des Außenhandels, dem sogenannten Verrechnungs- oder Clearingsystem.[30] Im Jahr 1934, dem Jahr auch des „neuen Plans“ von Hjalmar Schacht, der den Rahmen für die neue Handelspolitik absteckte, schloß Deutschland neue Handelsverträge mit Estland und Lettland auf dieser Basis.

Wenn man die Ein- und Ausfuhr während der 30er Jahre zwischen Deutschland und den beiden baltischen Staaten überblickt, wird deutlich, daß den hauptsächlich agrarstrukturierten Ostseestaaten eine wesentliche Bedeutung als Lieferanten deutscher Mangelwaren zukam. Die baltischen Staaten hatten eine wirtschaftliche Überproduktion – vor allem an Butter –, die zumindest half, den Nahrungsmittelbedarf im Reich teilweise zu befriedigen. Außerdem hatte das Dritte Reich einen steigenden Bedarf an forstwirtschaftlichen Produkten, den Estland und Lettland auch weitgehend befriedigen konnten. Auf der anderen Seite versuchten beide Ostseeländer seit 1919 stets, ihre Eigenwirtschaft zu intensivieren. Insbesondere wollten sie ihre Textilindustrie aufbauen. Aber hierzu benötigte man Kohle, veredelte Metalle, Werkzeuge, Maschinen usw. Nach diesen Ausführungen kann es nicht verwundern, daß Deutschland „ihr frachtenmäßig am günstigsten gelegener industrieller Lieferant“ war.[31] Ferner war nach 1933 Deutschlands Interesse an Estland besonders wegen dessen Ölschiefervorkommen groß.[32]

Ob es richtig ist, diese Handelspolitik von Anfang an nur als Ausdruck von Hitlers langfristiger Vorbereitung eines Krieges für deutschen Lebensraum zu sehen, hängt vielleicht auch von der Frage ab, ob man das nationalsozialistische Streben nach einer Großraumwirtschaft im Osten hauptsächlich als Teil der deutschen Rüstungspolitik sehen will.[33] Sicher hatte Hitler seit langer Zeit das Baltikum wie auch die Ukraine als geeignete Bereiche für eine deutsche Kolonisierung angesehen. Nach Hans-Erich Volkmann ist es deshalb klar, daß die Bedeutung Lettlands und Estlands als Handelspartner Deutschlands „vom Stellenwert der beiden Staaten in einem gesamteuropäischen Wirtschaftssystem bestimmt (war), das das nationalsozialistische Deutschland seit 1933 nach Maßgabe seines wehr- und kriegswirtschaftlichen Sicherheitsbedürfnisses zu errichten sich bemühte“.[34] Als ebenso wichtig erscheint es aber, daß nicht nur Deutschland sich nach einer wirtschaftlichen Einflußsphäre sehnte. Es soll hier betont werden, daß nach 1931 sich die Methoden der britischen Handelspolitik den deutschen annäherten. Wie in den 20er Jahren war das deutsch-britische Verhältnis von außerordentlicher Bedeutung für die Ereignisse im Baltikum.

---

30 H. – E. Volkmann: Ökonomie und Machtpolitik. Lettland und Estland im politisch-ökonomischen Kalkül des Dritten Reiches, 1933 – 40. In: Geschichte und Gesellschaft 2 (1975), S. 483.

31 ebd., S. 479, zitierend G. Baron Wrangel: Die deutschen Wirtschaftsbeziehungen zum Baltikum. In: Deutsche Oekonomist 51 (1933), S. 1099.

32 ebd., S. 479.

33 vgl. allgemein, A. Barkai: Das Wirtschaftssystem des Nationalsozialismus. Der historische und ideologische Hintergund 1933 – 36. Köln 1977; J. W. Hiden und J. Farquharson: Explaining Hitlers Germany. Historians and the Third Reich. London 2 (1989), S. 130 – 151.

34 Volkmann, Ökonomie und Machtpolitik, S. 481.

Die neue britische Handelspolitik wurde 1931 ausführlich in einem vertraulichen Memorandum des Foreign Office dargelegt, das Londons neuen Beschluß enthielt, nach der Aufgabe des Prinzips des freien Handels die Stärke des britischen Einfuhrmarkts besser auszunutzen, und auf diese Weise auch Großbritanniens ökonomische Stellung in Europa auszubauen und zu sichern. Die deutsche Politik in Lettland und Estland muß deshalb nicht zuletzt vor dem Hintergrund des erneut aufkommenden britisch-deutschen Kampfes um die skandinavischen Märkte gesehen werden. In der Zwischenkriegszeit war der britische Handel mit Nordeuropa ständig gewachsen.[35] Neue Handelsverträge, die neue Möglichkeiten für die Erhöhung des Warenverkehrs schaffften, hat England mit den baltischen Staaten 1934 unterzeichnet.[36] Es war dies nicht so sehr als Kampf an der „Peripherie", als vielmehr als ein Teil des allgemeinen deutschen Angriffs gegen die Wirtschaftsinteressen Großbritanniens in Europa zu verstehen.[37]

Ebenso wie die auf dem Prinzip der Meistbegünstigung basierenden Handelsverträge für eine europäisch ausgerichtete deutsche Politik geeignet waren, konnten die neuen bilateralen Verträge des Dritten Reichs mit dem Baltikum der Aggression dienen. Während das bemerkenswerte britisch-deutsch-baltische Dreieck der 20er Jahre aus wirtschaftlichen Gründen endete, wurde in den 30er Jahren das Verhältnis zwischen Deutschland und England im baltischen Raum zunehmend von politischen und strategischen Gegensätzen geprägt. Diese Aspekte werden hier vom englischen Standtpunkt aus nicht weiter verfolgt. In bezug auf Deutschland ist eine schnell wachsende wirtschaftliche Abhängigkeit der baltischen Staaten vom Dritten Reich festzustellen. Die „ökonomischen Ketten" zwischen Deutschland und den baltischen Staaten bedeuteten zunehmend, daß es für die kleinen Staaten wirkliche außenhandelspolitische Alternativen nicht mehr gab. Also konnte Hitler die Lasten seiner Ostpolitik nicht nur durch die Freundschaft mit Polen vermindern. Er konnte ebenso die Enttäuschung der baltischen Führer leichter ertragen, weil die Chancen eines baltischen Bündnisses unter polnischer Führung auch aus wirtschaftlichen Gründen verringert wurden. Das bedeutete auch, daß die estnisch-lettisch-litauische Entente als militärischer Machtfaktor ausgeschaltet wurde, obgleich die drei Länder zusammen eine 500.000 Mann starke Armee ins Schlachtfeld hätten führen können. Sie verfügten außerdem über moderne Schiffe, 400 Kriegsflugzeuge usw. Gemeinsam mit Finnland hätte Estland den finnischen Meerbusen abriegeln können, und zwar mit dem sogenannten McElliot-Turmgeschütz, das als das „stärkste, weittragendste und bestgepanzerte Turmgeschütz in der Welt" bezeichnet worden ist.[38]

Diese bislang unzureichend erforschten Aspekte der Zwischenkriegszeit sind am Ende der 30er Jahre plötzlich außerordentlich wichtig geworden. Mit dem geplanten deutschen Feldzug gegen Polen hatte sich die strategische Bedeutung des baltischen Raums erhöht. Schon früher, in den 20er Jahren, hatte General von Seeckt gewarnt: „Die Auf-

35 siehe H. G. Schröter: Außenpolitik und Wirtschaftsinteresse. Skandinnavien im außenwirtschaftlichen Kalkül Deutschlands und Großbritaniens 1918 – 1939. Frankfurt/Main – Bern – New York 1983.

36 vgl. PRO Cabinet Papers CAB 24/249 No 112 „Anglo-Estonian Commercial Negotiations. Memorandum by the President of the Board of Trade"

37 Volkmann, Ökonomie und Machtpolitik, S. 481; auch Schröter: Außenpolitik und Wirtschaftsinteresse, S. 75 ff.

38 M. Turtola: Aspects of Finnish-Estonian military relations in the 1920s. In: J. W. Hiden, A. Loit (Hrsg.): The Baltic in international relations between the two world wars. Stockholm 1988, S. 105 ff.

rechterhaltung des freien Seeweges nach Schweden ist von Wichtigkeit, die der Seeverbindung nach Rußland kann eine Lebensfrage für Deutschland werden."[39] Mit Recht also war Wipert von Blücher, der deutsche Gesandte in Helsinki, über Diskussionen verstimmt, die Ende 1938 zwischen Finnland und den baltischen Staaten stattfanden und die die Seeverbindungen in der Ostsee im Kriegsfall betrafen. Man dachte, berichtete Blücher, daß „durch ein Abkommen aller Ostseeanlieger, die Freiheit der Zufahrtslinien für die Handelsschiffahrt auch in Kriegszeiten sichergestellt" werde.[40] Aber, so bemerkte Blücher, ein derartiges Abkommen unter der Beteiligung der Sowjetunion gefährde „die militärstrategischen Planungen der deutschen Marine, die zur Sicherung der Erzzufuhr aus Schweden und der Seeverbindung nach Ostpreußen eine deutsche Kontrolle der Ostsee und eine Blockade der sowjetischen Ostseeflotte im Finnischen Meerbusen vorsahen."[41]

In diesem Zusammenhang wurde 1939 auch die Nichtangriffspaktfrage in der deutschen Politik gegenüber den baltischen Staaten neu belebt. Hierin ist der sehr interessanten neuen Arbeit von Rolf Ahmann zu folgen. Er versteht den Nichtangriffsvertrag als Noch-Nichtangriffsvertrag. Deutschland wolle mit ihm insbesondere der Gefahr begegnen, daß England, Frankreich und Rußland Verträge unterzeichneten, die ebenfalls die baltischen Staaten schützten. Berlin dachte auch, daß ein Nichtangriffspakt helfen könnte, die Memelfrage im deutschen Sinne zu lösen, ohne Litauen in die Arme Polens zu treiben.[42] Aber Hitlers wohlbekannte Äußerung vom April 1939 galt weiterhin: „Das Baltikum ist nächst den Sudetendeutschen unser Ziel. Der Korridor und eventuell die Randstaaten müssen uns interessieren. Über Nichtdeutsche wollen wir nicht herrschen, aber wenn schon, dann über die Randstaaten."

Nun nochmals zu den Gesandten. Die gesteigerte Bedeutung der baltischen Staaten zeigte sich schon Ende Dezember 1938 in der Berufung von Hans Ulrich von Kotze als deutscher Gesandter in Riga. Diplomaten wie Koester waren nach 1933 nicht mehr denkbar, aber Kotze war seit Koesters Abschied 1928 der wichtigste Vertreter Deutschlands in Lettland. Koesters erster Nachfolger, Eckhard von Schack, wartete nur auf den Ruhestand und sein Einfluß in lettischen Regierungskreisen wurde von Beobachtern als „gleich Null" bewertet. Im Allgemeinen mußten Personen wie Frohwein, Reinebeck, Martius usw. im Vergleich zu den Gesandten der 20er Jahre mehr als Agenten denn als Diplomaten erscheinen, auch wenn man den Kompetenzstreit im Dritten Reich berücksichtigt. Natürlich hatte ab 1938 der deutsche Auswärtige Dienst auch die Nachteile von Ribbentrops Ernennung zu ertragen, ein Ereignis, das Gordon Craig als einen vernichtenden Schlag gegen das deutsche diplomatische Korps einschätzte. Kein Wunder, denn Ribbentrops Verhalten 1937 in England war zum Modell für alles geworden, was ein Gesandter nicht tun sollte.[43]

---

39 Hans von Seeckt: Deutschland zwischen West und Ost, S. 8 f.

40 R. Ahmann: Nichtangriffspakte: Entwicklung und operative Nutzung in Europa 1922 – 39. Baden-Baden 1988, S. 565.

41 ebd., S. 565.

42 ebd., S. 543 ff.

43 G. A. Craig, F. Gilbert (Hrsg.): The diplomats 1919 – 1939: Bd. 2, The Thirties. Princeton 1953, S. 149.

Wie in der Weimarer Zeit verfolgten die Gesandten auch weiterhin die Geschicke der Deutschen in den baltischen Staaten. Aber die Änderungen in der deutschen Politik gegenüber den Auslandsdeutschen nach 1933, gekoppelt mit dem wachsenden, gegen die deutschen Minderheiten gerichteten lettischen und estnischen Nationalismus, verminderten auch die Rolle der deutschen Gesandten in Riga und Reval als Vermittler zwischen den deutschen und baltischen Völkern erheblich. Zwar konnte Gesandtschaftsrat Conrad Rüdiger August 1932 nach einer Reise durch die baltischen Staaten es noch als die Aufgabe des Deutschen Reichs beschreiben, die deutschen Volksgruppen im Ausland moralisch und materiell zu unterstützen, um sie vielleicht später „als nutzbringende Machtfaktoren verwenden zu können". Nur zwei Jahre später aber zeigte die Aussage Reinebecks ein völlig anderes Bild. „Man kann auf die Dauer an der Frage nicht vorbeigehen, ob es wichtig ist, das Deutschtum hier künstlich ... auf einem unzeitgemäßen Niveau und in einer überlebten Gedankenwelt zu erhalten, oder ob wir uns darauf beschränkten sollten, nur das wirklich Wertvolle und Zukunftskräftige hier zu stützen, oder, falls nötig, auf anderen Plätzen des deutschen Volksbodens anzusetzen."[44]

Das Prinzip der Nichteinmischung in die inneren Angelegenheiten der baltischen Staaten konnte also nicht länger gelten. Schon bald nach der Machtergreifung hatte das Auswärtige Amt eine neue Zeit ausgerufen, indem es erst Hans von Rimscha und später Paul Schiemann bewog, die Rigasche Rundschau – die durch das Auswärtige Amt subventionierte baltisch-deutsche Zeitung – zu verlassen. Es war den Letten bereits klar, daß die von ihren Regierungen längst geduldete kulturelle und materielle Unterstützung der baltischen Deutschen durch das Deutsche Reich fortan auf alles andere zielte, als auf ein Zusammenleben zwischen Deutschen und Letten, wie Koester es seinerzeit verstanden hatte. Man bemerkte in Riga, daß die Umgestaltung des Vereins für das Deutschtum im Ausland zum Verband für das Deutschtum im Ausland auch eine mögliche Umwandlung in der Praxis ankündigte.

Selbstverständlich waren viele baltische Deutsche von den Ereignissen in Deutschland begeistert; ebenso ist es nicht verwunderlich, daß die erst 1921 insgeheim in den deutsch-baltischen Emigrantenkreisen in Berlin gebildete Baltische Bruderschaft 1933 ihre Stunde als gekommen fühlte. Es überrascht ferner nicht, daß eine – natürlich durch die baltischen Regierungen verbotene – nationalsozialistische Bewegung unter den Deutschen in Lettland und Estland entstand. Bemerkenswert aber ist es, wie lange Zeit unter diesen Umständen so viele baltische Deutsche es verweigerten, die Rolle einer Fünften Kolonne zu spielen. Diese Haltung trat in den heftigen Auseinandersetzungen innerhalb des baltischen Deutschtums zutage, z. B. in Lettland wegen des wachsenden Drucks auf den Leiter der deutschen Volksgemeinschaft Wilhelm von Rüdiger, Nationalsozialisten wichtige Stellen in der Volksgemeinschaft einzuräumen. Meilenweit entfernt von Koesters Nichteinmischungsprinzip hielt es Eckhard von Schack nach Gesprächen mit dem Leiter des VDA, Hans Steinacher, für geboten, daß „die hierfür maßgebende Stelle im Reich einmal beiden Parteien in unmißverständlicher und nachdrücklicher Form zum Ausdruck bringen würde, daß wir nicht gewillt sind, bedingungslos dem sich heftig bekämpfenden Deutschtum unsere Unterstützung zu gewähren, sondern daß wir auf die Herbeiführung einer Verständigung dringen müßten".[45]

44 Hehn, Die Umsiedlung der baltischen Deutschen, S. 83 Anm. 290.
45 ebd., S. 34 f.

Dennoch dauerte es bis 1938, ehe die Leitung der Volksgemeinschaft in Lettland von dem Nationalsozialisten Alfred Hintelmann übernommen worden war. Damals wurde es aber auch mit den außenpolitischen „Erfolgen" deutlicher, daß sich die Differenzen innerhalb des Deutschtums in den baltischen Staaten allmählich durch Hoffnungen und Erwartungen auf Deutschland verringerten. Die deutschen Gesandten in den Randstaaten hatten diese Entwicklung gefördert, und sie schien die Warnung der lettischen Zeitung „Jaunakas Zinas" zu bestätigen: „Jetzt herrscht in Deutschland das ‚Dritte Reich' – eine dunkle Kraft ... und der V.D.A. mit seinen Nebenorganisationen und seiner Grundidee über die Gemeinschaft der in allen Ländern lebenden Deutschen wurde in den Händen dieser dunklen Kraft zu einem mächtigen politischen Kapital, – zu einer Waffe, wie man sie sich schwer ausdenken könnte."[46]

Letztendlich ist wegen der Umsiedlung das Deutschtum in Lettland und Estland aber nicht zu einer solchen „Waffe" geworden. Ganz im Gegenteil. Die Existenz einer deutschen Minderheit in Estland und Lettland – im Ersten Weltkrieg ein Mittel zur Annexionspolitik des Wilhelminischen Reiches – war am Ende der 30er Jahre ein Hindernis für eine Machterweiterung des Dritten Reichs geworden. Von diesem Standpunkt aus kann man besser verstehen, wieviel während der Weimarer Zeit in der deutschen Ostpolitik erreicht wurde. Typisch für die verschwundene Harmonie nach 1933 war es, daß die Entscheidung, das Deutschtum als Ganzes nach Deutschland umzusiedeln, ohne die Kenntnis der deutschen Gesandten getroffen worden war. Anfang Oktober 1939 mußte Kotze auf eine Frage des lettischen Außenministers, warum die deutsche Flotte sich Riga und Reval nähere, zugeben, daß er „zunächst zu keiner Antwort in der Lage" sei. Über die Umsiedlungspläne wurde er erst später, am 6. Oktober, informiert.

Abschließend bleibt festzuhalten, daß die baltische Perspektive der deutschen Ostpolitik überzeugend den tiefen Einschnitt des Jahres 1933 in der Außenpolitik dokumentiert. Gewiß kann man „Kontinuitäten" sehen, man kann Peter Krüger zustimmen, der betont, wie beharrlich die Verständigungspolitiker der Weimarer Republik für neue Formen des Einvernehmens und der Kooperation kämpften. „Und wenn heute so viel von Kontinuitäten der deutschen Geschichte die Rede ist, von Bismarck etc.; von der Locarno-Politik zur Außenpolitik der Bundesrepublik, das ist auch eine."[47] Hiergegen ist nichts einzuwenden.

---

47 Krüger, Außenpolitik, S. 555.
46 ebd., S. 30.

Hubertus Neuschäffer

Der Hitler-Stalin-Pakt 1939. Die Auswirkungen auf die vom Vertrag betroffenen Völker

Michail Gorbatschow schreibt in seinem Buch „Perestroika" über den Nichtangriffsvertrag zwischen Deutschland und der UdSSR vom 23. August 1939, den er als „Pakt" bezeichnet, ohne auf den Grenz- und Freundschaftsvertrag zwischen Deutschland und der UdSSR einzugehen, unter dem Kapitel „Erbe der Geschichte", folgendermaßen:

„Was den Nichtangriffspakt mit Deutschland betrifft (dessen Bedeutung von unseren Gegnern ständig verdreht wird), so hätte dieser wie so vieles andere vermieden werden können, wenn man damals in den Regierungskreisen von Großbritannien und Frankreich bereit gewesen wäre, gemeinsam mit der Sowjetunion gegen den Angreifer vorzugehen." [1]

Der zweite Vertrag des Paktsystems vom 28. September 1939 wird nicht erwähnt, wie es auch keine weiteren Äußerungen zum Hitler-Stalin-Pakt bei Gorbatschow mehr gibt, keinen Hinweis etwa auch darauf, daß die Existenz der geheimen Zusatzprotokolle bis zum Jahr 1989 in der Sowjetunion geleugnet wurde.

Der Hitler-Stalin-Pakt von 1939 ist eben nicht etwa nur ein Vertrag, sondern ein ganzes Paktsystem, vornehmlich aus zwei Verträgen bestehend, wobei freilich eine Fülle von Noten und begleitenden diplomatischen Briefwechseln bei genauer Betrachtung einzubeziehen sind. Hier soll es zunächst um eine kurze Vorstellung der beiden Verträge gehen, die bereits 1946 von amerikanischen Wissenschaftlern vollständig veröffentlicht wurden.[2] Dabei sind vor allem die geheimen Zusatzverträge zu behandeln, deren Existenz bis zum Jahre 1989 von sowjetischer Seite geleugnet wurde.

In jüngster Zeit, im August 1989, sind die Verträge auch in der Frankfurter Allgemeinen Zeitung abgedruckt worden. Bedauerlicherweise ist aber hier ein Fehler unterlaufen. Der Vertrag vom 28. September 1939 ist nicht vollständig abgedruckt worden, was bei der Brisanz der Rezeptionsgeschichte der Verträge mehr als bedauerlich ist. Es fehlt das sogenannte „Vertrauliche Protokoll" neben den zwei geheimen Zusatzprotokollen. Bei der weitreichenden Diskussion hat man aber von der gesamten Quelle auszugehen.

Bei den beiden Verträgen handelt es zum einen um den sogenannten „Nichtangriffsvertrag zwischen Deutschland und der Union der Sozialistischen Sowjetrepubliken". Dieser Vertrag wurde zwischen Stalin und Hitler, unterschrieben von Ribbentrop und Molotov, noch vor Ausbruch des Zweiten Weltkriegs am 1. September 1939, am 23. August 1939 geschlossen. Der zweite Vertrag, der zum Paktsystem gehört, ist der „Deutsch-sowjetische

1 Michail Gorbatschow: Perestroika. Die zweite russische Revolution. Eine neue Politik für Europa und die Welt. München 1989, S. 249.

2 Das nationalsozialistische Deutschland und die Sowjetunion 1939–1941. Akten aus dem Archiv des Deutschen Auswärtigen Amtes. Deutsche Ausgabe von Eber Malcolm Carroll, Fritz Theodor Epstein. Departement of State 1948. (Akten AA).

Grenz- und Freundschaftsvertrag“ vom 28. September 1939, das heißt dieser zweite Vertrag wurde zum Zeitpunkt des fast einen Monat andauernden Krieges geschlossen. Polen war bereits besiegt, und die Sowjets hatten seit dem 17. September gleichsam als Verbündete am Polenfeldzug teilgenommen, basierend auf dem ersten Vertrag vom 23. August 1939.

In der Präambel des Vertrags vom 23. August 1939, des „Nichtangriffsvertrags zwischen Deutschland und der Union der Sozialistischen Sowjetrepubliken“ heißt es: „Die deutsche Regierung und die Regierung der Union der SSR, geleitet von dem Wunsche, die Sache des Friedens zwischen Deutschland und der UdSSR zu festigen, und ausgehend von den grundlegenden Bestimmungen des Neutralitätsvertrages, der im April 1926 zwischen Deutschland und der UdSSR geschlossen wurde, sind zu nachstehender Vereinbarung gelangt“. Es folgen dann sieben Artikel, die über den Nichtangriff etwas aussagen. Beide Vertragsparteien verpflichten sich, jede aggressive Handlung und einen Angriff gegeneinander auszuschließen. Sie verpflichten sich zur gegenseitigen Neutralität im Falle eines Krieges, in den der jeweilige Vertragspartner hineingezogen würde. Man kam überein, von Zeit zu Zeit Konsultationen aufzunehmen, auch sich über Fragen und Interessen gemeinsam zu informieren. Alle Konflikte, die entstehen könnten, sollten durch freundschaftlichen Meinungsaustausch oder nötigenfalls durch eine Schlichtungskommission bereinigt werden. Der Vertrag wurde auf die Dauer von zehn Jahren abgeschlossen. Der Vertrag war vor Ablauf dieser Frist kündbar. Im Falle, daß er nicht gekündigt würde, sollte er automatisch jeweils auf fünf Jahre verlängert werden. Im letzten Artikel 7 heißt es, daß der Vertrag in möglichst kurzer Frist ratifiziert werden solle. Ratifizierungsurkunden sollten in Berlin ausgetauscht werden, da der Vertrag in Moskau abgeschlossen worden war. Entscheidend war nun, daß dieser Nichtangriffsvertrag zwischen Deutschland und der Union der Sozialistischen Sowjetrepubliken vom 23. August 1939 ein geheimes Zusatzprotokoll enthielt. Dieses geheime Zusatzprotokoll hat ebenfalls eine Präambel, die folgendermaßen lautet:

„Aus Anlaß der Unterzeichnung des Nichtangriffspaktes zwischen dem Deutschen Reich und der Union der Sozialistischen Sowjetrepubliken haben die unterzeichneten Bevollmächtigten der beiden Teile in streng vertraulicher Aussprache die Frage der Abgrenzung der beiderseitigen Interessensphären in Osteuropa erörtert. Diese Aussprache hat zu folgendem Ergebnis geführt.“

Nun folgen vier einzelne Punkte:

„1. Für den Fall einer territorial-politischen Umgestaltung in den zu den baltischen Staaten (Finnland, Estland, Lettland, Litauen) gehörenden Gebieten, bildet die nördliche Grenze Litauens zugleich die Grenze der Interessensphären Deutschlands und der UdSSR. Hierbei wird das Interesse Litauens am Wilnaer Gebiet beiderseits anerkannt.
2. Für den Fall einer territorial-politischen Umgestaltung der zum polnischen Staate gehörenden Gebiete werden die Interessensphären Deutschlands und der UdSSR ungefähr durch die Linie der Flüsse Narew, Weichsel und San abgegrenzt.
Die Frage, ob die beiderseitigen Interessen die Erhaltung eines unabhängigen polnischen Staates erwünscht erscheinen lassen und wie dieser Staat abzugrenzen wäre, kann endgültig erst im Laufe der weiteren politischen Entwicklung geklärt werden. In jedem Falle

werden beide Regierungen diese Frage im Wege einer freundschaftlichen Verständigung lösen.
3. Hinsichtlich des Südostens Europas wird von sowjetischer Seite das Interesse an Bessarabien betont. Von deutscher Seite wird das völlige politische Desinteressement an diesen Gebieten erklärt.
4. Dieses Protokoll wird von beiden Seiten streng geheim behandelt werden."

Unterschrieben ist das Protokoll gleichfalls von Ribbentrop und Molotov wie auch die genannten sieben Artikel im Hauptvertrag.

Es fällt zweierlei in den beiden wichtigsten Punkten, 1 und 2, auf: Einmal die klare Abgrenzung und Aufteilung in Interessensphären. Die Interessensphären sind eindeutig expansionistisch interpretiert worden, nicht etwa als bloße wirtschaftliche Interessengebiete, in denen man vorrangig etwa Handel treiben könnte. Zum anderen ist im Punkt 2 sehr deutlich eine Teilung Polens vorgenommen worden, die auf einen kommenden Krieg mit Polen hinwies. Das heißt also nicht nur im deutschen, sondern auch im sowjetischen Sinne. Im Punkt 1 heißt es, wie zitiert, „hierbei wird das Interesse Litauens am Wilnaer Gebiet beiderseits anerkannt". Das ist insofern bemerkenswert, als hier trotz der genannten Aufteilung auch die Interessen eines betroffenen Staates, der in seiner Selbständigkeit beschränkt werden sollte, berücksichtigt worden sind. Darauf wird noch einzugehen sein, wenn der Fall Litauen exemplarisch für die anderen Bereiche behandelt werden soll. Soviel zu dem Nichtangriffsvertrag zwischen Deutschland und der Union der Sozialistischen Sowjetrepubliken vom 23. August 1939.

Der zweite Vertrag, der zum Hitler-Stalin-Pakt gehört, ist der „Deutsch-sowjetische Grenz- und Freundschaftsvertrag" vom 28. September 1939: Das heißt also, daß dieser zu einem Zeitpunkt abgeschlossen wurde, als schon 28 Tage lang Krieg herrschte und gleichsam ganz Polen besetzt war. Hier heißt es in der Präambel:

„Die deutsche Reichsregierung und die Regierung der UdSSR betrachten es nach dem Auseinanderfallen des bisherigen polnischen Staates ausschließlich als ihre Aufgabe, in diesen Gebieten die Ruhe und Ordnung wieder herzustellen und den dort lebenden Völkerschaften ein ihrer völkischen Eigenart entsprechendes friedliches Dasein zu sichern. Zu diesem Zwecke haben sie sich über folgendes geeinigt:"

Es folgen fünf Artikel. Im Artikel 1 wird gesagt, daß die beiden Regierungen, die deutsche und die sowjetische, die beiderseitigen Reichsinteressen im Gebiete des bisherigen polnischen Staates festsetzen werden. Beide Teile erkennen die festgelegte Grenze der beiderseitigen Reichsinteressen, das heißt der deutschen und der russischen, als endgültig an. Einmischung dritter Mächte wollen sie nicht zulassen. In den jeweiligen Interessengebieten übernimmt die jeweilige Regierung dann die Verantwortung und „die staatliche Neuregelung". Unklar wurde gelassen, was „staatliche Neuregelung" heißen sollte. Darüber hinaus heißt es im Artikel 4, daß diese Regelungen das Fundament der weiteren freundschaftlichen Beziehungen zwischen der Sowjetunion und Deutschland sein sollte. Der Vertrag trat bereits mit Unterzeichnung in Kraft.

Es ist bemerkenswert, daß zu diesem Vertrag nicht nur ein Geheimes Zusatzprotokoll existiert, sondern sogar noch ein weiteres Geheimes Protokoll und ein „Vertrauliches

Protokoll": also im ganzen drei geheime Zusatzprotokolle zum Vertrag vom 28. September 1939 existieren.

Von besonderer Bedeutung für die hier zu behandelnde Thematik ist das Geheime Protokoll. Dort wird Bezug genommen auf den Vertrag vom 23. August 1939, und zwar auf das dortige geheime Zusatzprotokoll, in dem die Interessensphären aufgeteilt worden waren. Nun wird gesagt, „daß das Gebiet des litauischen Staates in die Interessensphäre der UdSSR fällt, weil andererseits die Woiwodschaft Lublin und Teile der Woiwodschaft Warschau in die Interessensphäre Deutschlands fallen" sollen. Eine Karte ist diesem Protokoll beigefügt, die die Unterschrift Stalins trägt und den Grenzverlauf wiedergibt. Es heißt weiterhin: „Sobald die Regierung der UdSSR auf litauischem Gebiet zur Wahrnehmung ihrer Interessen besondere Maßnahmen trifft, wird zum Zweck einer natürlichen und einfachen Grenzziehung die gegenwärtige deutsch-litauische Grenze darin rektifiziert, daß das litauische Gebiet, das südwestlich der in der anliegenden Karte eingezeichneten Linie liegt, an Deutschland fällt."[3] Ferner wird festgestellt, daß die in Geltung befindlichen wirtschaftlichen Abmachungen zwischen Deutschland und Litauen durch die vorstehend erwähnten Maßnahmen der Sowjetunion nicht beeinträchtigt werden. Auf diesen sehr wichtigen Teil des Grenzvertrages wird im Zusammenhang mit der litauischen Frage noch eingegangen werden. Das sogenannte Vertrauliche Protokoll, das an erster Stelle der geheimen Protokolle steht, besagt, daß die jeweilige Bevölkerung, das heißt die deutsche in der sowjetischen Interessensphäre und die Russen in der deutschen Interessensphäre, umgesiedelt und ausgesiedelt werden dürfen. Insofern ist dieses Vertrauliche Protokoll von immenser Bedeutung, weil hier die ganze Aussiedlerfrage und Umsiedlerfrage ins Rollen gebracht wurde, die freilich auch schon früher vorhanden war, etwa als im Jahre 1923 die Griechen aus Kleinasien umgesiedelt wurden. Jene Umsiedlung hat zum Teil als Beispiel für die Vertreibung der Ostdeutschen 1945 gegolten, obgleich Lord Curzon schon 1923 gewarnt hat, diese Umsiedlung in Kleinasien werde noch Europa in verhängnisvolle Folgen stürzen. Im dritten geheimen Zusatzprotokoll wird festgestellt, daß politische polnische Agitation in dem jeweiligen anderen Gebiet zu unterbinden sei. Soweit zur Skizzierung der beiden Vertragsabschlüsse vom 23. August 1939 und vom 28. September 1939, die zusammen als der Hitler-Stalin-Pakt bekannt sind und auch nur im Zusammenhang analysiert werden können, da der zweite Vertrag in wesentlichen Punkten Bezug auf den ersten nimmt. Es reicht also nicht aus, wie es Michail Gorbatschow in seinem Buch „Perestroika" getan hat, den Nichtangriffsvertrag vom 23. August 1939 zu benennen, diesen als den Pakt schlechthin zu skizzieren und den zweiten Vertrag dabei einfach zu übergehen.

Es geht hier um die Auswirkungen, um die Folgen des Vertrages für die direkt betroffenen Völker, d. h. um die Vertragspartner und um die im Vertrag genannten Nationen, aber auch um die darüber hinaus wirkenden Folgen für ganz Europa. Das soll am Beispiel Litauens erörtert werden.

Als Historiker gilt es freilich vor den Folgen zunächst einmal die Voraussetzungen zu skizzieren. Das erscheint um so wichtiger, als diese Folgen ja bis in die sich als äußerst brisant darstellende Tagespolitik in Mittel- und Osteuropa reichen, deren Beurteilung ande-

3 Akten AA. 116–119.

rerseits nur allzuleicht aus vielerlei gespeisten Motivationen in abenteuerlichste Zukunfts-Spekulationen ausartet. Eine analytische Orientierungslosigkeit hat sich verbreitet. Insofern tut man gut daran, sich die historisch gewachsenen Fakten vor Augen zu führen, die die Folgen des Hitler-Stalin-Pakts 1939 zur Voraussetzung haben. Nur allzuleicht wird darüber hinaus in unserem Jubiläums-Zeitalter ein Datum aus der Geschichte herausgegriffen, wie etwa ein Dominostein irgendwo aus der Mitte der Reihe staunend betrachtet, freilich außer acht lassend, daß die Wirkungen der vorherigen und nachfolgenden Steine bei Betrachtung der Dominokette zu berücksichtigen sind, will man die Bedeutung des Ganzen auch nur annähernd einordnen können. Diese Domino-Theorie wird auch an Hand des Datums von 1939 – ein 50jähriges Jubiläum – in besonderem Maße deutlich. Übersehen wird zumeist, daß die deutsche, ja die europäische Geschichte unseres Jahrhunderts gleichfalls von einem 30jährigen Krieg bestimmt wird, der von 1914 bis 1945 gedauert hat. Für Deutschland hat der verlorene Erste Weltkrieg den unglückseligen Vertrag von Versailles 1919 gebracht. Das alte Rußland versank wie auch der österreichisch-ungarische Vielvölkerstaat, der in mancher Hinsicht mit nationalen Fragen Europas fertig geworden war, deren Lösung in der Gegenwart erst noch ansteht. Für Europa, für die ganze Welt, brachten die russischen Revolutionen von 1917 die Umgestaltung von Werten und Grenzen, besonders wirksam in Mittel-Osteuropa, deren Fernwirkungen heute in besonderer Weise wieder aufbrechen. Freilich kann man noch weiter in die Geschichte zurückgehen, um Kontinuität und Kausalität in der Geschichte nachzuweisen. In jedem Fall wird man als Historiker gut daran tun, diese Bezüge herzustellen, die freilich stets multikausal zu beschreiben sind. Wenn sich Geschichtsbewußtsein, Geschichtskenntnis, deren Sinn es ja auch ist, gegenwärtiger Beurteilung politischer Gegebenheiten einen Maßstab zu geben und in diesem Sinn in aller Bescheidenheit auch in die Zukunft wirken zu wollen, wenn dieses Geschichtsbewußtsein sich von willkürlich gewähltem Jubiläum zu Jubiläum hangelt, ist nichts begriffen. Und in diesem Sinne gilt es auch das Jahr 1939 zu behandeln, das ja zugleich mit dem Hitler-Stalin-Pakt am 1. September den Ausbruch des Zweiten Weltkrieges brachte.

Festzuhalten bleibt, daß das Vertragssystem dadurch geprägt worden ist, daß den jeweils veröffentlichten Vertragstexten nicht veröffentlichte Geheimprotokolle beigefügt wurden, die keineswegs allen deutschen Diplomaten bekannt waren, geschweige denn der Öffentlichkeit. Die Sowjetunion, d. h. sowjetische Historiker und alle Politiker, haben bis zum Jahre 1989 behauptet, daß diese Geheimprotokolle nicht existieren. Selbst heute winden sich sowjetische Politiker wie Falin und Gorbatschow immer noch, und Falin äußerte in einer Fernsehdiskussion die Auffassung, so ganz genaues wisse man auch bis jetzt noch nicht, da die Originaltexte der Verträge noch nicht gefunden seien.

Natürlich darf nicht verschwiegen werden, daß Geheimhaltung stets ein wesentlicher Bestandteil aller Diplomatie war und wohl auch ist. Geheime Zusatzprotokolle sind keineswegs ein spezifisches Merkmal der Verträge von 1939 allein: Im Jahre 1887 wurde der Bismarcksche Rückversicherungsvertrag zwischen Deutschland und Rußland abgeschlossen. Der Vertrag galt drei Jahre. 1890 wurde er nicht verlängert. Hervorzuheben ist, daß es zu diesem Vertrag ein „Geheimes Zusatzprotokoll“ gab, das die territorialen Interessen, die Interessensphären Rußlands und Deutschlands absteckte. Das kaiserliche Deutschland anerkannte damals die russischen Interessen an Konstantinopel und den

Meerengen am Bosporus. Der Wortlaut des geheimen Zusatzprotokolls wurde erst nach dem Ersten Weltkrieg, 1919, bekannt.

Um das tradierte Selbstverständnis der beteiligten Diplomaten der 1930er Jahre zur verstehen, hat man sich dieses gleichfalls vor Augen zu führen. Freilich, mit dem Hinweis auf den Vertrag von 1887 soll natürlich nicht dem Irrtum Vorschub geleistet werden, wie etwa eine nationalsozialistische Propaganda weismachen wollte, daß man nun an Bismarcksche Politik anknüpfte. Dennoch wird mit dem Hinweis auf das geheime Zusatzprotokoll des Rückversicherungsvertrages von 1887 deutlich, daß man das Jahr 1939 und den Hitler-Stalin-Pakt in seiner historischen Entwicklung betrachten muß und daß die Sprache der Diplomatie nicht isoliert für dieses Jahr beurteilt werden darf.

Es gilt diesen Vertrag von 1939 zu analysieren, der als ein „Teufelspakt" von Sebastian Haffner, so in einem Buchtitel, beschrieben wird. Ein „zynischer Pakt" sei es gewesen, so der Bundespräsident Richard von Weizsäcker in einem Brief am 1. September 1989 an den polnischen Staatspräsidenten Wojciech Jaruzelskij. Freilich deutet diese Wertung auf komplizierte Zusammenhänge hin, zumal Ernst von Weizsäcker als Staatssekretär im Auswärtigen Amt in besonderer Weise an den Verträgen beteiligt war. Am 2. Dezember 1939 heißt es in einem Rundschreiben des Staatssekretärs von Weizsäcker an die deutschen diplomatischen Vertretungen hinsichtlich der diplomatischen Sprachregelung in bezug auf den finnisch-russischen Winterkrieg, der eine Folge des Hitler-Stalin-Paktes war: „Unvermeidlicher historischer Ablauf im Zuge der Revision der Verträge nach letztem großen Krieg".[4]

Im August 1939 waren Deutschland und die Sowjetunion, nach erster diplomatischer Fühlungnahme im Frühjahr desselben Jahres, zu einer Annäherung gelangt, nachdem entsprechende Verhandlungen zwischen den westeuropäischen Mächten Frankreich und Großbritannien mit der Sowjetunion gescheitert waren. Die Sowjetunion forderte im Falle eines Krieges ein Durchmarschrecht durch Polen. Wofür, ist bis heute noch keineswegs eindeutig geklärt. Die Westmächte verweigerten dies. Da platzte in der diplomatischen Welt der Vertragsabschluß zwischen Hitler und Stalin wie eine Bombe dazwischen. Der Nichtangriffsvertrag zwischen Deutschland und der UdSSR vom 23. August 1939 wurde geschlossen und in der Öffentlichkeit gerechtfertigt mit Hinweis auf die klassische russisch-deutsche Diplomatie, auf die alten russisch-deutschen Beziehungen, an die man ja bereits 1922 mit dem Rapallo-Vertrag angeknüpft hatte. Dieser bildete wiederum die Voraussetzung für den Berliner Vertrag von 1926 zwischen der Sowjetunion und Deutschland, der eine enge Zusammenarbeit auch auf militärischer Ebene eingeleitet hatte, und in dessen Folge deutsche Offiziere in der Sowjetunion ausgebildet wurden, russische Offiziere in Deutschland ihre Generalstabsausbildung erhielten. Der Rapallo-Vertrag von 1922 und der Berliner Vertrag von 1926 hatten bis in die beginnenden 1930er Jahre gute Beziehungen zwischen Deutschland und der Sowjetunion geschaffen. Dann setzte die Entfremdung mit Hitler ein, die zu größter Verhetzung zwischen Stalin und Hitler führte, die gleichsam im spanischen Bürgerkrieg aufeinanderstießen. Dies änderte sich nun 1939 schlagartig, als die Beziehungen der 1920er Jahre wieder aufgegriffen wurden. Die Abberufung Litvinovs als sowjetischer Außenkommissar und die Berufung

4 Akten AA. 141.

Molotovs zum neuen Außenkommissar waren im Frühjahr 1939 erste mögliche Hinweise auf einen Wandel. Hitler ließ verlauten, Stalin sei zur klassischen russischen Politik zurückgekehrt, die Weltrevolution sei in der Sowjetunion aufgegeben worden: ein verhängnisvoller Irrtum, dem im übrigen Churchill und Roosevelt auf den Kriegskonferenzen in Teheran und Jalta ebenfalls unterlagen. In der diplomatischen Praxis schlug sich das beispielsweise in Formulierungen Ribbentrops nieder, der an Stelle des Begriffs „Sowjetunion" zumeist „Rußland" schrieb, auch in Vertragsentwürfen, die der deutsche Botschafter in Moskau, Graf von der Schulenburg, dann verbesserte.

Die Präambel des deutsch-sowjetischen Nichtangriffsvertrages vom 23. August 1939 knüpft auch erklärtermaßen an die, wie es im Vertrag lautet, „grundlegenden Bestimmungen des Neutralitätsvertrages, der im August 1926 zwischen Deutschland und der UdSSR geschlossen wurde", an. Offensichtlich war die Phase der bisherigen scharfen Auseinandersetzungen der 1930er Jahre zwischen der UdSSR und Deutschland damit abgeschlossen.

Die bisher immer noch vertretene sowjet-historische These, daß der Stalin-Hitler-Pakt von sowjetischer Seite eine Präventivmaßnahme der Sowjetunion gegen den zu erwartenden deutschen Angriff gewesen sei, wies erst jüngst Karl-Heinz Ruffmann erneut als nicht haltbar zurück. Es ging der Sowjetunion um expansionistische Wünsche, um eine Aufteilung Polens und um die Eingliederung der baltischen Staaten in ihren Machtbereich. Das 1989 erschienene Buch des Exil-Russen Viktor Suworow über den Hitler-Stalin-Pakt bestätigt dieses eindeutig. Suworow vertritt die These, sowohl Stalin als auch Hitler hätten den Krieg gewollt, nur sei Hitler Stalin zuvorgekommen.[5]

Bei aller vermeintlichen Hinwendung Stalins zur klassischen Politik darf dennoch wohl nicht übersehen werden, was Georg von Rauch festgestellt hat: einerseits habe der Vertragskomplex von 1939 zwar „den Übergang der sowjetischen Außenpolitik zu Methoden einer territorial-imperialistischen Expansion des sowjetischen Staates mit Hilfe diplomatischer und militärischer Mittel" bedeutet und sei damit auch eine Expansion gewesen, die „geographisch durchaus den Bahnen der zaristischen Expansionstendenzen folgte". Doch Rauch fährt fort: „Freilich sollte diese Ausweitung nicht nur dem sowjetrussischen Staatswesen, sondern auch den weltrevolutionären Zielsetzungen dienen, deren territoriale Basis damit vergrößert wurde: ein langfristiger Aspekt, der vielfach übersehen wurde."[6]

Betrachtet man die Ereignisse von 1939 in ihrer Vorgeschichte, so wird die Haltlosigkeit der sowjetischen Interpretation des Paktes offenbar. Mittels eines Aspektes soll dies hier nachgewiesen werden, und zwar in Hinsicht auf die Behandlung der baltischen Staaten durch die Politik der Sowjetunion seit 1920, im besonderen an Hand der Entwicklung Litauens.

5 Viktor Suworow: Der Eisbrecher. Hitler in Stalins Kalkül. Stuttgart 1989. S. 406 ff.

6 Georg von Rauch, in: Handbuch der europäischen Geschichte. Hrsg. v. Th. Schieder. Bd. 7, S. 508, 509. Vgl. auch Boris Meissner: Die Souveränität der baltischen Nationen. In: Reval und die baltischen Länder. Hrsg. von Jürgen von Hehn, Csaba Janos Kenez. Marburg 1980, S. 195–207.

Litauen war seit 1795 russische Provinz gewesen; Kurland, Livland und Estland waren seit 1721 russische Provinzen. Im Zuge der Auflösung des Russischen Reiches während und am Ende des Ersten Weltkrieges gründeten sich die baltischen Staaten Lettland, Estland und Litauen, wie ja auch Finnland, das seit 1809 zum Russischen Reich gehört hatte, selbständig wurde. Bereits unmittelbar nach dem Ersten Weltkrieg waren die Sowjets darangegangen, ohne sich um die Unabhängigkeitserklärungen der baltischen Staaten, so Litauens 1918, weiter zu kümmern, in die baltischen Verhältnisse einzugreifen. Es erfolgten beispielsweise in Litauen militärische Auseinandersetzungen mit den Bol'ševiki. Doch noch 1919 konnten die bolschewistischen Gegner aus dem Land getrieben werden. Die in jener Zeit mißliche Lage des Sowjetregimes, in das dieses durch den Bürgerkrieg geraten war, konnten die soeben gegründeten baltischen Staaten schließlich zu ihrem Vorteil nutzen: 1920 wurden Friedensverträge zwischen der Sowjetunion und den einzelnen baltischen neugegründeten Staaten geschlossen.

Wenn auch in dem Friedensvertrag zwischen dem Sowjetstaat und Litauen beispielsweise ausdrücklich auf das Selbstbestimmungsrecht der Völker Bezug genommen wird, wie es heißt, „freiwillig und für alle Zeiten“ auf alle Souveränitätsrechte, die Rußland im Hinblick auf die baltischen Völker und ihre Gebiete hatte, verzichtet wurde“[7], so hat doch Stalin bereits auf dem 12. Parteikongreß im April 1923 auf ein Dekret vom 15. November 1917 verwiesen, in dem die Anerkennung der Souveränitätsrechte der Völker durch die sogenannten Interessen der Arbeiterklasse eingeschränkt wurde.

Und nicht zu übersehen ist, daß weiterhin von den Bol'ševiki versucht wurde, in den baltischen Staaten Einfluß zu gewinnen, der eindeutig dahin zielte, diese dem sowjetischen Machtbereich einzugliedern. Daran änderten auch die Nichtangriffsverträge mit den baltischen Staaten, wie etwa der 1926 abgeschlossene Nichtangriffsvertrag zwischen Litauen und der Sowjetunion, der 1931 und 1934 verlängert wurde, nichts.

Seit 1936 wurde die imperialistische Politik der Sowjetunion gegenüber den baltischen Staaten immer offenbarer, die stets die Gefahr einer Beschneidung der Souveränität der Randstaaten, zu denen Estland, Lettland, Litauen, Finnland und Polen zählten, befürchten ließ.

Es bleibt festzuhalten: Die sonstigen politischen Brüche des Jahres 1939 sind in bezug auf Litauen, wie auch in bezug auf die baltischen Schwesternstaaten weniger vorhanden. Es gibt in den baltisch-sowjetischen Beziehungen unübersehbare Kontinuitäten. Seit Gründung der baltischen Staaten gab es anhaltende Versuche der Sowjetunion, in diese Staaten einzugreifen, in immer deutlicher werdender Weise seit 1936.

Bei Behandlung des Hitler-Stalin-Paktes und seiner Folgen, die hinsichtlich der baltischen Staaten und Polens komplizierte Fragen aufwerfen, bedarf es einer Skizzierung des historischen Hintergrundes. Dies gilt besonders für Litauen, da hier einerseits das Repräsentative der Expansionspolitik der Großmächte, aber auch der kleineren Mächte Mittel- und Osteuropas damaliger Zeit, deutlich wird, andererseits ein Sonderfall im Rahmen der baltischen Randstaaten vorliegt. Dies geht schon allein daraus hervor, daß der ge-

7 Meissner, Souveränität a.a.O., S. 195, 196.

samte Paktkomplex mit seinen beiden Verträgen vom 23. August und 28. September 1939 und den entsprechenden Zusatzverträgen und geheimen Protokollen in bezug auf Litauen große Unterschiede aufweist.

Punkt 1 des Geheimen Zusatzprotokolls des Nichtangriffsvertrages vom 23. August sprach Finnland, Estland und Lettland der russischen Interessensphäre zu, Litauen aber der deutschen. Bemerkenswert ist dabei der Zusatz: „Hierbei wird das Interesse Litauens am Wilnaer Gebiet beiderseits anerkannt."

Im Rahmen der Geschichte der gesamten baltischen Region ist bei Litauen gerade in unserem Jahrhundert wirksam, daß es sich auf Grund historischer Entwicklungen mit Polen und Deutschland intensiv um territoriale Fragen auseinandersetzte. Litauen war mit der Memelfrage und der Wilnafrage belastet. So empfanden es auch die baltischen Schwesternstaaten, besonders im Hinblick auf die von ihnen angestrebte gemeinsame Randstaatenpolitik, in die ja nicht nur Finnland, sondern auch Polen einbezogen war.

Im Jahre 1920, am Ende des Krieges zwischen der Sowjetunion und dem im November 1918 wiederentstandenen Polen, das 1795 mit der letzten polnischen Teilung seine staatliche Souveränität verloren hatte, war das Wilna-Gebiet in einem Staatsstreich von den Polen besetzt worden. Dies war zu einem Zeitpunkt geschehen, als die Polen, Historiker, Publizisten und Politiker, Ansprüche auf das nahezu gesamte Ostpreußen stellten, das kein deutsches Land und nur oberflächlich germanisiert sei – so etwa die Auffassung des Politikers Dmowski. Auf Grund des Vertrages von Versailles 1919 waren die preußischen Provinzen Posen und Westpreußen, erhebliche Teile Oberschlesiens sowie kleinere Teile Ostpreußens, weitgehend ohne Volksabstimmung, dem neu errichteten Polen überlassen worden. Danzig war zur Freien Stadt erklärt worden, Ostpreußen durch den geschaffenen „Korridor" vom deutschen Reich getrennt. Das dies alles wahrhaft Zeitgeschichte ist, zeigt die 1989 ausgebrochene Diskussion um den Besuch des Bundeskanzlers Helmut Kohl auf seiner Polenreise bezüglich des Annabergs. Von den Litauern holte Polen sich, wie erwähnt, 1920 durch Annexion das Wilnagebiet. Am 15. März 1923 wurde dieser Tatbestand von der Botschafterkonferenz in Paris bestätigt. Das Wilnagebiet wurde Polen zugesprochen, was freilich Litauen nicht anerkannte. Das polnisch-litauische Verhältnis war damit in der Zwischenkriegszeit völlig auf Eis gelegt.

Doch hatte sich andererseits Litauen bereits zu Beginn des Jahres 1923 das deutsche Memelgebiet, das von den Siegermächten gleichfalls ohne Abstimmung der Bevölkerung, vielmehr im Gegensatz zu dem erklärten Willen der memelländischen deutschen Bevölkerung alliierter Verwaltung unterstellt worden war, einverleibt. Dieses Gebiet war auf der Pariser Botschafterkonferenz 1924 Litauen zugesprochen worden. Insofern hatte Litauen neben dem Verlust des Wilnagebietes mit dem Memelland eine Gebietserweiterung erfahren. Von 1920 bis 1940 war Kaunas die erklärte provisorische Hauptstadt Litauens. Damit wurde von seiten Litauens deutlich der Anspruch aufrechterhalten, das Wilnagebiet von den Polen zurückzubekommen.

Im Gegensatz zu Lettland und Estland hatte sich in Litauen nicht erst in den 1930er Jahren, sondern bereits 1926 eine autoritäre Regierung etabliert. Man muß also feststellen, daß, wenn heute in den baltischen Sowjetrepubliken der Wunsch geäußert wird, zurück zur Demokratie zu gelangen, vor die Zeit der sowjetischen Annexion 1940, dieser Wunsch nicht ganz dem historischen Tatbestand entspricht. Expansiv dachten auch die kleinen Völker Mittel- und Osteuropas ebenso wie die großen. So wuchs ein gewisser Argwohn beim östlichen sowjetischen Nachbarn auch gegenüber Litauen und den anderen baltischen Randstaaten, wie gesagt Estland, Lettland, Litauen, Finnland und Polen damit einbeziehend.

Hinzu kam, daß in den seit 1919 abgehaltenen Randstaatenkonferenzen das Bemühen der baltischen Staaten „nach einer einheitlichen Front gegenüber Sowjetrußland" zu verzeichnen war. Das schuf aber auch in bezug auf die litauisch-polnischen Beziehungen Kompliziertheiten, die sich die Sowjets zunutze machen konnten und auch machten.[8] Nach dem Motto „divide et impera" nutzte die sowjetische Politik die nationalen und nationalistischen Vorstellungen und Gegensätzlichkeiten der mittel- und osteuropäischen Völker und versuchte davon ihrerseits zu profitieren.

Daher sind Unterschiede im Verhalten der Sowjetunion Litauen gegenüber im Vergleich zu den anderen baltischen Staaten begründet, die sich freilich seit 1936 in der alle baltischen Staaten gleichermaßen betreffenden sowjetischen Agression nicht unterschieden. Von seiten der Sowjetunion unterstellte man schließlich allen drei baltischen bzw. allen fünf Randstaaten eine gemeinsame aggressive Haltung gegenüber der Sowjetunion. Der sowjetische Parteipolitiker Ždanov machte nach baltischen Presseberichten auf dem 8. Sowjetkongreß im November 1936 die viel zitierte Äußerung: „Die Kleinstaaten sollten sich in acht nehmen, daß die Sowjetunion nicht das ihnen zugekehrte Fenster weit aufmache und mit Hilfe der Roten Armee nachschaue, was drüben los sei."[9]

Durch provozierte Grenzzwischenfälle mußte es den baltischen Staaten seit 1936 immer klarer werden, daß von Osten eine große Gefahr drohte. Andererseits war inzwischen in Deutschland der Nationalsozialismus etabliert, der ebenfalls seine Interessen in Mittel- und Osteuropa anmeldete, wie es Hitler bereits in seinen Schriften festgehalten hatte. Vor allem wurde auf eine Revision des Versailler Vertrages hingearbeitet, was nun für Litauen in der Memelfrage bedeutsam werden mußte. Die beiden neuen erstarkenden, diktatorischen Großmächte Sowjetunion und Deutschland gerieten mehr und mehr in Rivalität. Diese Rivalität gewährte für eine kurze Phase das politische Gleichgewicht im baltischen Raum. Das war die kurzfristige Sicherheit der baltischen Staaten.

Am 22. März 1939 wurde auf Grund eines Vertrages mit Litauen durch die deutsche Reichsregierung ein Ergebnis des Versailler Vertrages revidiert. Das Memelland kam an Deutschland wieder zurück und wurde wieder der ostpreußischen Provinz eingegliedert, womit die seit 1422 existierende östliche Grenze Ostpreußens wiederhergestellt wurde. Doch zugleich erhielt Litauen in der Stadt Memel eine Freihandelszone, die im Jahre 1940, nach der sowjetischen Inbesitznahme Litauens, zu einem Streitpunkt zwischen der Sowjetunion und Deutschland wurde. In voller Übereinkunft mit Deutschland zwang

8 Kalervo Hovi: Die Randstaatenkonferenzen 1919 bis 1927, S. 91–105. In: Reval und die baltischen Länder (wie Anm. 6).

9 Die Entwicklung in den baltischen Ländern seit 1939. In: Informationen zur politischen Bildung. Folge 93/ Mai-Juni 1961. Vgl. Handbuch zur Europäischen Geschichte. Bd. 7, S. 509. Georg von Rauch, Geschichte der baltischen Staaten, S. 179.

Polen Litauen gleichfalls im März 1939 zur Aufnahme diplomatischer Beziehungen, die darauf hinauslaufen sollten, daß Litauen seine Ansprüche auf das Wilnagebiet aufgeben sollte. Polen wollte auch hier an der Aufteilung partizipieren, wie es ja bereits bei der expansionistischen Maßnahme des Deutschen Reiches, 1938, der Einbeziehung der sogenannten Resttschechei, das ganze Teschener Gebiet für sich vereinnahmen konnte. Dieses kam 1945 an die Tschechoslowakei. In Litauen führte es noch 1939 zum Sturz der dortigen autoritären Regierung. Bevor sich freilich hier innenpolitisch etwas verändern konnte, überschlugen sich die Ereignisse, führten sie in eine ganz andere Richtung. Stalin hatte versucht, auch bei den Westmächten eine Garantie für seine expansionistischen Wünsche bezüglich der baltischen Länder zu erreichen, die ihm aber verweigert wurde. Wie erwähnt, schlug dann das Bekanntwerden des Vertrages vom 23. August 1939 zwischen Hitler und Stalin in der diplomatischen Welt wie eine Bombe ein.

Zunächst beschränkte sich, wie bereits dargelegt, die sowjetische „Interessensphäre" im ersten der vier Punkte des geheimen Zusatzprotokolls auf Finnland, Estland, Lettland und im zweiten Punkt des geheimen Zusatzabkommens auf halb Polen. Hitler bekam die andere Hälfte Polens und Litauen zugesprochen.

Nach dem am 1. September 1939 ausgebrochenen Zweiten Weltkrieg, nach einem Nichtangriffspakt mit den Japanern vom 15. September, der ihnen im Osten Ruhe bescherte, marschierte die Rote Armee am 17. September gleichfalls in Polen ein, um ihre mit Deutschland vereinbarte Interessensphäre zu besetzen. Auch das Wilnagebiet besetzte die Rote Armee – nach vorheriger Absprache mit Deutschland. Aus einem Notenwechsel zwischen Molotov und Schulenburg geht hervor, daß die Sowjetunion auf keinen Fall mit Litauen aneinandergeraten wollte.

Zu einer entscheidenden Wandlung für die litauischen Verhältnisse kam es dann im Grenz- und Freundschaftsvertrag vom 28. Septemer 1939. Das erste Geheime Protokoll galt der litauischen Frage. Da heißt es: „Das am 23. August 1939 unterzeichnete geheime Zusatzprotokoll wird in seiner Ziffer 1 dahin abgeändert, daß das Gebiet des litauischen Staates in die Interessensphäre der UdSSR fällt, weil andererseits die Woiwodschaft Lublin und Teile der Woiwodschaft Warschau in die Interessensphäre Deutschlands fallen (vgl. die Karte mit dem heute unterzeichneten Grenz- und Freundschaftsvertrages). Sobald die Regierung der UdSSR auf litauischem Gebiet zur Wahrnehmung ihrer Interessen besondere Maßnahmen trifft, wird zum Zwecke einer natürlichen und einfachen Grenzziehung die gegenwärtige deutsch-litauische Grenze dahin rektifiziert, daß das litauische Gebiet, das südwestlich der in der anliegenden Karte eingezeichneten Linie liegt, an Deutschland fällt." Das ist der sogenannte Suwalkizipfel, der schließlich bald auch noch durch Verhandlungen an die Sowjetunion gelangte. Im Geheimen Protokoll wird weiterhin festgestellt, daß die „in Geltung befindlichen wirtschaftlichen Abmachungen zwischen Deutschland und Litauen durch die vorstehend erwähnten Maßnahmen der Sowjetunion nicht beeinträchtigt werden solle."

Mit selbem Datum des deutsch-sowjetischen Freundschaftsvertrages vom 28. September 1939 wurde Estland in Moskau zum Abschluß eines Beistandspaktes mit der Sowjetunion gezwungen. Die Vertreter Estlands mußten militärische Stützpunkte und Flugplätze auf estländischem Hoheitsgebiet der Sowjetunion einräumen. Ähnlich lautende Beistandspakte wurden bald darauf, im Oktober 1939, zwischen der UdSSR und den anderen baltischen Staaten Litauen und Lettland abgeschlossen. Am 3. Oktober 1939 erklärte der sowjetische Kommissar des Äußeren, Molotov, dem deutschen Botschafter, Graf von der Schulenburg, wie dieser an das Auswärtige Amt berichtete, „daß Sowjetregierung im Rahmen einer freundschaftlichen Regelung der gegenseitigen Beziehungen (vermutlich ähnlich wie mit Estland) die Stadt Wilna und Umgebung an Litauen abtreten wolle, gleichzeitig würde Sowjetregierung Litauen zu verstehen geben, daß es den bekannten Teil seines Territoriums an Deutschland abtreten müsse." Damit war der Suwalkizipfel gemeint. Molotov schlug zugleich ein deutsch-litauisches und sowjetisch-litauisches Protokoll vor. Die Deutschen lehnten ab. Schulenburg schrieb: „Vorschlag Molotovs erscheint mir abträglich, da er uns in den Augen der Welt als Räuber litauischen Gebiets erscheinen lassen würde, während Sowjetregierung als Geschenkgeber auftritt." Der Protest nutzte aber nichts mehr, denn Molotov hatte bereits am gleichen Datum, dem 3. Oktober, einer litauischen Delegation in Moskau von der geplanten Abtretung berichtet.

Am 5. Oktober sprach der litauische Gesandte in Berlin, Skirpa, im Auswärtigen Amt beim Staatssekretär von Weizsäcker vor. Dieser betont Herrn Skirpa gegenüber freimütig, daß, wie er sich ausdrückte, „die Anmeldung unserer Bedürfnisse im Augenblick nicht aktuell" sei. Weizsäcker fügt im übrigen an, „bemerkenswert ist, daß Herr Skirpa die in unserem geheimen Protokoll mit den Russen vereinbarte Linie genau kannte und auf der uns beiden zufällig vorliegenden Karte Polens bezeichnete". Weizsäcker berichtet weiter: „Der Gesandte teilte dann weiter mit, die Russen erwarteten von Litauen einen Beistandspakt sowie die Unterbringung russischer Garnisonen unter gleichzeitiger prinzipieller Zusage des Anschlusses Wilnas mit Umgebung an Litauen."

Am 8. Oktober wurde von Molotov ein geheimer Brief mit zwei Artikeln dem deutschen Botschafter Schulenburg überreicht, die als Zusätze zum Geheimen Protokoll vom 28. September 1939 gedacht waren. Die zwei Artikel lauten:

„1. Das im Protokoll erwähnte und auf der dem Protokoll beigefügten Karte eingezeichnete Litauische Gebiet wird bei einer etwaigen Stationierung von Truppen der Roten Armee nicht besetzt werden.
2. Deutschland bleibt es überlassen, den Zeitpunkt der Durchführung der Vereinbarung über die Abtretung des oben erwähnten Litauischen Gebiets an Deutschland zu benennen."

Am 10. Oktober 1939 wurde dann der den anderen baltischen Staaten entsprechende Beistandspakt zwischen Litauen und der Sowjetunion geschlossen. Explizit wurde im Beistandspakt die Souveränität auch Litauens garantiert.

Litauen wurde zugleich mit diesem Datum das Wilnagebiet offiziell zugesprochen. Manfred Hellmann sagt dazu: „Es wurden sofort behördliche Maßnahmen über die Eingliederung des neuen Gebietes, über die Staatsangehörigkeit seiner Bewohner, über das Schulwesen, die Presse, die Umwandlung der polnischen Universität in einen Teil der litauischen... Kauener Universität getroffen."[10]

10 Manfred Hellmann, Grundzüge der Geschichte Litauens und des Litauischen Volkes. Darmstadt 1976, S. 169.

Mit dem erfolgten Beistandspakt zwischen der Sowjetunion und Litauen am 10. Oktober 1939 mußte auch der Bevölkerung klar sein, was die Stunde geschlagen hatte. Immerhin hatte aber Litauen das Wilnagebiet wiedererhalten, ein Umstand, der die Stimmungslage beeinflußt haben wird. Jedenfalls wurde Widerstand gegen die sowjetischen Maßnahmen, die sich aus dem Beistandspakt ergaben, nicht geleistet. Im Gegenteil: man fügte sich dem politischen Druck. Man erhoffte sich dadurch, die innere Autonomie zu wahren. Nach den äußeren Bekundungen der Sowjetunion gab es dazu damals auch Hoffnungen, denn die Sowjetunion hatte sich vertraglich verpflichtet, die Souveränität der Vertragspartner, wie bereits 1920, vorbehaltlos anzuerkennen. Wie bereits nach 1920, sollte sich jedoch erweisen, daß im Bemühen, die baltischen Staaten zu kassieren, die Vertragsbekundungen bloß nichtssagendes taktisches, unverbindliches Gerede waren. Man versprach seitens der Sowjetunion, sich nicht in die inneren Angelegenheiten Litauens einzumischen. Noch im Oktober 1939, unmittelbar nach dem Vertrag, besetzten Einheiten der Roten Armee die ihnen zugesicherten Stützpunkte in Litauen. Man versuchte und bemühte sich, wie in allen baltischen Staaten, auch in Litauen den auferlegten Verpflichtungen gerecht zu werden.

Da sich die baltischen Staaten im Winterkrieg zwischen dem sich zur Wehr setzenden Finnland und der Sowjetunion neutral verhalten hatten, erklärte Molotov am 29. März 1940 in einer Rede vor dem Obersten Sowjet der UdSSR, daß die zufriedenstellende Ausführung der Verträge mit Estland, Lettland und Litauen Voraussetzung für eine weitergehende Verbesserung der Beziehungen zwischen der Sowjetunion und den baltischen Staaten geschaffen habe. Was damit gemeint war, sollte sich nur allzubald erweisen.

Die baltischen Staaten schlossen sich nach ihrer politischen Isolierung vom westlichen Europa, nach den Beistandsverträgen von 1939, noch enger zusammen. Die wirtschaftlichen und kulturellen Beziehungen sollten ausgebaut und vertieft werden. Im März 1940 fand in Riga die XI. baltische Außenministerkonferenz statt, auf der weitere und lockere Zusammenschlüsse erwähnt wurden. Als im Juni 1940 in Reval die IV. baltischen Kulturtage stattfanden, zu denen auch litauische und lettische Abordnungen gereist waren, wurde ein sowjetisches Ultimatum bekannt, das die Sowjetunion an Litauen gerichtet hatte.

Am 14. Juni 1940 hatte Molotov dem in Moskau anwesenden litauischen Außenminister Urbšys eine Note überreicht. Er verlangte darin die sofortige Bildung einer neuen Regierung, die sowjetfreundlich sein müsse, und das Einverständnis für einen sofortigen Einmarsch sowjetischer Truppen. Die litauische Regierung habe in wenigen Stunden ihre Entscheidung zu treffen. Dieser blieb nichts anderes übrig, als sich zu fügen. Der bisherige Staatspräsident Smetona verließ noch am selben Tag Litauen. Am 15. Juni 1940 überschritt er die deutsch-litauische Grenze und reiste von Deutschland über die Schweiz in die USA.

Sowjetische Truppen marschierten mit gleichem Datum in Litauen ein. Bereits am 16. Juni 1940 wurde eine gleichlautende Note Estland und Lettland überreicht, die ebenfalls sowjetfreundliche Regierungen und den Einmarsch sowjetischer Truppen zuzubilligen hätten. Als Grund wurde nicht zuletzt das Einheitsbestreben der drei baltischen Staaten angegeben und ihnen eine militärische Absicht gegen die Sowjetunion unterstellt. Die litauischen, lettischen und estnischen Regierungen wurden ausgetauscht. Moskauer Parteifunktionäre gelangten nun in die drei baltischen Staaten. Diese Funktionäre sollten im Auftrage Moskaus die Bildung neuer Regierungen überwachen. In Litauen wurde ihr Kandidat der Dichter Paleckis. Er wurde zum Ministerpräsidenten ernannt. Es handelte sich bei Paleckis um einen linksgerichteten Intellektuellen, der keinerlei politische Erfahrung besaß. Paleckis war nur eine Marionette Moskaus. Auch die neue Regierung erklärte, daß gemäß dem vorhandenen Beistandspakt mit der Sowjetunion die Unabhängigkeit Litauens garantiert sei. Es wurde behauptet, verfassungswidrige Reformen würden nicht erfolgen und niemand denke an die Errichtung eines Sowjetregimes.

Am 13. Juli trat Molotov an Schulenburg heran und bat um die Beibehaltung des Deutschland zugesicherten litauischen Grenzstreifens, des Suwalkizipfels. Molotov schrieb, daß es unter den gegenwärtigen Umständen für die Sowjetunion außerordentlich unbequem und schwierig sei: „daher bäten Stalin und er selbst inständig die deutsche Reichsregierung zu prüfen, ob nicht ensprechend den außerordentlich freundschaftlichen Beziehungen zwischen Deutschland und der Sowjetunion ein Weg gefunden werden könne, der diesen Gebietsstreifen dauernd bei Litauen belasse." Nach Schulenburg fügte Molotov hinzu, „daß wir selbstverständlich die deutschstämmige Bevölkerung aus Litauen einschließlich dieses Gebietsstreifens jederzeit aussiedeln könnten." Inzwischen gingen die Dinge in Litauen ihren Lauf. Am 14. und 15. Juli 1940 fanden diktierte Neuwahlen in Litauen statt. Alle Parteien, außer der kommunistischen, waren ausgeschaltet. Diese Wahlen kamen nur mit Hilfe von Rechts- und Verfassungsbrüchen zustande. Eine Nichtwahlbeteiligung wurde mit strengster Strafe belegt. Im Programm des „Blocks des werktätigen Volkes", so nannte sich die kommunistische Wählerorganisation, wurde die Unantastbarkeit der Person und des Eigentums noch zugesichert. Sowjetische Truppen kontrollierten die Wahllokale. Für die kommunistische Einheitsliste stimmten in Litauen 99,2 %.[11]

Damit hatte die Sowjetunion eindeutig den Beistandspakt vom 10. Oktober 1939 gebrochen, darüber hinaus gängiges Völkerrecht. Am 3. Juli 1940 ließ die deutsche Reichsregierung in Moskau anfragen, was man für die Überlassung des litauischen Gebietes als Gegenleistung anbiete.

Währenddessen trat am 21. Juli in Litauen das neugewählte, nur noch aus Kommunisten und Mitläufern bestehende Parlament zusammen. Es war ein reines Sprachrohr Moskaus geworden. Ebenso wie die Regierungen der anderen baltischen Staaten suchte auch Litauen um Aufnahme in die Sowjetunion nach. Die drei Freistaaten Estland, Lettland und Litauen wurden in die sozialistischen Sowjetrepubliken einbezogen. In Gegenwart Stalins wurde unter „stürmischem Beifall" aller Abgeordneten des Obersten Sowjets am 3. August 1940 Litauen als 14. Teilrepublik der Sowjetunion durch einstimmig angenommene Gesetze einverleibt, wie entsprechend auch die beiden anderen baltischen Staaten.

Am 13. August erfolgte seitens der Sowjetunion das Angebot an Deutschland, für 3,86 Millionen Golddollar das Suwalkigebiet zu erwerben. Nach Verdopplung der Summe ging Deutschland auf diesen Handel ein. Rauch führt hierzu folgendes an: „Litauen wur-

---

11 Rauch, Geschichte der baltischen Staaten, S. 188.

den schon gleich mit der Eingliederung neben dem schon früher zugesprochenen Wilnangebiet auch einige Kreise mit vorwiegend litauischer Bevölkerung in den Grenzen der weißrussischen Sowjetrepublik übertragen."[12] Der Verzicht auf das litauische Gebiet war für den genannten Preis in einem „Geheimen Protokoll" vereinbart worden, das am 10. Januar 1941 von Molotov und Schulenburg in Moskau unterzeichnet wurde.

Nach der Eingliederung der baltischen Staaten in die Sowjetunion, wurden weitere Deklarationen bekannt, die dann die Nationalisierung, d. h. die Verstaatlichung des gesamten Grund und Bodens betrafen sowie die der Bank- und aller größerer Handels-, Industrie- und Transportunternehmen. Es erfolgten nun auch zahlreiche Verschleppungen. In den Jahren von 1940 bis 1941 sind ungefähr 40.000 Litauer nach Innerrußland verschleppt worden. Entsprechende, zum Teil höhere Zahlen liegen für die anderen beiden baltischen Staaten vor.

Der Staatssekretär von Weizsäcker berichtet von einem Besuch des litauischen Gesandten Skirpa am 22. Juli 1940 in Berlin. In einem zwei Seiten umfassenden offiziellen Schreiben vom 21. Juli 1940 an Ribbentrop, das vom Auswärtigen Amt nicht angenommen wurde, rekapituliert Skirpa die unrechtmäßigen und gewaltsamen Ereignisse in seinem Heimatland unmittelbar nach den Scheinwahlen. In drei Punkten faßt er zusammen:

„Alle diese Maßnahmen der Regierung der Union der Sozialistischen Sowjetrepubliken stellen die flagranteste Verletzung aller zwischen der Republik Litauen und der Union der Sozialistischen Sowjetrepubliken von Rußland unterzeichneten Verträge dar, insbesondere aber:
1. des Friedensvertrages vom 12. Juli 1920, durch den die Union der Sozialistischen Sowjetrepubliken, als Nachfolgerin des früheren russischen Zarenreiches, die Selbständigkeit und Unabhängigkeit Litauens ohne irgendwelchen Vorbehalt anerkannt hat und auf alle Souveränitätsrechte, die Rußland früher über Litauen besaß, für ewige Zeiten verzichtet hat (s. Art. 1);
2. des Nichtangriffspaktes vom 22. September 1926 und seiner Verlängerungen vom 6. Mai 1931 und vom 4. April 1934. In diesem Vertrage verpflichtet sich die Union der Sozialistischen Sowjetrepubliken, die Souveränität Litauens sowie seine territoriale Integrität und Unantastbarkeit unter allen Umständen zu respektieren (s. Art. 2), und jeglicher Gewaltanwendung sich zu enhalten (s. Art. 3);
3. des Beistandsvertrages vom 10. Oktober 1939, in dem die Regierung der Union der Sozialistischen Sowjetrepubliken Litauen gegenüber nochmals eine feierliche Zusicherung gab, die Souveränität des Litauischen Staates sowie auch seine innere Ordnung in keinerlei Weise anzutasten."

Am 25. August 1940 erfolgte in Litauen die Einführung einer neuen Verfassung nach dem Muster der anderen Unionsrepubliken. In seiner Geschichte der baltischen Staaten stellt Georg von Rauch fest: „Der internationale Rechtsstandpunkt kann nicht anders definiert werden, als daß die baltischen Staaten im Rechtssinne als fortbestehend und nur als zeitweilig besetzt anzusehen sind."[13]

12 Rauch, Geschichte der baltischen Staaten, S. 189.
13 Rauch, Geschichte der baltischen Staaten, S. 195.

Die unmittelbaren Folgen des Hitler-Stalin-Paktes, hier am Beispiel Litauens dargestellt, gleichsam für die anderen baltischen Staaten geltend, gleichsam für Polen und für die moldauischen Gebiete, zeigen wohl deutlich, wie kompliziert die Situation ist, wie kompliziert auch die politische Verstrickung der kleinen Völker gewesen war und ist. Wenn heute eine Revision des Hitler-Stalin-Paktes gefordert wird und zum Teil bereits erfolgt ist, gar der Verbleib der baltischen Sowjetrepubliken innerhalb der UdSSR 1991 nicht nur allein mehr in Frage gestellt wurde, sondern die Souveränität der baltischen Republiken erklärt wurde, so mag mit der hier skizzierten Darstellung deutlich geworden sein, welche Probleme auch weiterhin aufgeworfen werden können.

Romedio Graf von Thun-Hohenstein

Die militärstrategische Lage Polens im Jahre 1939

Lagen bis etwa 1935 den polnischen militärischen Plänen gegenüber Deutschland Präventivkriegsabsichten gemeinsam mit Frankreich zugrunde, so wurde vor dem Hintergrund der deutschen Aufrüstung ab 1935 eine mehr defensive Lösung angestrebt. General Edward Rydz-Śmigły, Pilsudskis Nachfolger als „Generalinspekteur der Streitkräfte", hielt im Gegensatz zu seinem Vorgänger, der die Sowjetunion als Hauptgegner betrachtete, Deutschland unter Hitler für einen ebenso gefährlichen Gegner. Rydz-Śmigły ließ die polnischen Kriegsplanungen für beide Fälle „R" (Rosja) und „N" (Niemcy) bearbeiten. Der neue Mobilmachungsplan „W" konzentrierte sich auf den Aufmarsch gegen Westen, während gleichzeitig die militärische Zusammenarbeit mit Frankreich aktiviert werden sollte.[1]

1935 hatte sich die militärpolitische Lage Polens durch die beginnende deutsche Aufrüstung bereits grundlegend geändert, da Polen über den Friedensstand von 300.000 Mann nicht hinausgehen konnte. Bis 1935 hatte außerdem die Rote Armee bereits einen Umfang von 1,3 Millionen Mann erreicht, der bis 1939 auf ca. 2 Millionen Mann wuchs und sich damit seit 1928 (617.000) mehr als verdreifacht hatte."[2]

Durch die Schaffung eines „Zentralen Industriebezirks" zwischen San und oberer und mittlerer Weichsel versuchte Polen zwar eine Kriegsindustrie aufzubauen, doch war 1936 bereits klar, daß Polen nur mit französischer Unterstützung einen Krieg gegen Deutschland oder die Sowjetunion bestehen konnte. Da andererseits die eher langsame und methodische Art der französischen Strategie eine Großoffensive Frankreichs unmittelbar nach Kriegsbeginn ausschloß, hatte Polen im Falle eines deutschen Angriffs zunächst die Hauptlast der Kämpfe zu tragen.

Grundsätzlich ging man davon aus, daß sich Deutschland angesichts der Maginot-Linie zunächst in einem Überraschungsangriff gegen Polen wenden würde. Eine rasche Mobilmachung sollte den Überraschungseffekt so weit als möglich verringern. Eine klare Gesamtverteidigungskonzeption war allerdings nicht erkennbar.

Die 1936 vom Generalstab eingereichte Studie „Niemcy" ging zunächst von einer defensiven Kriegführung gegen Deutschland aus, die dann mit französischer Unterstützung

1 Zu den militärischen Planungen Polens siehe vor allem Rolf Eible: Die Schlacht an der Bzura 1939. Einzelschriften zur militärischen Geschichte des Zweiten Weltkrieges Bd. 15. Hrsg. vom Militärgeschichtlichen Forschungsamt. Freiburg 1975, S. 41–52; sowie die älteren Arbeiten von Hans Roos: Die militärpolitische Planung Polens gegenüber Deutschland vor 1939. In: Wehrwissenschaftliche Rundschau. H. 4 (1957), S. 181–202 und M. Kukiel: Das polnische Heer im Septemberfeldzug. Allgemeine Schweizerische Militärzeitschrift 3/1956, S. 183–191 u. 4/1956, S. 291–299. Die wichtigsten polnischen Quellen finden sich bei Eible, S. 18–22, Anm. 21–35. Erwähnt sei hier auch das Werk von Stanislaw Feret: Polish Military Doctrine 1918–1939. WMON. Warschau 1972.

2 A.A. Gretschko (Red.): Geschichte des Zweiten Weltkrieges 1939–1945 in zwölf Bänden. Bd. 2, Berlin (Ost) 1975, S. 244.

zur Gegenoffensive führen sollte. Bedingungen dafür waren allerdings das Bestehen des französisch-polnischen Bündnisses, die wohlwollende Neutralität der CSR, während die UdSSR und Litauen nicht als Gegner auftreten durften. Damit war eine defensive Lösung vorgegeben, die allerdings im weiteren Verlauf in eine Gegenoffensive übergehen sollte. Die operative Aufgabe für die polnische Armee bestand in der Verteidigung der Weichsel im Raum Bromberg und der kujawischen Seenplatte in Verbindung mit einem Präventivangriff auf Ostpreußen. Ein provisorischer Operationsplan sah zunächst eine zentrale Heeresgruppe mit starken Kräften im Raum Thorn-Bromberg-Posen-Kutno vor, bestehend aus zwei vorgeschobenen Armeen „Posen" und Pommerellen", einer Reservearmee und zwei Flügelarmeen im Gebiet nördlich Warschau und südwestlich Lodz. Die Mittelgruppe sollte den erwarteten deutschen Angriff aus Hinterpommern und den südwestlichen Ostpreußen abwehren, einen direkten Stoß von Ostpreußen auf Warschau in der Flanke angreifen.- Während die rechte Flügelarmee auf der Linie Narew-Biebrza halten und einen deutschen Stoß auf Thorn-Włocławek im Zusammenwirken mit der Armee „Pommerellen" in der Flanke angreifen sollte, war die Aufgabe des südlichen Flügels eine rein defensive.

Dem französischen Generalstabschef General Gamelin wurde dieser Operationsplan während seines Warschauer Besuchs vom 12. bis 16. August 1936 vorgelegt und fand seine Billigung, Gamelin warnte aber davor, die Hauptkräfte zu weit nach Westen vorzuschieben. Zu konkreten operativen Vereinbarungen zwischen beiden Generalstäben kam es jedoch nicht, denn Gamelin weigerte sich, dazu verbindliche Abmachungen zu treffen.

Am 1. Mai 1938 trat der neue Mobilmachungsplan „W" in Kraft, dessen Fertigstellung forciert worden war, nachdem der „Anschluß" Österreichs eine deutsche Bedrohung früher als ursprünglich angenommen entstehen ließ. So ging der Direktor der Kriegsakademie, General Kutrzeba, im Januar 1938 in einem Memorandum für Rydz-Śmigły von einer Kriegsgefahr durch Deutschland bereits für das Jahr 1939 aus. Kutrzeba ging bereits für 1939 von einer doppelten Überlegenheit Deutschlands aus, während er andererseits fühlbare militärische Hilfe von den Westmächten in Frage stellte. Französische Entlastungsangriffe würden sich frühestens erst nach sechs bis acht Wochen auswirken. Kutrzeba hielt daher eine Verteidigung des strategischen Rumpfgebietes, in dem sich die für die Kriegführung entscheidenden Mittel befanden, für lebenswichtig. Kutrzebas Memorandum sollte allerdings auf den im Herbst 1939 gültigen Operationsplan keinen Einfluß haben.

Im Sommer 1938 erhielt die III. Abteilung des polnischen Generalstabs/Referat „West" den Auftrag, die operativen Möglichkeiten Deutschlands erneut zu prüfen und Grundlagen für den endgültigen polnischen Operationsplan zu schaffen. Die Münchener Konferenz im September 1938 veränderte jedoch die bis dahin gültige militärpolitische Lage von Grund auf und forderte von Polen völlig neue Planungen. Die in München vertraglich besiegelte Angliederung des Sudetenlandes hatte strategisch zur Folge, daß Schlesien nun als Operationsbasis genutzt werden konnte und damit der Schwerpunkt eines deutschen Angriffs von Norden nach Süden rückte.

Eine Konzentration auf den potentiellen Gegner Deutschland war jedoch noch nicht erkennbar, da die rasch wachsende sowjetische Militärmacht den polnischen Streitkräften bereits haushoch überlegen war. Im Gegensatz zu den 20er Jahren betrachtete man auf sowjetischer Seite die polnische Armee nicht mehr als große Gefahr. Besonders kraß war die Unterlegenheit der polnischen Luftwaffe, die eine Gesamtbombenladung von lediglich ca. 70 Tonnen bei einem konzentrierten Einsatz aller Bomber ins Ziel bringen konnte. Demgegenüber bestand Anfang 1939 die sowjetische Luftwaffe aus 3 Armeen, 38 Brigaden, 115 Regimentern mit ca. 6.000 Flugzeugen.[3] Der Aufbau einer schlagkräftigen polnischen Luftwaffe hingegen wurde nicht zuletzt durch die Unfähigkeit des Inspekteurs der Luftstreitkräfte, General Zajac, behindert. Als Infanterieoffizier ohne jedes Verständnis für die Luftkriegführung hielt Zajac die Schaffung einer modernen Bomberwaffe für völlig überflüssig, obgleich Polen mit dem mittleren Bomber P.37 „Los" einen modernen, schlagkräftigen mittleren Bomber besaß, dessen Leistungen etwa dem deutschen Standardbomber Heinkel He-111 entsprachen.[4]

Das polnische Heer litt insbesondere unter der völlig unzureichenden Motorisierung. Der geringe Motorisierungsgrad des Heeres entsprach etwa einem Drittel des Motorisierungsgrads einer französischen Division, die etwa von sowjetischen Militärfachleuten keineswegs als erstrebenswertes Modell betrachtet wurde.[5] So war die polnische Kavallerie in sowjetischen Augen eher ein Ersatz für nicht vorhandene Motorisierung denn eine Ergänzung. Im Gegensatz zur polnischen Kavallerie wurden sowjetische Kavallerieeinheiten durch motorisierte Truppen verstärkt und übten gemeinsam mit Panzern, Artillerie und taktischer Luftunterstützung.[6]

Im März 1939 war der Operationsplan „Ost" nahezu fertig, doch wurde nunmehr wegen der Verschärfung der außenpolitischen Lage der Plan „West" bearbeitet, der bis dahin lediglich in groben Zügen bestand. Die nunmehr erfolgende Bearbeitung krankte jedoch von Anfang an daran, daß General Kutrzeba die jeweiligen Armeebefehlshaber die sie betreffenden Aufgaben unter strengster Geheimhaltung vorbereiten ließ. Den Divisionskommandeuren waren diese Pläne nicht bekannt und auch die Armeebefehlshaber kannten nur die Pläne für ihre eigenen Frontabschnitte. Keinem der Kommandeure war der

3 ebd., S. 246.

4 Vom Januar 1938 bis September 1939 erhielt die polnische Luftwaffe (Lotnictwo Wojskowe) aus eigener Industrieproduktion lediglich 190 Flugzeuge, von denen nur 125 für Kampfaufgaben eingesetzt werden konnten. Gleichzeitig wurden jedoch 147 Flugzeuge exportiert. Ein Hinweis für die geringe Priorität der Luftwaffe im Rahmen der Beschaffungsprogramme bietet die Produktionskapazität des P.Z.L. Flugzeugwerkes Nr. 1 in Warschau-Okecie, das pro Jahr entweder 100 zweimotorige Bomber oder 300 einmotorige Jäger herstellen konnte. Jerzy B. Cynk: The Truth About the Operational Doctrine of the Polish Air Force. Aerospace Historian V. 25 (1978), No. 3, S. 178/179.

5 John Erickson: Threat Identification and Strategic Appraisal by the Soviet Union, 1930–1941. In: Knowing One's Enemies. Intelligence Assessment Before the two World Wars. Edited by Ernest R .May. Princeton 1984, S. 375–424, hier S. 399/400.

6 1939 verfügte die Rote Armee über 26 Kavalleriedivisionen, die in 5 Kavalleriekorps zusammengefaßt waren. Erickson, wie Anm. 5, S. 400. Andererseits gelang der zur Armee „Lodz" gehörenden polnischen Wolhynischen Kavalleriebrigade am 1. und 2. September 1939 bei Mokra gegen Teile der dort angreifenden 4. Panzerdivision ein bemerkenswerter Abwehrerfolg. Dazu Teven J. Zaloga: Polish Cavalry against the Panzers. In: Armor V. 93 (1984), No. 1, S. 26–29.

Gesamtplan bekannt, was sich noch verhängnisvoll auswirken sollte. Jeder Befehlshaber kannte nur seine unmittelbaren Aufgaben in der ersten Phase des Krieges. Diese Methode war von Pilsudski während des konspirativen Kampfes gegen Rußland vor und im Ersten Weltkrieg entworfen worden, sollte sich aber im September 1939 als verhängnisvoll erweisen.

Der deutsche Einmarsch am 14./15. März 1939 in Prag veränderte die strategische Lage Polens erneut. Die Eingliederung des Memellandes am 22. März 1939 verbesserte außerdem die deutsche Position in Ostpreußen, entscheidender war aber der Protektoratsvertrag über die Slowakei vom 23. März, der zeitlich mit der britischen Garantieerklärung zusammenfiel. Nunmehr konnte ein deutscher Aufmarsch auch von Süden her die gesamte Karpatenfront bedrohen. Eine riesige deutsche Zangenoperation wurde damit immer wahrscheinlicher.

Am 23. März wurde den Armeebefehlshabern der festgelegte Rahmen für den Kräfteaufmarsch und die Aufträge für die Armeen und Reserveverbände ausgehändigt. Allerdings ist vom polnischen Gesamtplan vom März 1939 kein Teil mit den Direktiven des Generalinspekteurs erhalten geblieben. Lediglich aus einem Dokument vom Mai 1939, das als Grundlage für die polnisch-französischen Militärverhandlungen diente, gehen die Überlegungen des Generalinspekteurs hervor.[7]

Die polnische Führung rechnete mit einem deutschen Aufmarsch bestehend aus vier Armeen und einer Reservearmee mit ca. 80 Divisionen. Demgegenüber standen nach dem Plan „W“ nach vollständiger Mobilisierung 30 Infanteriedivisionen, 7 Reserve-Infanteriedivisionen, 11 Kavalleriebrigaden und 1 Panzerbrigade gegenüber.

Die stärkste deutsche Gruppierung erwartete man aus dem Raum Breslau-Oppeln mit ca. 25 Divisionen in Richtung Lodz-Warschau, eine weitere Armee mit etwa 20 Divisionen aus Oberschlesien mit Angriffsrichtung auf Krakau-Mittelgalizien; eine etwa gleich starke Armee aus Hinterpommern in Richtung auf Bromberg-Kutno-Warschau und eine schwächere Armee mit etwa 10 Divisionen aus Ostpreußen in Richtung Modlin-Warschau. In der Slowakei rechnete man mit einer Reserve von 10–15 Divisionen. Diese Annahme traf zwar in etwa zu, setzte allerdings den deutschen Schwerpunkt über die mährische Pforte und die slowakischen Beskiden zu gering an. Dementsprechend blieb die Südfront gegenüber den Westkarpaten viel zu schwach. Dies wurde zwar später etwas korrigiert, doch waren die dort dislozierten Kräfte für ihre Verteidigungsaufgabe keineswegs ausreichend, zumal die Armee „Krakau“ als Drehpunkt zu fungieren hatte und bei einem Rückzug der nördlichen Kräfte auf die Weichsel ihren Abschnitt unbedingt halten mußte.

Das Kernproblem für die polnischen Planer bestand allerdings darin, daß ein frühzeitiger Rückzug auf eine vorbereitete Verteidigungslinie hinter die Weichsel, die einzige Lösung, die einigermaßen Aussicht auf Erfolg geboten hätte, aus grundsätzlichen Erwägungen heraus nicht in Frage kam. Die Preisgabe des kriegswirtschaftlich wichtigsten Teils Polens

---

7 vgl. hierzu Jan Karski: The Great Powers and Poland 1919–1945. Lanham – New York 1985, S. 329–333; sowie General Maurice Gustave Gamelin: Servir. 3 Bde, Paris 1946–1947. Hier Bd. II, S. 414–416.

hätte darüber hinaus wohl nur einen Sinn gehabt, wenn gleichzeitig ein Angriff der Franzosen und Briten im Westen erfolgt wäre und die Sowjetunion zumindest wohlwollende Neutralität bewahrt hätte. Insofern stand Polen in der militärstrategisch ungünstigsten Lage, da der am stärksten bedrohte Teil des Landes zugleich seine Mobilmachungs-, Militär- und Kriegswirtschaftsbasis darstellte.

Unter diesen Umständen entschloß sich der polnische Generalstab zu einem Defensivaufmarsch entlang der Linie Augustow-Biebrza-Narew-Bug-Weichsel-Warthe-Widawka-Tschenstochau-Ausschwitz-Bielitz-Saybusch-Neusandec. Die Kampfhandlungen sollten sich in folgende Phasen unterteilen:

1) Verzögerung und Aufhalten des deutschen Vormarsches durch Gegenstöße der Reserven entlang der HKL.
2) Zurückgehen hinter die Weichsel.
3) Rückzug in die Südostgebiete Polens.

Oberstes Ziel war Zeitgewinn bis die erwartete französische Offensive im Westen Deutschland zum Kräfteabzug aus Polen zwingen würde. Ziel des polnischen Defensivplanes war es, die Zerschlagung der polnischen Verbände vor Beginn der alliierten Operationen zu verhindern. Es wurde damit gerechnet, Teile polnischen Gebietes aufgeben zu müssen, die dann allerdings nach Beginn der alliierten Operationen zurückgewonnen werden sollten. Damit ging der polnische Defensivplan bereits im Grundsatz von einer völlig falschen Voraussetzung aus. Entgegen polnischen Annahmen waren die Westmächte nämlich keineswegs bereit, Polen aktive Unterstützung zu gewähren. Da die Mobilmachung sich hauptsächlich in Westpolen abspielen würde, entschloß man sich, eine Abwehrschlacht westlich der Weichsel zu schlagen.

Der polnische Aufmarsch sah folgendermaßen aus:

Nordgruppe: 6 Div, 4 Brig	1) Armee „Modlin“ (Brückenkopf) mit 2 InfDiv und 2 KavBrig 2) Gruppe „Narew“ mit 2 InfDiv und 2 KavBrig 3) Reserve „Wyszkow“ mit 2 InfDiv
Mittelgruppe: 12 Div, 3 Brig	1) Armee „Posen“ mit 4 InfDiv und 2 KavBrig 2) Armee „Pommerellen“ mit 5 InfDiv und 1 KavBrig 3) Reserve „Kutno“ mit 3 InfDiv
Südgruppe: 19 Div, 5 Brig	1) Armee „Krakau“ mit 7 InfDiv und 1 KavBrig 2) Armee „Lodz“ mit 5 InfDiv und 2 KavBrig 3) Hauptreserve, später Armee „Preußen“ 7 InfDiv, 1 KavBrig und 1 PzBrig

Die Nordgruppe sollte die Linie Biebrza-Narew-Bug-Weichsel gegen die deutschen Kräfte in Ostpreußen halten und einen Stoß auf Modlin-Warschau in der Flanke angreifen. Die Mittelgruppe sollte die linke Flanke decken und mit der Armee „Posen“ die deutsche Offensive aus Hinterpommern abfangen. Das größte Problem stellte die Südgruppe dar, die mit den Armeen „Preußen“ und „Lodz“ den deutschen Stoß aus Mittelschlesien auffangen sollte, während die Armee „Krakau“ unter allen Umständen Westgalizien halten mußte, das als Dreh- und Angelpunkt bei einem Zurückgehen der nördlichen Armeen vorgesehen war. Die Einzelheiten dieses Planes wurden von den Armeeinspektoren nach ihrer Unterrichtung für die jeweiligen Abschnitte ausgearbeitet.

Am 28. April, Hitler kündigte am gleichen Tage den deutsch-polnischen Nichtangriffspakt von 1934, begannen polnisch-französische Verhandlungen auf der Grundlage der Formel von 1921. Diese sah militärische Hilfeleistung „immediatement et directement“ vor. Verhandlungen beider Generalstäbe begannen am 12. Mai in Paris. [8] Für die polnische Seite nahmen der Kriegsminister, General Tadeusz Kasprzycki, Oberst Jaklicz vom Generalstab der Streitkräfte und Oberst Karpinski vom Luftwaffengeneralstab teil. Für Frankreich verhandelten General Gamelin als designierter Oberkommandierender, der Heeresoberbefehlshaber General Georges, der Chef des Stabes der Luftwaffe, General Vuillemin und der Admiralstabschef Vizeadmiral Darlan. Die Verhandlungen standen von Anfang an unter ungünstigen Vorzeichen, da die Franzosen eine sofortige Großoffensive an der deutschen Westfront im Falle eines deutschen Angriffs auf Polen ablehnten und konkrete Absprachen erst nach dem Abschluß eines französisch-sowjetischen Militärbündnisses und der Etablierung polnisch-sowjetischer Zusammenarbeit treffen wollten. Hinzu kam, daß die Franzosen der Ansicht waren, Polen könne einem deutschen Angriff nicht standhalten und daß effektive Hilfe nur durch Beteiligung der Sowjetunion gewährleistet werden könne.

Nach viertägigen Verhandlungen unterzeichnete Gamelin am 19. Mai ein Protokoll über die militärische Zusammenarbeit. Darin verpflichtete sich Frankreich zu folgenden Maßnahmen:

1) Im Falle eines deutschen Angriffs auf Polen oder der Bedrohung polnischer Interessen in Danzig durch Deutschland würde die französische Luftwaffe Operationen in Übereinstimmung mit bestehenden Plänen beginnen;
2) Das Heer würde am 3. Tag nach der Mobilisierung eine Offensive mit begrenzten Zielen beginnen;
3) Falls der deutsche Hauptstoß mit der Masse der Kräfte Polen träfe, würde Frankreich am 15. Tag nach Beginn der Allgemeinen Mobilmachung eine Offensive „avec les gros de ses forces“ beginnen;
4) Polen würde zunächst nur defensiv operieren;
5) Falls der deutsche Hauptstoß Frankreich träfe, sollte Polen so viele deutsche Divisionen wie möglich binden.[9]

Zusätzlich wurde am 27. Mai noch ein Abkommen über französische Luftunterstützung unterzeichnet, nach dem die französische Luftwaffe unmittelbar nach Beginn der Feindseligkeiten mit Operationen gegen Deutschland beginnen sollte. Drei Bomberstaffeln

8 Zu den polnisch-französischen Verhandlungen siehe Karski, wie Anm. 7, S. 327–335 und Gamelin, Bd. II, S. 414–423.

9 Der Text des Abkommens ist abgedruckt bei Waclaw Jedrezewicz (Ed.): Poland in the British Parliament 1939–1945. Documentary Material Relating to the Cause of Poland during World War II. 3 Bde., New York 1946–1962. Hier Bd. I, S. 256–257.

sollten außerdem nach Polen verlegt werden und ein spezieller Stab unter dem Befehl von General Armengaud sollte die gemeinsamen Operationen koordinieren.

Diese militärischen Vereinbarungen blieben jedoch wertlos, solange sie nicht durch ein politisches Abkommen ergänzt wurden. Frankreich wollte derart weitreichende Verpflichtungen nur eingehen, wenn dies gleichermaßen auch für Großbritannien galt. Probleme gab es wegen Danzig, da Polen die Einnahme Danzigs als casus foederis betrachtete. Dies führte dazu, daß ein politisches Abkommen erst am 4. September, einen Tag nach der französischen Kriegserklärung unterzeichnet wurde. Nachdem das militärische Protokoll unterzeichnet worden war, gingen die verhandelnden Militärs auf beiden Seiten davon aus, daß ein politisches Abkommen folgen würde. Als dies nicht der Fall war, schrieb Gamelin einen Brief an Kasprzycki, in dem er die Gültigkeit des Protokolls von einem politischen Abkommen abhängig machte. Frankreich war somit an das militärische Protokoll nicht gebunden.[10]

Mit Großbritannien versuchte Polen ebenfalls zu militärischen Abmachungen zu kommen.[11] Eine britische Militärdelegation bestehend aus Brigadier Clayton (Heer), Captain Rawlins (Marine) und Group Captain Davidson (Luftwaffe) verhandelte vom 23. bis 30. Mai in Warschau. Die Polen verlangten vor allem Auskünfte über britische Reaktionen im Falle eines deutschen Angriffs auf Belgien, Holland, Frankreich und Dänemark. Ebenso versuchten sie herauszufinden, wie sich Großbritannien verhalten würde, falls Deutschland Polen angriffe oder aus dem Problem Danzig ein deutsch-polnischer Krieg entstünde. Die britische Seite vermied eine klare Anwort. Man erklärte, wie viele Divisionen nach Frankreich entsandt werden könnten und machte Angaben zu deren Ausrüstungsstand. Ein casus belli lag nach britischer Auffassung nur dann vor, wenn die Unabhängigkeit eines der genannten Staaten verletzt würde. Zusammenfassend läßt sich feststellen, daß die britische Delegation unter Wahrung der eigenen militärischen Geheimhaltung ein Höchstmaß an Informationen über die polnische Seite zu gewinnen suchte. Der Schwerpunkt lag dabei auf der Doslozierung, der materiellen Ausrüstung und den polnischen Kriegsplänen. Man vereinbarte schließlich, daß eine polnische Delegation zu Verhandlungen nach London entsandt werden sollte.

Am 12. Juni traf eine sechsköpfige polnische Delegation unter Leitung von General Rayski, dem früheren Befehlshaber der polnischen Luftwaffe, in London ein. Durch ihren Warschauer Botschafter Kennard hatten die Briten bereits die Schwerpunkte der polnischen Verhandlungswünsche erfahren. In der Hauptsache betrafen diese Kredite, Luftwaffe, Marine, Rohstoffe, Rüstungsgüter und Fernmeldeeinrichtungen. Die Polen hatten gegenüber dem britischen Botschafter außerdem vorab zu verstehen gegeben, daß sie auch den französischen Generalstab über die polnisch-britischen Gespräche informiert hätten, da man mit Frankreich ebenfalls verhandele. Grundsätzlich vertraten die Polen die Ansicht, daß die Gespräche zwischen allen Beteiligten in völliger Offenheit geführt werden sollten.

10 Gamelin, wie Anm. 7, Bd.II, S. 422–423

11 Grundlegend für die polnisch-britischen Militärverhandlungen Gerd Wehner: Die militärischen Verhandlungen im Anschluß an die britisch-polnische Garantie vom 31. März 1939. In: Militärgeschichtliche Mitteilungen 2/88, S. 51–59.

Das Committee of Imperial Defence formulierte für die Verhandlungen für die drei Teilstreitkräfte folgende Positionen:

1) Marine – hier sollte grundsätzlich darauf verwiesen werden, daß die Admiralität bis jetzt die polnischen Wünsche noch nicht vollständig bearbeitet hätte. Eine sofortige Erfüllung der polnischen Forderungen hielt man nicht für realisierbar. Insofern spielte hier der Zeitfaktor die größte Rolle.
2) Luftwaffe – hier war man bereit, an Polen 100 Bombenflugzeuge im Wert von etwa 1 Million Pfund zu liefern. Die Lieferung einer größeren Zahl von Jagdflugzeugen kam allerdings nicht in Frage. Lediglich 6 Maschinen vom Typ Hawker „Hurricane" könnten im Herbst geliefert werden.
3) Heer – hier stand man auf Grund akuter Ausrüstungsmängel im britischen Heer selbst vor erheblichen Problemen. Polnische Wünsche nach Heeresrüstungsgütern müßten abschlägig beschieden werden. Polen sollte statt dessen die benötigten Güter aus der Sowjetunion beziehen. Kreditzusagen zum Kauf von sowjetischen Rüstungsgütern sollten jedoch nicht gegeben werden.

Die britischen Schwierigkeiten waren hauptsächlich politischer Art. Der eigenen Verteidigung wurde absolute Priorität vor der Unterstützung verbündeter Staaten gegeben, andererseits sollte die polnische Delegation nicht ohne Ergebnis nach Hause fahren. Erschwerend für die britische Seite kam die Einschätzung der militärstrategischen Lage durch die Chiefs of Staff hinzu, die diese vor Abgabe der britischen Garantie erarbeitet hatten. Zwar waren diese der Meinung, daß die Existenz einer Ostfront gegen Deutschland wünschenswert und militärisch wichtig sei, bezweifelten aber die abschreckende Wirkung einer britischen Garantie für Polen. Vielmehr befürchteten sie unter Umständen einen dadurch beschleunigten Kriegsbeginn, der die eigenen Streitkräfte in einem unvorbereiteten Stadium treffen könnte. Allerdings hoffte man, daß Polen auch im Falle eines deutschen Sieges mit anschließender Besetzung zahlreiche deutsche Truppen binden würde. In ihrer Lagebeurteilung im Falle einer britischen Garantie für Polen kamen sie zu einer äußerst pessimistischen Einschätzung der Hilfsmöglichkeiten für Polen. Direkte Hilfe hielten sie für unmöglich, materielle Hilfe konnte nur von der Sowjetunion kommen, die eigene Produktionskapazität ließ eine umfassende materielle Unterstützung Polens mit Rüstungsgüter nicht zu.

Man wünschte daher einerseits ein Langzeitprogramm, um die polnische Industrie zu stärken, andererseits sollten die Beziehungen Polens zur Sowjetunion verbessert werden. Auskünfte wollte man von den Polen vor allem über die Kapazität der Rüstungsindustrie, den Umfang der Waffen- und Munitionsproduktion sowie die Bestände an kriegswichtigen Rohstoffen wie Öl, Benzin, Metallen etc. Im Falle erschöpfender Auskünfte durch die Polen wollte man vor allem die kriegsindustrielle Basis Polens verstärken. Polen sollte in großem Umfang Waffen- und Munitionsvorräte anlegen.

Die Besprechungen mit der polnischen Delegation zeichneten sich schließlich durch völlig verschiedene Ziele und Methoden der beiden Verhandlungspartner aus. Während die polnische Delegation den Briten in größter Offenheit geheime Informationen über den Stand der Rüstungen und der eigenen Pläne mitteilte, gaben die Briten keine Einzelheiten ihrer Kriegspläne bekannt. Die polnische Delegation vertrat die Ansicht, daß

Deutschland mit der Masse seiner Kräfte zuerst Polen angreifen und bis zum Sieg über Polen im Westen nur defensiv operieren würde. Man erwartete sehr hohe („tremendous") Verluste, die Preisgabe des westlichen Industriegebiets Polens, hoffte aber, den deutschen Angriff zum Stehen zu bringen, da Deutschland einem längeren Krieg gegen England und Frankreich nicht gewachsen sei. Unterstützung durch die Nachbarstaaten erwarteten die Polen nicht. Die Stationierung sowjetischer Truppen oder deren Unterstützung im Falle eines deutschen Angriffs lehnte die polnische Delegation strikt ab. Man war lediglich bereit, der Einfuhr von Rüstungsgütern aus der Sowjetunion im Krisenfall zuzustimmen.

Die Briten faßten die Ergebnisse der Besprechungen zusammen, deren wichtigste Passagen hier angeführt werden:

1) Die Polen erwarten den Hauptangriff der Deutschen mit etwa 80 Divisionen, denen sie selbst nur etwa 40 entgegensetzen können.
2) Die polnische Luftwaffe ist hoffnungslos unterlegen und verfügt nur über ganz wenige Jagdflugzeuge.
3) Die Polen werden ihre Westgrenze nicht halten, sondern sich auf eine Linie östlich der alten deutsch-russischen Grenze zurückziehen.
4) Die polnischen Überlegungen hinsichtlich einer Offensive gegen Ostpreußen beurteilen die Briten äußerst skeptisch.
5) Die Polen haben zwar eine halbe Million ausgebildeter Reserven, können diese aber nicht vollständig ausrüsten. Die polnische Rüstungsproduktion befindet sich noch in einem Anfangsstadium, Auswirkungen sind in kurzer Zeit nicht zu erwarten.
6) Ohne Hilfe von außen kann die polnische Armee keinen längeren Kampf überstehen. Diese Hilfe muß vor allem Rüstungsgüter, Rohstoffe und Kredite umfassen. Bei den Rüstungsgütern fehlen vor allem Jagdflugzeuge und Geschütze. Auf Grund der geographischen Lage und wegen der langen Transportwege ist die Sowjetunion („Russia") der geeignetste Lieferant.
7) Unterstützung durch Marineeinheiten ist unmöglich. Kein polnischer Hafen ist für britische Flotteneinheiten geeignet.

Nach Bekanntwerden dieser Ergebnisse entschied man im Außenministerium, daß Polen unter allen Umständen versuchen müsse, Rüstungsgüter in großer Zahl aus der Sowjetunion zu beziehen. Polen müsse sich unmittelbar nach den Verhandlungen an die Sowjetunion wenden. Die britisch-polnischen Verhandlungen über die Lieferung von Rüstungsmaterial liefen ohne Ergebnis weiter, so daß von den versprochenen 100 Bombenflugzeugen im September kein einziges den Weg nach Polen gefunden hatte.

Zusammenfassend kann man feststellen, daß die britsch-polnischen Militärverhandlungen im Anschluß an die britische Garantie vom 31. März nur dem Zweck dienten, die polnische Seite auszuforschen. Für die Briten kam es darauf an zu erfahren, wie lange Polen günstigstenfalls einem deutschen Angriff widerstehen könnte. Eigene Lieferungen wurden zwar in Einzelfällen zugesagt, doch war man keineswegs bereit, diese Zusagen auch zu erfüllen, da man dadurch eine Verschärfung der Spannungen mit Deutschland fürchtete. Das Ziel war, die Polen zu veranlassen, sich um den Kauf von Rüstungsmaterial in der Sowjetunion zu bemühen, was auch erreicht wurde. Dagegen war die britische

Seite nicht gewillt, für die eigene Verteidigung wichtiges Rüstungsmaterial, wie zum Beispiel Jagdflugzeuge, nach Polen zu liefern.

Weitere Besprechungen fanden im Juli zwischen dem britischen CIGS (Chief of Imperial General Staff), General Sir Edmund Ironside und Marschall Rydz-Śmigły statt.[12] Der polnische Außenminister Beck und Clifford Norton von der britischen Botschaft nahmen ebenfalls daran teil. Ironside hielt einen Krieg für unausweichlich und erklärte, daß Großbritannien diesen bis zum bitteren Ende führen würde. Falls Deutschland Polen angriffe, würde die RAF eine Luftoffensive beginnen, während die Marine sich auf den Schutz der Seeverbindungen konzentrieren würde. Bei Luftangriffen auf zivile polnische Ziele würde die RAF Angriffe auf deutsche zivile Ziele fliegen. Britische Heerestruppen würden keine Operationen durchführen. Ironside versprach, unverzüglich 100 Bomber an Polen zu senden. Dies waren allerdings immer noch die bereits versprochenen Maschinen. Ironside versprach außerdem, die Anzahl der zugesicherten „Hurricane"-Jäger zu erhöhen.[13] Angesichts der britischen Absicht, den Abfluß von Rüstungsmaterial, das für die eigene Verteidigung lebenswichtig war, zu verhindern, diente diese Zusicherung vermutlich eher der Beschwichtigung polnischer Ängste. Die Besprechungen verliefen offenbar in einer Atmosphäre, die von Vertrauen gekennzeichnet war. Dies veranlaßte wohl auch Ironside zur der Fehleinschätzung, daß Polen in der Lage sei, einem deutschen Angriff zu widerstehen!

Auf dem Papier lasen sich die militärischen Maßnahmen, die Frankreich und Großbritannien im Kriegsfalle zugunsten Polens ergreifen wollten, recht wirkungsvoll. Allerdings war man auf seiten der Westmächte weder willens noch in der Lage, diese Maßnahmen auch wirklich durchzuführen. Churchill kam bei einem Besuch im Rheinsektor der französischen Armee Mitte August 1939 zu dem Ergebnis, daß man weder eine Offensive plante noch dieses überhaupt vorhatte.[14] Als General Armengaud von seiner bevorstehenden Aufgabe als Chef einer französischen Luftwaffeneinheit erfuhr, wie diese am 27. Mai 1939 vereinbart worden war, wurde er in Paris vorstellig, weil er weder die Pläne noch die dafür vorgesehenen Kräfte für realistisch hielt. Armengaud war der Auffassung, daß Frankreich den Polen faktisch keine ernst zu nehmende Unterstützung geben konnte.[15] Frankreichs Absicht war es jedoch, in Polen den Eindruck von nachhaltiger Unterstützung zu erwecken, da Polen dem deutschen Angriff so lange als möglich standhalten sollte, damit man für die eigenen Rüstungen Zeit gewann und sich die Westmächte auf

12 Hierzu siehe vor allem The Ironside Diaries 1937–1940. Edited by Roderick McLeod and Denis Kelly. London 1962, S. 81f. Vgl. auch Joseph Beck: Dernier Rapport. Politique polonaise 1926–1939. Neuchâtel 1951, S. 208f.

13 Die Lieferung moderner britischer Jagdflugzeuge hätte zweifellos spürbare Auswirkungen auf das spätere Kampfgeschehen gehabt, wenn man sich vor Augen hält, daß die deutsche Luftwaffe zwar mit 210 Jagdflugzeugen den Polenkrieg begann, von denen aber 150 zweimotorige Flugzeuge vom Typ Me-110 waren, die den britischen „Hurricane"-Jagdflugzeugen im Luftkampf weit unterlegen waren. Die Erfolge polnischer Piloten in der Luftschlacht um England im Sommer 1940 zeigten, daß die Umstellung auf die moderneren britischen Typen kein Problem darstellte.

14 Winston S. Churchill: The Gathering Storm. Boston 1948, S. 348.

15 General Paul F. Armengaud: Batailles politiques et militaires sur l'Europe. Temogaignes 1932–1940. Paris 1948, S. 91–93.

einen längeren Krieg vorbereiten konnten. Daß Frankreich keinerlei wirkliche Entlastung Polens etwa in Gestalt einer Offensive plante, erfuhr auch General Faury, der im August von Gamelin als Chef der französischen Militärmission nach Warschau gesandt wurde.[16] Ähnlich äußerte sich Ironside, der in seinem Tagebuch schrieb: „The French have lied to the Poles in saying that they are going to attack. There is no idea of it."[17]

Letztlich waren die militärischen Zusicherungen gegenüben Polen gegenstandslos und hatten nur den Zweck, Polen zu heftigem Widerstand gegen die Deutschen zu veranlassen. Dies wird besonders deutlich aus den gemeinsamen britisch-französischen Generalstabsbesprechungen vom 24. April 1939, in denen festgestellt wurde, daß zu Beginn der Kampfhandlungen nur eine Wirtschaftsblockade als einzige offensive Maßnahme in Frage kam. Im Juli wurde dann zu Polen erklärt, daß „the fate of Poland depend upon the ultimate outcome of the war ... and not on our ability to relieve pressure on Poland at the outset."[18]

In einem gewissen Kontrast zu dieser pessimistischen Beurteilung stand eine Überschätzung der polnischen Kampfkraft auf britischer Seite, während andererseits die Effektivität der Sowjetstreitkräfte eher unterschätzt wurde. Admiral Sinclair, Chef des SIS (Secret Intelligence Service), war der Meinung, die Sowjetunion „could do nothing of real value".[19] Oberst Firebrace, der britische Militärattaché in Moskau, vertrat im März 1939 die Ansicht, daß die Rote Armee trotz ihres Umfanges zu einer größeren Offensive unfähig sei.[20] Die Chiefs of Staff schätzten, daß die Rote Armee lediglich 30 Divisionen für eine Angriffsoperation bereitstellen könnte.[21] Tatsächlich griff die Sowjetunion am 17. September Polen mit 2 Fronten, der Weißrussischen und Ukrainischen Front, bestehend aus 6 Armeen, der 3., 5., 6., 10., 11., 12. Armee, einem mechanisierten Korps und einem selbständigen Infanterie-Korps mit insgesamt 24 Infanteriedivisionen, 15 Kavalleriedivisionen und 9 Panzerbrigaden an.

Demgegenüber stand eine völlig unrealistische Einschätzung der Kampfkraft der polnischen Armee durch den britischen Militärattaché in Warschau, Colonel Sword, vermutlich durch polnische Gastfreundschaft und Liebenswürdigkeit sowie die Qualität einzelner Truppenteile hervorgerufen. Sword schätzte, daß die Polen 54 Divisionen aufstellen könnten, räumte aber ein, daß ihre materiellen Ressourcen nicht ausreichen würden, um die Ausfälle in einem länger dauernden Krieg zu ersetzen.[22] Mit dieser Einschätzung stand Sword nicht allein, denn auch Ironside hielt es für möglich, daß Polen einem deutschen Angriff erfolgreich Widerstand leisten könnte.

---

16 General Louis A. Faury: La Pologne Terrassée. In: Revue Historique de l'Armée IX (1953), No. 1, S. 132–136.

17 Ironside, wie Anm. 12, S. 85.

18 J. M. Butler: History of the Second World War. United kingdom Military Series. Grand Strategy. Vol. II, September 1939–June 1941. London 1957, S. 55/56.

19 Simon Newman: March 1939: The British Guarantee to Poland. Oxford 1976, S. 138/139.

20 Documents on British Foreign Policy (DBEP), Vol. IV, No. 183, Memorandum von Colonel Firebrace v. 6.3.1939.

21 Newman, wie Anm. 19, S. 139.

22 Sword an Botschafter Kennard, 22.3.1939, DBEP, Vol. IV, No. 498.

Kräfteverhältnis der sowjetischen Invasionsstreitkräfte am 17.9.1939 gegenüber den polnischen Gesamtstreitkräften

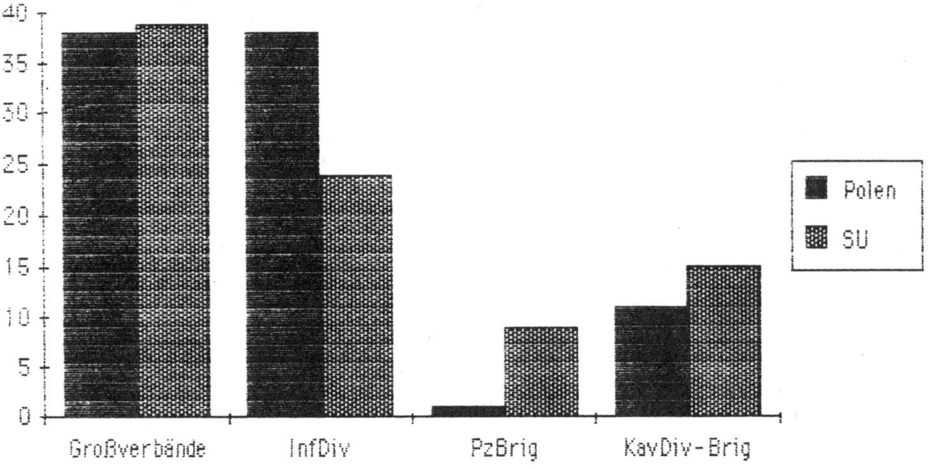

Betrachtet man die britisch-polnischen Verhandlungen zwischen April und September 1939, so wird rasch ersichtlich, daß man sowohl im britischen Außenministerium als auch in den entscheidenden militärischen Gremien die hohen Erwartungen der Polen kannte. Obgleich man keineswegs gewillt war, den Polen fühlbare militärische Unterstützung zu gewähren, unternahm man nichts, um diese Erwartungen zu dämpfen. Offenbar sollte dadurch eine Verständigung der Polen mit Deutschland vermieden werden. Andererseits war man nach der Garantieerklärung vom 31. März nicht in der Lage, ein militärstrategisches Konzept für eine „Ostfront" gegen Deutschland unter Einbeziehung der polnischen Streitkräfte zu entwickeln. Ein derartiges Konzept hätte durchaus ernst zu nehmende Optionen geboten, vorausgesetzt, man entwickelte gemeinsam mit Frankreich einen Kriegsplan gegen Deutschland. Doch auch dazu war die Regierung Chamberlain weder bereit noch fähig, so daß die Polen gegenüber eingegangenen Verpflichtungen militärisch folgenlos blieben. Eine Gegenüberstellung der polnischen und deutschen Kräfte zeigt, daß die deutschen Streitkräfte, die zum Angriff auf Polen bereitstanden, in den entscheidenden Waffengattungen klar überlegen waren. Rein zahlenmäßig war der Unterschied jedoch wesentlich geringer, so daß die Möglichkeiten für eine erfolgversprechende britisch-französisch-polnische Kriegsplanung gegeben waren.[23]

23 Dies wird besonders deutlich bei einem Vergleich der im Westen und Osten eingesetzten deutschen Truppen. Der Mannschaftsbestand des deutschen Feldheeres am 1. 9. 1939 betrug 2.741.000 Mann, von denen 54 Divisionen mit 1,5 Mio. Mann (54 %) gegen Polen eingesetzt wurden, darunter sämtliche Panzerdivisionen und alle vorhandenen motorisierten und leichten Divisionen. Im Westen standen dagegen nur 33 Divisionen mit geringerer Kampfkraft, während sich 16 Divisionen noch in der Aufstellung bzw. in der Reserve befanden. Ein französisch-britischer Großangriff im Westen hätte das deutsche Oberkommando vor eine sehr ernste Lage gestellt.

Kräfteverhältnis Deutschland-Polen bei den wichtigsten Waffenkategorien

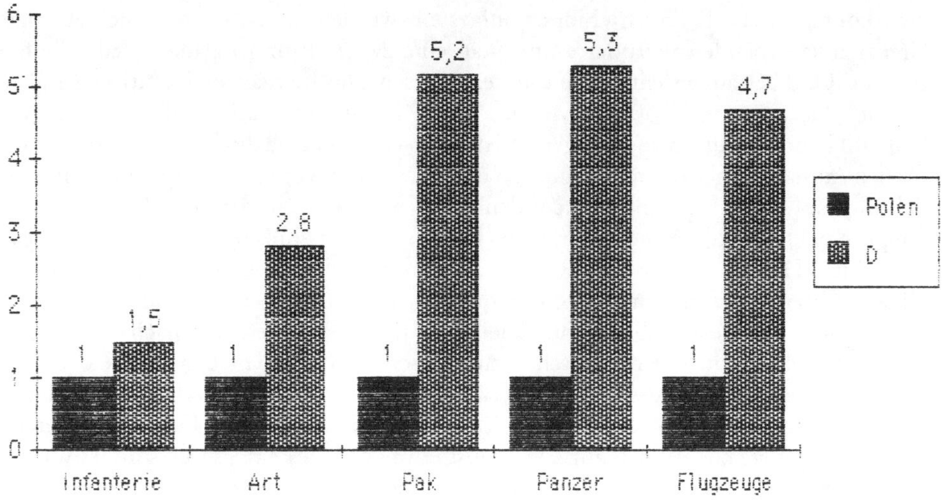

Kräfteverhältnis Deutschland-Polen bei den Großverbänden

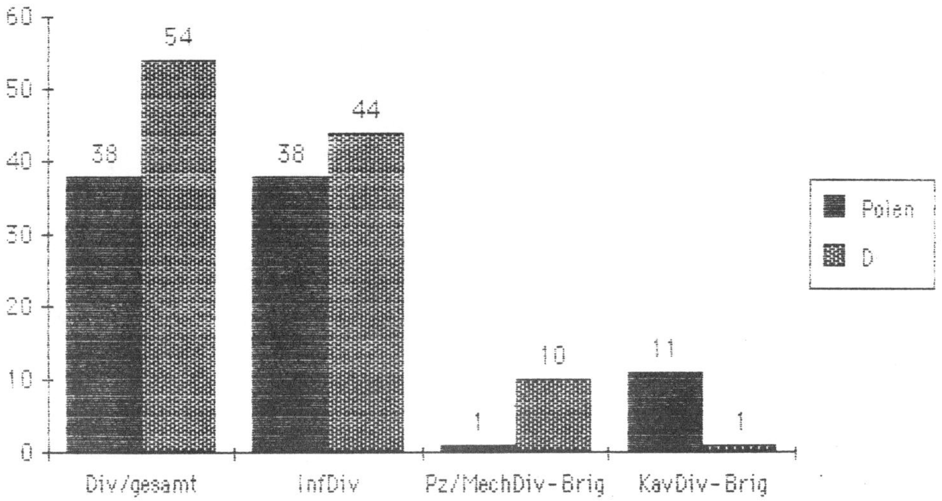

Am 15. Mai wurde in Polen ein neuer Mobilmachungsplan „W2“ in Kraft gesetzt, der allerdings nur geringe Unterschiede zu seinem Vorgänger aufwies. Neu daran war, daß sich die Zahl der im Alarmfall zu mobilisierenden aktiven Infanteriedivisionen um 2 auf 26 erhöhte, 2 neue Reservedivisionen aufgestellt wurden, deren Personal sich aus den Grenzschutzverbänden rekrutierte und man eine zweite Panzerbrigade vorsah, die bis zum 12. Oktober aufgestellt werden sollte. Insgesamt hoffte man so, im Kriegsfall über ein Mob-Heer von ca. 1.050.000 Mann, 150.000 Mann in Marschbataillonen und etwa 300.000 Landesschützen zu verfügen. Allerdings wurden keine direkten Vorbereitungen für den Aufmarsch getroffen und auch an der grenznahen Verteidigungsplanung änderte sich nichts. Lediglich gegenüber dem deutschen Aufmarsch in der Slowakei ließ Rydz-Śmigły am 11. Juli die Armee „Karpaten“ bilden, die aber zunächst nur 3 Gebirgsbrigaden erhielt. Dahinter wurde eine Reserve „Süd“ mit 2 Divisionen im Raum Tarnow gebildet, während der Versammlungsraum der Armee „Preußen“ etwas weiter nach Süden gelegt wurde. Die Verschiebung von Teilen der Armee „Pommerellen“ nach Norden gegen Danzig schwächte den polnischen Aufmarsch zusätzlich. Erst in der Nacht vom 22./23. August, als die deutschen Kräfte längst aufmarschiert waren, erließ Rydz-Śmigły nach Beratung mit dem Staatspräsidenten die Mobilisierung aller an Deutschland grenzenden Korpsbereiche, so daß am 25. August etwa 75 % des Kriegsheeres mobil waren, sich aber nur zum Teil in den Aufmarschräumen befanden. Am 29. August wurde schließlich die allgemeine Mobilmachung angeordnet, aber auf Intervention der Botschafter Großbritanniens und Frankreichs wieder angehalten, um dann einen Tag später endgültig ausgelöst zu werden. Damit verlor der polnische Aufmarsch entscheidende Zeit, so daß bei Beginn der Kampfhandlungen weder Mobilisierung noch Aufmarsch abgeschlossen waren.

Georg W. Strobel

Nationalitätenprobleme in Ostmitteleuropa, Räte-Großdeutschland und Grenzfragen als Mittel kommunistischer Revolutionsstrategie

I. Minderheitenforschung und politische Wirklichkeit in Ostmitteleuropa: Kritik und Reflexionen

1. Differenzierungsprobleme

Bei der Beschäftigung mit Nationalitätenfragen wird die Situation der Minderheiten in der Regel unter dem alleinigen Gesichtspunkt ihrer eigenen Lage und Interessen betrachtet, obwohl sie in ein Geflecht unterschiedlicher politischer Interessen eingebettet ist. Eine ausgewogene Betrachtung der interdependenten Problematik wird dadurch erschwert. Besondere Bedeutung gewinnt es, wenn die in der Minderheit vertretenen Interessenpositionen und politischen Ideen in kritischen Teilen der nationalen Mehrheitsgesellschaft ähnlich artikuliert werden. Dadurch entstehen die Stellung der Minderheit gegenüber der politische Akzente setzenden Mehrheitsgesellschaft noch zusätzlich belastende Übereinstimmungen und Verflechtungen.

In den Verhältnissen Ostmitteleuropas vor 1939 galten die Besonderheiten dieser Zusammenhänge für den Sozialismus und noch weit mehr für den Kommunismus. In keiner der Gesellschaften und in keinem der Staaten Ostmitteleuropas mit Ausnahme der Tschechoslowakei spielte der Kommunismus in der Zwischenkriegszeit eine politisch bedeutsamere Rolle. Ähnlich kann es für den Sozialismus gelten. In Ostmitteleuropa besaßen entweder Parteien oder autoritäre nationale Einheitsbewegungen aus allen Bereichen bäuerlich-populistischer oder christlich-nationaler, konservativer Orientierung politische Bedeutung. Sie vertraten einen nationalen Solidarismus mit häufig faschistoid-autoritären Zügen, wie in Polen, Litauen, Lettland oder Rumänien, den sie als christlich oder national ausgaben, ungeachtet der realen Verfassungsordnung. Gelegentlich floß auch beides zusammen. Dadurch gerieten neben Kommunisten auch Sozialisten an den Rand des politischen Parteienspektrums und in die politische Opposition. Sozialisten wurden zwar gerade noch akzeptiert, aber selbst dann beschimpft und verhöhnt, wenn sie für die Entstehung ihrer Staaten nach 1918 und für deren Unabhängigkeitsanfänge so große Verdienste aufweisen konnten wie in Polen oder Litauen.

Kommunisten hingegen konnten bis auf die Tschechoslowakei nur aus der politischen Illegalität tätig sein. Dieser Umstand bewirkte duale Betätigungs- und Organisationsformen nach Vorbildern der deutschen Arbeiterbewegung zur Zeit des Sozialistengesetzes durch kamuflierte legale kommunistische parlamentarische Vertretungen, die neben den illegal bestehenden Parteien entstanden. Daneben gründeten die kommunistischen Parteiführungen legale Exposituren, die im politischen Leben als sozialradikale, aber nichtkommunistische Parteien agierten. Dadurch waren die Kommunisten auf drei Organisationsebenen tätig: im Parlament, als illegale Partei und als Ideenträger und häufig auch

Lenker legaler Parteien und Organisationen, darunter auch von Gewerkschaften. In allen Bereichen blieben sie Sammelbecken gesellschaftlicher, vorwiegend proletarischer Randgruppen. Die Führungsspitzen hingegen waren auf allen drei Organisationsebenen weit überwiegend Intellektuelle nichtproletarischer Herkunft.

Zu den Randgruppen in der Staatsgesellschaft zählten aus anderen Gründen ferner die nationalen Minderheiten, die sich zudem national unterdrückt fühlten. Aus den sozialen Befreiungsversprechungen der Kommunisten erwarteten sie neben ihrer sozialen auch ihre nationale Befreiung, wie es schon früher Rosa Luxemburg besonders in die Reihen der deutschen Proletarier Ostmitteleuropas, unter denen sie ungeheuer populär war, eingeimpft hatte: in einer sozial befreiten Welt gebe es keine nationale Frage mehr. Ganz besonders Juden, bedrängt durch den vehementen und in Ostmitteleuropa weit verbreiteten Antisemitismus, waren, empfänglich gemacht durch die eigenen religiösen sozialen Bewegungen, wie die Haskala, für diese Vorstellung sehr empfänglich. Das ist der wohl wichtigste Grund für ihren großen Anteil in der kommunistischen Bewegung Ostmitteleuropas. Daneben galt es besonders noch für Ukrainer. Das deutsche Industrieproletariat, insbesondere Mittelpolens, mit seiner früheren Emphase für Rosa Luxemburg blieb in großen Teilen von solchen Vorstellungen nicht unberührt.

Durch ihre Identifizierung mit solchermaßen begründeten nationalen Vorstellungen der Minderheiten Ostmitteleuropas waren die Kommunisten in den politischen Systemen dieses Raumes jedoch doppelt belastet, ideologisch und staatspolitisch. Die kommunistische Exponierung und die offizielle Einschätzung der Kommunisten wurden von der staatlichen Minderheitenpolitik wiederum auf die Minderheiten umgesetzt. Argumentativ konnte auf die Unterstützung der 1920 in Polen einmarschierenden Roten Armee vor allem durch Juden, aber auch durch Ukrainer und Deutsche verwiesen werden. In Polen führte das zu der doppelt pejorativen Bezeichnung der Kommunisten als „żydokomuna" („Judenkommune"). Ein halbes Jahrhundert später, nach 1945, sollte diese Verzahnung zu politisch bedeutsamen Legitimations- und Identifikationskonflikten in den Gesellschaften der ostmitteleuropäischen Länder führen, ganz besonders in Polen. Wie die Kommunisten ihre nationale Legitimitäts- und Identitätskrise dann mit Hilfe einer innenpolitischen Instrumentalisierung der deutschen Frage und des Deutschlandproblems zu lösen suchten, wird noch darzulegen sein.[1]

Trotz dieser komplizierten, in sich verzahnten gesellschaftlich-politischen Randgruppenproblematik der Minderheitenfrage in Ostmitteleuropa wird in den bisherigen Untersuchungen allein der nationale Gegensatz analysiert und dargestellt. Er wird als eine Funktion der Haltung von politischer oder – und das als Ausnahme – gesellschaftlicher Herrschaft gegenüber den Minderheiten gesehen. Es kann jedoch nebeneinander unterschiedlich abgestufte und funktionalisierte Formen einer gesellschaftlichen und einer politischen Herrschaft mit nationalem Hintergrund geben. In der Minderheitenforschung wird zudem weit überwiegend von der alleinigen Interessenlage der Minderheit gegen-

1 Vgl. hierzu Georg W. Strobel: Polen und die deutsche Frage. In: Günther Wagenlehner (Hrsg.): Die deutsche Frage und die internationale Sicherheit. Koblenz 1988, S. 174 ff.; Georg W. Strobel: Das Verhältnis zwischen der Bundesrepublik Deutschland und seine Bedeutung für die Ost-West-Beziehungen. In: Hanns-D. Jacobsen, Heinrich Machowski, Dirk Sager (Hrsg.): Perspektiven für Sicherheit und Zusammenarbeit in Europa. Festschrift zum 20-jährigen Bestehen des Politischen Clubs Berlin. Baden-Baden 1988, S. 148 ff.

über dem Staat ausgegangen, also des schwächeren gesellschaftlichen Gliedes gegenüber dem stärkeren Glied, dem politischen System des Gastlandes. Dadurch wird aber die Interessenlage der Mehrheits- oder Staatsnation und ihres politischen Systems, des Staates, die ja ex definitione auf dessen Unabhängigkeit, Souveränität und Unversehrtheit gerichtet sein muß, wenn es die verfassungsrechtlichen Auflagen erfüllen will, ausgespart. Wenn hingegen die Sicht der Staatsnation oder ihres verfassungsgesetzlich verpflichteten politischen Systems zum Urteilskriterium gemacht wird, bleibt die Interessenlage der Minderheit im Hintertreffen. Beide Sichtweisen schließen die politische Suppressivität der unterschiedlichen Lagen eben nicht aus. Interesseninterdependenz und Interessenausgleich sollten als Probleme bei der Darstellung solcher Zusammenhänge nicht mißachtet werden.

Erschwerend für jegliche Darstellung und Analyse tritt hinzu, daß alle nationalen Minderheiten in Ostmitteleuropa zu keiner Zeit allein Objekte der Politik ihres Gastlandes und deren Staatsnation waren. Zur gleichen Zeit waren sie Subjekte eigenverstandenen, interessengeleiteten Handelns. Über nahezu die ganze Zeitspanne zwischen den beiden Weltkriegen wurde es noch zusätzlich von außen, von den spezifischen politischen Interessen der Mutternationen der jeweiligen nationalen Minderheiten, kräftig manipuliert. Bei Berücksichtigung dieses Umstandes und der darin eingelagerten Handlungs- und Interessenspotentiale, die keineswegs nur die moralisch verständliche und zu akzeptierende Patronatsfunktion wahrnahmen, wird die Minderheitenpolitik in ihrer politischen Interdependenz und Begründung noch erheblich facettenreicher. Die Analyse und die Beurteilung des gegenseitigen Verhältnisses werden noch sehr viel schwieriger und komplizierter.

Zusätzlich sind in diesem Zusammenhang sehr wesentliche Probleme aus einem anderen Aktionsbereich einzuführen. Obwohl er infolge seiner Quantifizierbarkeit analytisch gut zugänglich sein sollte, wird er in minderheitenpolitischen Betrachtungen und Urteilen vernachlässigt. Es geht um das Verhältnis der nationalen Minderheiten zur wirtschaftlichen Macht innerhalb des politischen Gastsystems, in dem sie leben und politisch wirken. Seine besondere Bedeutung findet dieses Problem durch den interessengeleiteten politischen Einsatz wirtschaftlicher Stärke in der andersnationalen politischen und gesellschaftlichen Umgebung durch die Minderheiten, die von außen durch fremde Staatsinteressen manipuliert werden können. Dieser Umstand läßt sich auf einen vereinfachten Nenner bringen: wirtschaftliche Macht der Minderheit, wie immer eingesetzt und gelenkt, gegen politische und gesellschaftliche Gewalt der Staatsnation und ihres politischen Systems.

Dieses Konfliktphänomen gilt vor allem bei der Analyse des wirtschaftspolitischen Handelns der Banken-, Industrie-, Handels- und Genossenschaftsvereinigungen unterschiedlicher Art, die in Ostmitteleuropa besonders von Deutschen und Ukrainern organisiert waren. In der Art der Aktionierung wirtschaftspolitischer Macht liegt ein außerordentlich wichtiges Analyse- und Einordnungsproblem für die Minderheitenproblematik der Staaten und der staatsbürgerlichen Loyalität ihnen gegenüber. Besondere Bedeutung gewinnt es bei wirtschaftlich schwachen Ländern mit einer ökonomisch potenten Minderheit und ausgeprägtem Nationalgefühl, wie immer gegenüber Deutschen, insbesondere aber in Polen.

Mit allen Ausführungen zu Problemen der Minderheitenforschung sollen jene Desiderata ins Bewußtsein gerufen werden, die wegen ihrer sozialwissenschaftlichen und volkswirtschaftlichen Bezüge von Historikern, die sich anderer Denk- und Analysemethoden bedienen, viel zu sehr vernachlässigt oder nur faktologisch, aber nicht analytisch wertend berücksichtigt werden, was notwendig wäre.

2. Außenpolitische Instrumentalisierung der Minderheiten

Aus Gründen der Wirkungskontinuität der Minderheitenproblematik in Ostmitteleuropa bis in die Zeit nach dem Zweiten Weltkrieg ist die politische Operationalisierung der Minderheitenfrage durch den Kommunismus und ganz besonders seitens der Sowjetunion von besonderem Interesse. Trotzdem sollte nicht übersehen werden, daß nicht allein die Sowjetunion in Ostmitteleuropa die Minderheiten in ihrem politischen Interesse zu operationalisieren suchte. Gleichermaßen taten es die Weimarer Republik und das Dritte Reich. Die Weimarer Republik und das Dritte Reich wußten Wege zu gehen und Institutionen zu schaffen, wie die Deutsche Stiftung, den Bund Deutscher Osten oder die Auslandsorganisation der NSDAP, deren vordringlicher Zweck es war, die deutschen Minderheiten Ostmitteleuropas nach eigener politischer Strategie und Taktik im Rahmen der eigenen Staats- und später der Parteiinteressen einzusetzen. Zu diesem Zwecke wurden sie nicht nur politisch, sondern ebenfalls wirtschaftlich und finanziell gezielt unterstützt. Das setzte eine Willfährigkeit der Minderheiten gegenüber den signalisierten Reichsinteressen entweder voraus oder zog sie nach sich. Beispiele einer Verweigerung seitens anvisierter Minderheitenkreise sind selten. Allerdings galt diese Willfährigkeit zu keiner Zeit für die staatsloyalen Organisationen der Minderheit, die es auch gab, besonders seit 1933. In Polen waren es die Organisationen der deutschen Sozialisten und der oberschlesischen Katholiken. Aber auch diese Organisationen waren so sehr anfällig, daß es in ihnen Abspaltungen und Klärungstendenzen gab.

Deutschland versuchte jedoch weder vor noch nach 1933, ausnahmslos alle national verschiedenen Minderheiten Ostmitteleuropas in ihr politisches Interessenspektrum einzubauen, wie es die Sowjetunion von Anfang an in klassenkämpferischer und revolutionärer, internationalistischer Absicht getan hat. Auch wenn es Deutschland über die deutsche Minderheit hinaus noch gegenüber der ukrainischen versuchte, gab es einen wesentlichen Unterschied der minderheitenpolitischen Haltung Deutschlands und der Sowjetunion.

In diesen Zusammenhängen sollte nicht übersehen werden, daß nationale Minderheiten von ihren Mutternationen und deren Staaten überall und zu jeder Zeit in ihren jeweiligen Gastländern nicht nur patroniert, sondern auch politisch benutzt wurden. Besonders erfolgreich konnte solches natürlich in so spezifischen nationalen Gemengelagen geschehen wie in Ostmitteleuropa, die vielfach geschichtet waren. Durch die Friedensverträge nach dem Ersten Weltkrieg wurde der nationale Gemengezustand noch staatspolitisch verfestigt und zugespitzt.

Als Beispiel für beide Erscheinungen kann Polen gelten. Mit seiner Światpol-Organisation nahm es Einfluß auf die polnischen Minderheiten in Deutschland und in der Tschechoslowakei. In Deutschland gewährten die nicht-kommunistischen Minderheiteninstitutionen nach 1933 sogar vielen Kommunisten und ihrer Tätigkeit Zuflucht und minderheitenpolitischen Schutz, darunter auch deutschen Kommunisten, obwohl andererseits die polnische politische Polizei bei der Bekämpfung des Kommunismus mit dem Reichssicherheitshauptamt kooperierte. In der Tschechoslowakei formierte Światpol im Teschen-Karwinaer-Gebiet eine polnische Interessenfront, wobei die polnische Minderheit – nachdem es ihr 1919 nicht gelang, sich Polen anzuschließen – an der Leichenfledderei der Tschechoslowakei im Gefolge der wenig später auch Polen einholenden Expansionspolitik des NS-Staates beteiligt wurde. Der begeisterte Empfang der ins Olsa-Gebiet einrückenden polnischen Truppen unter General Bortnowski, dem ähnlich General Żeligowski, der Ende 1920 handstreichartig Wilna, die Hauptstadt Litauens, für Polen eroberte, überschwenglich gefeierten Volkshelden, ist ein anschauliches Beispiel, wie willig von allen Polen, sowohl in Alt- wie auch im jeweiligen Neu-Polen, diese Großmachtpolitik („Mocarstwowość") seit 1918 getragen wurde.

Bei der Unterschiedlichkeit der Minderheitenstrategie Deutschlands und der Sowjetunion blieb nicht aus, daß die Minderheiten in Ostmitteleuropa, vor allem die deutsche, infolge der politischen Polarisierung in das Spannungsfeld zwischen deutschen und sowjetischen Interessen gerieten. Auf diese Weise wurden sie zum Spielball andersstaatlicher Interessen innerhalb ihrer Gaststaaten, was besonders für Polen gilt. Aber nicht der Erfolg dieser fremdnationalen politischen Einwirkungen und Bemühungen oder deren Ausmaß darf allein als Kriterium für die Beurteilung der Minderheitenpolitik der ostmitteleuropäischen Staaten eingesetzt werden. Schon die bloße Absicht und die sich in ihr manifestierende Gefahr der fremdinteressenorientierten politischen Aktivierung der eigenen Staatsbürger fremder Nationalität im jeweiligen Gaststaat, was als eine potentielle Gefahr für die Interessen des Gastlandes und der Mehrheitsnation verstanden werden mußte, besonders angesichts großer wirtschaftlicher Potenz der Minderheit, ist nicht nur ein politisch gestaltendes Faktum, sondern verpflichtete als Kriterium für politisches Handeln. Ein anderes als bereits den Anfängen oder einer sich abzeichnenden Gefahr wehrendes Verhalten muß unter den Gesichtspunkten der jeweiligen Staatsräson und staatsrechtlichen Verfassungsverpflichtung als eine politisch leichtfertige und daher fragwürdige Denk- und Handlungsweise gesehen werden. Übrigens geschah es ja auch vice versa in der Nationalitätenpolitik Deutschlands und der Sowjetunion.

Nicht diese handlungsverpflichtenden Interdependenzen werden jedoch gemeinhin gesehen und gewürdigt. In Arbeiten zur Minderheitenspolitik wird vielmehr in der Regel die Bedrückungspolitik hervorgehoben. Solches scheint ein grobes Manko der historischen Minderheitenforschung zu sein, das sie wegen der Einseitigkeit, die damit zum Vorschein kommt, und ihres Unvermögens, ausgleichend zu differenzieren, belastet und im Extremfalle sogar entwertet.

3. Minderheiten im politischen Gegensatz Deutschland – Sowjetunion: Völkisches gegen Revolutionäres, Nationales gegen Internationalistisches

Bei komparativen Überlegungen ist zu beachten, daß die Sowjetunion neben der gouvernementalen Politik, der sie sich ähnlich wie Deutschland bediente, mit Hilfe der ihr außen- und minderheitenpolitisch zur Verfügung stehenden Kommunistischen Internationale, der Komintern, versuchte, ausnahmslos alle Minderheiten Ostmitteleuropas in einen Prozeß einzuspannen, den sie bezeichnenderweise genau so nannte wie das Weimarer Deutschland und das spätere Dritte Reich, in den Kampf gegen das Diktat von Versailles, den die Komintern seit 1919, dem Jahr ihrer Gründung, wenngleich mit unterschiedlicher Intensität, führte. Die Sowjetunion verstand ihn als eine das Versailler Staatensystem desintegrierende Aktion, die den eigenen revolutionären Zielen zu dienen habe. Die sowjetischen Instrumente der Einflußnahme auf die Minderheiten waren deshalb noch differenzierter und auf diese Weise weitaus subtiler als die deutschen.

Wenngleich zu unterschiedlichen Zwecken, fanden sich beide Vormächte des ostmitteleuropäischen Raumes, Deutschland und die Sowjetunion, in der politischen Operationalisierung der auf Versailles zurückgehenden Minderheitenfragen in Ostmitteleuropa Schulter an Schulter. Doch in deren Instrumentalisierung gab es einen wesentlichen Unterschied: Von der Sowjetunion wurden die beiden verschiedenen Ansatzpunkte, der gouvernementale und der ideologisch-parteiliche, miteinander verwoben. Beide darin zum Ausdruck kommenden Gesichtspunkte, der nationale und der klassenkämpferisch-revolutionäre, gehorchten gemeinsam einem einzigen machtpolitischen Willen, dem Willen der KPdSU, der führenden Kraft im Staate. Der Wille der Partei war der Wille ihres Politbüros und von einem bestimmten Zeitpunkt an der Wille einer einzigen Person, der Wille Stalins.

Bereits in der Frühzeit des revolutionären Rußland hatte sich Stalin als Nationalitätenkommissar in einem viel zu wenig beachteten nationalitätenpolitischen Gegensatz zu Lenin profiliert.[2] Zudem verstand es die Sowjetunion, die ostmitteleuropäischen slawischen Minderheiten und die Juden zu aktivieren und zu einem beträchtlichen Teil für ihre revolutionären, aber minderheitenpolitisch artikulierten Losungen zu gewinnen. Bei der deutschen Minderheit war der Erfolg trotz vordergründiger nationalitätenpolitischer Übereinstimmung nicht groß. Seit 1933 wurde er zudem vom aufgehenden Stern des Dritten Reiches unter Hitler überschattet. Trotzdem war der sowjetisch-kommunistische Erfolg unter Deutschen zu verschiedenen Zeiten keineswegs so unbedeutend, wie angesichts der stolzgeschwellten Reichsorientierung der deutschen Minderheit gefolgert werden könnte.

Mit ihrer Verneinung des Versailler Vertrages und der Pariser Vorortverträge sowie mit ihrer Forderung nach einer Wiederherstellung der Grenzen von 1914 in Europa bediente sich die Sowjetunion des sinngemäß gleichen territorialrevisionistischen Ansatzes wie Deutschland. Damit wurden verschiedene ostmitteleuropäische Länder aus zwei geographischen Richtungen gleichzeitig bedrängt. Beide zielten auf deren Staatsgebietsbestand

2 Bereits Ende April 1917 führte Stalin auf der VII. Konferenz der SDAPR (Bolschewiki) aus, daß „die Frage des Rechts der Nationen auf freie Lostrennung nicht mit der Frage verwechselt werden (darf), ob sich eine Nation zu diesem oder jenem Zeitpunkt unbedingt lostrennen muß. Diese Frage muß von der Partei des Proletariats in jedem einzelnen Fall vollkommen selbständig je nach der gegebenen Situation entschieden werden" (J.W. Stalin: Werke. Hrsg. vom Marx-Engels-Lenin-Institut beim ZK der KPdSU, Band 3. Berlin-Ost 1950, S. 48). Das Entscheidungsrecht wurde von Stalin von der Nation auf die Partei verlagert. Das weiterhin als „Selbstbestimmungsrecht der Völker" bezeichnete Recht degenerierte damit zu einem „Selbstbestimmungsrecht der Partei über die Völker". Vgl. zu diesem Komplex: Georg W. Strobel: Die Partei Rosa Luxemburgs, Lenin und die SPD. Der polnische „europäische" Internationalismus in der russischen Sozialdemokratie. Wiesbaden 1974, S. 609, 626 ff.

und – nach ihrem eigenen Verständnis – auf deren Souveränität und staatliche Unabhängigkeit. So sublimierte die Sowjetunion den gleichen Ansatz wie Deutschland, der aber politisch weiter als der deutsche ging. Die Sowjetunion tat es in einem nicht völkerrechtlich und völkisch orientierten, wie Deutschland, sondern klassenbestimmten und klassenkämpferisch determinierten, internationalistisch verstandenen Recht auf Selbstbestimmung der Völker bis zur Lostrennung, wie es – offiziell erweitert – proklamiert wurde. Damit folgte die Sowjetunion einem anderen Grundverständnis als Deutschland: für sie galt nicht das nationalpolitische, völkische Selbstbestimmungsrecht, wie bei Deutschland, das von der Sowjetunion ideologisch als kleinbürgerlich abgetan wurde, und auch nicht das völkerrechtliche, wie von Deutschland beansprucht, das von ihr als kapitalistisch beschimpft wurde, sondern ein ideologieorientiertes revolutionäres Klassenkampfverständnis territorialer Revision. Sie setzte auf Revolution mit Hilfe der verschiedenen Minderheiten Ostmitteleuropas, aber auch darüber hinaus, und des von ihnen ausgehenden Zerfalls des Versailler Staatensystems.

Für das Verstehen von Strategie und Taktik der Sowjetunion ist die politische Einordnung der theoretischen Entwicklung des klassenkämpferischen Revolutionsverständnisses der Minderheitenfrage nötig. Sonst würden die Verbindungen zur Idee der Weltrevolution und zur Strategie für deren Verwirklichung im Dunkeln bleiben.

Die europäische Minderheiten- und die außereuropäische Kolonialfrage wurden dadurch miteinander in theoretischen Gleichklang gebracht, daß die ostmitteleuropäischen Minderheitenregionen als ausgebeutete Halbkolonien der Mehrheitsnationen innerhalb derer Staatsgrenzen definiert wurden. Mit diesem auf den ersten Blick eher komplizierenden Ansatz, der zumindest für die deutschen, aber auch für Teile der ukrainischen Minderheitenregionen nicht zutraf, wurden im kommunistischen Verständnis alle ostmitteleuropäischen Minderheiten zu einer einheitlichen revolutionären Masse gestempelt. Dann wurden sie mit den kolonialen Völkern aller Hautfarben im gleichen revolutionärpolitischen Topf vermengt. Auch ihnen wurde ja gleichermaßen das Selbstbestimmungsrecht zugesprochen, wenngleich über den Umweg des kolonialen Volksbefreiungskampfes, der zu führen sei.

Gemäß dieser Einordnung wurden die partisanenähnlichen nationalen Kämpfe der Ukrainer und Weißruthenen in Ostpolen der zwanziger und Anfang der dreißiger Jahre, die zu brutalen Pazifizierungs- und Unterdrückungsaktionen der polnischen Staatsmacht geführt haben[3], als zum revolutionären Volksbefreiungskampf gehörende Aktionen in den polnischen Halbkolonien Westukraine und Westweißrußland klassifiziert. In die Volksbefreiungsstrategie wurden ebenfalls die vorher nur als lokal eingestuften punktuellen Auflehnungen der Ukrainer in der Ostslowakei, der Karpatho-Ukraine, und in Rumänien, der Bukowina, eingeordnet.[4] Zu den nationalistischen, in ihrem Wesen antikommunistischen ukrainischen Gruppen, die in der Tradition von 1917 eine selbständige Ukraine erzwingen wollten und darin von Deutschland materiell und politisch unterstützt wurden, bestanden außer personalen Beziehungen der verschiedenen kryptokommunistischen Organisationen, wie „Hromada" oder „Sel-Rob", eben auch politische Übereinstimmungen in der Sache.[5] Sie lagen in den gemeinsamen Zessions- bzw. Separationsforderungen. Wenngleich kausal unterschiedlich akzentuiert, waren sie sich in der Forderung einer Loslösung von den Mehrheitsnationen und aus deren Staatsgrenzen, zumindest aber in der Erwartung einer nationalen territorialen Autonomie für die von Ukrainern und Weißrussen bewohnten ostpolnischen Gebieten gleich.

Alle diese Erscheinungen, inklusive die nichtkommunistischen Entwicklungen, wurden von den Kommunisten als eine erste Etappe auf dem Wege zu ihrem eigenen Ziel, zur Beseitigung des Versailler Staatensystems in revolutionärer Absicht, betrachtet. Das stellte interessante politische Querbeziehungen her: erstens – die Angliederung der ukrainischen und weißrussischen Minderheitengebiete an die Mutternationen, die in der Ukrainischen und in der Weißrussischen SSR organisiert und damit Teil der Sowjetunion waren, obgleich sie, wie besonders die Ukrainische SSR und deren kommunistische Partei, ebenfalls von erheblichem Nationalismus bedrängt wurden, und – zweitens – die davon ausgehende zentrifugale politisch-revolutionäre Wirkung auf das gesamte, von Minderheiten geprägte Ostmitteleuropa.

Die kommunistische Einschätzung und Strategie gingen davon aus, daß die innenpolitischen Handlungsweisen Polens, der Tschechoslowakei und Rumäniens, am Rande aber auch der strategisch als weniger wichtig eingestuften baltischen Staaten, von der Infragestellung ihrer staatlichen Integrität und damit auch ihrer Lebensfähigkeit oder gar Unabhängigkeit bestimmt sein mußten. Folgerichtig mußte dies zu einem Zusammenprall mit den Minderheiten und zu tiefgreifenden, dann von der Sowjetunion revolutionär zu nutzenden Instabilitäten führen. Ein Ausgleich der divergierenden Interessen innerhalb der einzelnen Staaten wurde von den Kommunisten dann nicht mehr für möglich gehalten.

Der durch die politische Entwicklung mitbestimmte ideologietheoretische Meinungsbildungsprozeß hinsichtlich der Verbindung der Minderheiten- mit der Volksbefreiungsstrategie wurde auf dem VI. Komintern-Kongreß 1928 abgeschlossen und besiegelt. Der Kongreß verkündete die neue Politik und machte sie für alle Mitgliedsparteien verbindlich. Bereits 1918 hatte sich diese Strategie im Nationalitätskommissariat Stalins angekündigt, von ihm patroniert. In Polen war sie seit 1919 in die Abstimmungsproblematik Oberschlesiens eingelagert. Seit Anfang der zwanziger Jahre kristallisierte sie sich auf dem Hintergrund der Erfahrungen und Übereinstimmungen in Ostpolen mit der ukrainischen und weißruthenischen Minderheitenfrage und Minderheitentaktik sukzessive endgültig heraus, um dann 1928 allgemeine Gültigkeit zu erlangen.

Das ideologisierte Selbstbestimmungsrecht der Völker wurde, wie bereits diese Entwicklung zeigt, von der Komintern, dem ideologiedeterminierten und parteigebundenen In-

3 vgl. hierzu James Barr: Rhys J. Davies, Report on the Polish Ukrainian Conflict in Eastern Galicia. London: House of Commons, 1931; William Henry Chamberlin: The Ukraine, a Submerged Nation. New York 1944; Stephen Shumeyko, Ukrainian National Movement. New York 1939.

4 S. Gopner: Pid praporom svitovoji proletars'koji revoljucij. Do desjatylittja Kominternu. Winnipeg, Man. 1930, S. 29 ff.; Robert S. Sullivant: The Problem of Eastern Galicia. Sept. 1948. Polish Subject Collection, Hoover Institution on War, Revolution and Peace. Stanford University, Stanford, Calif.

5 Danylo Šumuk: Perežyte i peredymane. Spogady i rozdumy ukrajins'kogo disidenta-politbjaznja z rokiv blukan'i borot'by pid tr'oma okupacijami Ukrajiny (1921–1981). Detroit 1983, S. 50 f.; Taraschkewitsch: Westweißrußland als Aufmarschgebiet der imperialistischen Intervention. In: Kommunistische Internationale, Berlin, Nr. 1–2 vom 15. 1. 1931, S. 22 ff.; Biuletyn Komitetu Centralnego Komunistycznej Partii Zachodniej Białorusi, Wilno, Nr. 8–9 vom 25. 12. 1927 und Biuletyn Informacyjny KC Komunistycznej Partii Białorusi Zachodniej, Wilno, Nr. 2 vom Juni 1930. Centralne Archiwum KC PZPR, Warszawa.

strument der sowjetischen Außenpolitik, nicht als ein Instrument des nationalen Friedens und der Menschenrechte gehandhabt, wie es sonst in der Völkerrechtsgemeinschaft verstanden und nach außen von der Regierung der Sowjetunion ebenfalls vertreten wurde. In der Realität sowjetischen zweigleisigen politischen Handelns wurde es zum Instrument der Revolution in der Welt. Seine spezifische Friedensfunktion bestand nach sowjetisch-kommunistischem Verständnis allein darin, den Klassenfrieden und damit die Hegemonie der Sowjetunion als dessen Trägerin nach der Zerstörung des Kapitalismus als der herrschenden ausbeuterischen, deswegen aber abzulösenden Ordnung in der Welt zu installieren. Das kommunistische Verständnis vom Selbstbestimmungsrecht der Völker bis zur Loslösung unterschied sich dadurch grundsätzlich vom völkerrechtlich akzeptierten Selbstbestimmungsrecht der Völker der übrigen Völker- und Staatengemeinschaft. Außer seiner Grundbezeichnung hatte es nichts weiter mit ihm gemein.

II. Revolutionäre Strategie der Komintern in Oberschlesien 1919-1921

1. Ethnische Zuordnung Oberschlesiens

In der politischen Praxis der Anfang 1919 gegründeten Dritten Internationale, der Kommunistischen Internationale, etablierte sich unter dem Einfluß Stalins, der sie bald dominierte, eine Langzeitstrategie der revolutionären Nutzung der Minderheiten. In ihr fiel Deutschland und den Deutschen von Anfang an eine zentrale Rolle zu, wenngleich auch die Minderheiten slawischen, litauischen und magyarischen Ursprungs genutzt wurden. Von Bedeutung dabei war, daß die deutschen Minderheiten in Polen, Litauen und in der Tschechoslowakei nicht nur wirtschaftlich bedeutsam waren, was ihnen politische Macht und Einfluß zuwachsen ließ, sondern durch ihre Zahl, ihre flächenmäßige Ausdehnung sowie durch ihre geographische Lage und Zuordnung von hervorragender politischer Bedeutung bei einer operativen Konzentration auf Deutschland sein mußten, dem ohnehin visionären Mutterland einer europäischen Revolution bei Marx und der großen Revolutionshoffnung Lenins und Stalins, wie gerade Stalin sie nicht ohne Nebengedanken besonders gegenüber den Polen hervorhob.[6] Aus dieser Situation heraus machten sich die Komintern und mit ihr die Sowjetunion Hoffnung, die deutsche Minderheit in Polen im Zusammenspiel mit dem unterlegenen, durch Versailles gedemütigten und territorial beschnittenen Deutschland zu einer revolutionären Gärmasse machen zu können. Die Mitgliedsparteien der Komintern, die ihre Eigenständigkeit zu deren Gunsten 1920 aufgegeben hatten, wenngleich, wie die polnische, nicht immer widerspruchslos, was zu Eingriffen der Komintern in deren Führungsstrukturen und zu vielfältigen Dissonanzen mit der Komintern- und der KPdSU-Führung führte, akzeptierten die von Stalin entwickelte Revolutionsstrategie. Sie machten sich ihr als nationale Sektionen der internationalen Überpartei Komintern in ihren Staaten und Parlamenten politisch dienstbar.

6 Im Jahre 1924 äußerte Stalin auf der Sitzung der Polnischen Kommission der EKKI, daß „Deutschland unter allen Ländern Europas der Revolution am nächsten steht" und „mit Deutschland wird die revolutionäre Explosion in Europa beginnen. Nur Deutschland kann in dieser Beziehung die Initiative übernehmen." Zit. nach: I. Lenski (= Julian Leszczyński): Deutschland und Polen – die Knotenpunkte der revolutionären Front. In: Rote Gewerkschafts-Internationale, Nr. 1/2 vom Januar 1933, S. 37.

Der kommunistischen revolutionären Langzeitstrategie kamen die separatistischen bürgerlichen Bestrebungen in Oberschlesien nach 1918 entgegen. Ihren Ursprung besaßen sie in der ungesicherten politischen, wirtschaftlichen und sozialen Lage in Deutschland und Polen, besonders noch angesichts der Ungewißheit bezüglich der staatlichen Zugehörigkeit ihrer Heimatregion wegen der in Versailles beschlossenen Volksabstimmung. Polen als möglicher künftiger Patronatsstaat hatte zudem mannigfachere Schwierigkeiten zu bewältigen als Deutschland infolge seines staatlichen Neubeginns auf einem desintegrierten Territorium, das von drei unterschiedlichen politischen und sozialen Konzeptionen – jeweils an deren staatlicher Peripherie mit allen negativen Folgen einer solchen Randlage – gestaltet und wie Deutschland auch von einer Inflation heimgesucht war. In den beiden Anfangsjahren Polens kamen noch bewaffnete Auseinandersetzungen mit den Tschechen um das Olsa-Gebiet und Teschen, den Ukrainern um die südöstlichen Landesteile, was seinen Höhepunkt im verlustreichen, heldenhaft verklärten Abwehrkampf junger Polen, der „Orlęta" („Adlerjunge"), um Lemberg hatte, mit den Litauern wegen der Besetzung Wilnas und dessen Umgebung, der bereits ausgerufenen Hauptstadt des unabhängigen Litauens, sowie mit den Russen um die östliche Staatsgrenze hinzu. Die Rote Armee war bis vor Warschau und mit Stoßtrupps bei Thorn bereits über die Weichsel vorgedrungen. In Białystok wurde eine kommunistische polnische Gegenregierung installiert, die die polnische Staatlichkeit und Unabhängigkeit in Frage stellte.

Angesichts einer solchermaßen weithin ungewissen Situation schien für viele Oberschlesier ein separater Staat Oberschlesien ein gangbarer partikularistischer Ausweg aus aller möglichen Misere in Deutschland und besonders Polen, dazu in einer indifferenten Gemengelage des nationalen Dualismus mit einem stark ausgeprägten übernationalen Regionalismus. Diese Überlegungen machten sich die Kommunisten zunutze.

Schon im März 1919 klinkte sich die Kommunistische Arbeiterpartei Polens (KPRP), die sich Mitte 1924 in Kommunistische Partei Polens (KPP) umbenannte, in die separatistische oberschlesische Entwicklung ein, nachdem sie bei ihrem Gründungsparteitag Mitte Dezember 1918, einen guten Monat nach der Erreichung der von der polnischen Nation 125 Jahre entbehrten und herbeigesehnten staatlichen Unabhängigkeit Polens, verkündete, ein unabhängiger polnischer Staat werde als Zeichen von Nationalismus nicht benötigt, sondern allein die soziale Befreiung, in der es keinerlei nationale Unterdrückung geben werde. Daher sei die nationale staatliche Unabhängigkeit Polens genauso überflüssig und unerwünscht, wie die Berufung auf eine „historische Gerechtigkeit" bei Ansprüchen unredlich sei. Eindeutig wurde im Organ einer der beiden Vorläuferparteien der polnischen Kommunisten noch vor der Verkündung des unabhängigen polnischen Staates alles das in einer Weise ausgedrückt, die für die kommunistischen Argumentationen nach 1945 hätte im Gedächtnis bleiben sollen: „Eine historische Gerechtigkeit, die die Rückgabe der durch Preußen geraubten polnischen Gebiete oder des historischen Erbes Polens verlange, ist eine hohle Phrase... Viel Wasser floß in der Zwischenzeit die Flüsse hinab und viele Veränderungen sind in den wirtschaftlichen und ethnographischen Verhältnissen dieser Gebiete eingetreten, so daß die überaus komplizierten Probleme des heutigen Polens nicht mit Hilfe von historischen Abstraktionen gelöst werden können."[7]

7 Trybuna, Moskwa, 5.11.1918.

In einem deutschsprachigen Aufruf des Zentralkomitees der bereits gegründeten kommunistischen Partei Polens vom März 1919 wurde dann die „frischgebackene" polnische Regierung folgerichtig verurteilt, weil sie „unter dem Vorwand der Wiedervereinigung der einstmalig zergliederten polnischen Nation die 'Wiedergabe' rein deutscher Gebiete (fordert): sie fordert nicht nur den polnischen Teil, sondern die ganze Provinz Posen, Schlesien, Danzig mit Umgegend und eine Menge anderer Städte und Ländereien, die ganz oder in der überwiegenden Mehrheit von Deutschen bevölkert sind".[8]

Beachtenswert ist für die künftige kommunistische Politik, daß die kommunistische Partei Polens bereits zu diesem frühen Zeitpunkt die durch den polnischen Handstreich in der Provinz Posen Anfang 1919 vor den Versailler Vertrag und vor der späteren Grenzziehung zu Deutschland an seinem Westrand in den polnischen Staat eingegliederten Gebiete als „rein deutsch" oder zumindest „in der überwiegenden Mehrheit" als ethnisch deutsch einschätzte. Diese Beurteilung blieb gültig für die Komintern, die KPP und die KP Deutschlands für die späteren minderheitenpolitischen Argumentationen, Auseinandersetzungen und Verlautbarungen. Bereits Anfang 1919 wurde damit die kommunistische Grundhaltung gegenüber Polens westlichen Landesteilen festgeschrieben. Die Grundlagen für die revolutionäre minderheitenpolitische Strategie waren gelegt.[9]

Zur Unterstreichung der gleichermaßen aus revolutionären wie zu dieser Zeit auch aus Schutz- und Verteidigungsgründen gegenüber dem im Überlebenskampf stehenden Sowjetrußland vertretenen separatistischen Strategie wurde Oberschlesien, dessen Deutschsein nicht in Frage gestellt wurde, schon sehr bald von polnischen Kommunisten als „oberschlesische Kolonie" und eine „Goldgrube der deutschen Kapitalisten" bezeichnet. Da es ein zweites „Kamerun" sei, in dem das Proletariat noch schlechter gestellt sei als die „Kameruner Neger"[10], müsse es selbständig werden. Die Einschätzungen entsprachen

---

8 Flugblatt, in: Elias Tcherikover-Archives. YIVO-Institute for Jewish Research, New York, N.Y. – Noch davor wurde vom Warschauer Arbeiterrat in einem Flugblatt vom 7. Februar 1919 die polnische Regierung verurteilt, weil sie um „schlesischen Boden schachert, handelt und feilscht" (Polish Subject Collection, Hoover Institution on War, Revolution and Peace. Stanford University, Stanford, Calif.). Die kommunistische Partei Polens lehnte bereits während der Vorlaufzeit ihrer Gründung einen unabhängigen polnischen Staat, dessen Entstehen sich sehr deutlich abzeichnete, als „Unabhängigkeitskomödie" ab und sagte einen „unbarmherzigen Kampf den Unabhängigkeitsbetrügern" an (Flugblatt „Angesichts des neuen Unabhängigkeitsbetrugs" vom Oktober 1918 und Flugblatt „Angesichts der blutigen Unabhängigkeitskomödie" vom 6. November 1918. Polish Subject Collection, Hoover Institution on War, Revolution and Peace. Stanford University, Stanford, Calif.). Diese Haltung behielt sie nach ihrer Gründung bei. Sie wandte sich gegen alle „politischen Losungen, wie Autonomie, Selbständigkeit, Selbstbestimmung auf der Grundlage politischer Formen des Kapitalismus", und sagte mit der „eigenen bewaffneten Stärke" den Kampf gegen „alle Versuche zur Schaffung einer bürgerlichen konterrevolutionären polnischen Armee, gegen alle Kriege um Nationalstaatsgrenzen, denn für das Lager der sozialen Revolution gibt es ein Problem der Grenzen nicht", an. Vgl. Platforma polityczna. In: Zasady i taktyka Partii Komunistycznej. I. Ważniejsze uchwały Partii od Zjazdu Zjednoczeniowego w grudniu 1918 do Konferencji Partyjnej w kwietniu 1920. Warszawa 1920, S. 25.

9 1927 wurde von Feliks Kon, einem polnischen Altrevolutionär aus den 80er Jahren des 19. Jh. und hochgeachteten Kommunisten, im Zusammenhang mit dem schlesischen Plebiszit geschrieben, daß um 1920 „in einigen Kreisen, wie beispielsweise im Kreise Beuthen, es nur 13–14 v.H. Polen gegeben hat, wobei es Ortschaften mit einem wesentlich geringeren Anteil der Polen gab – aber alles das wurde als polnischer Teil Schlesiens bezeichnet". Vgl. Feliks Kon, Nacional'nyj vopros v Polše. Moskva–Leningrad 1927, S. 14f.

10 Czerwony sztandar, 8. 10. 1920, zit. nach: Organizacje komunistyczne na Górnym Śląsku i w Zagłębiu Dąbrowskim 1918–1922 Materiały źródłowe. Zebrali i opracowali Michał Antonow, Henryk Rechowicz i Jerzy Sochanik. Katowice 1958, S. 124ff.

Äußerungen Stalins aus dieser Zeit, die zur allgemeinen Sprachregelung wurden, und der frühen Kritik Stalins an Lenins Haltung in der nationalen Frage. Stalins Verknüpfung von Minderheiten- und kolonialer Volksbefreiungsfrage wurde zum revolutionär-separatistischen Ansatzpunkt der Oberschlesienfrage.[11]

Die revolutionär verstandene separatistische Lösung eines Räte-Oberschlesiens oder Sowjet-Oberschlesiens, wie es alternativ genannt wurde, wurde argumentativ geschickt auf die Kreise abgestellt, die angesprochen werden sollten: zurückhaltend und sachlich geschah es gegenüber bürgerlichen Kräften, hingegen betont klassenkämpferisch gegenüber dem Proletariat. Das geschah einerseits mit Hilfe einer breiten verbalen Propaganda und andererseits durch die Gründung einer eigenen bi-nationalen und bi-lingualen Kommunistischen Partei Oberschlesiens (KPO). Sie wurde als Propagator und politische Führungskraft des künftigen separaten kommunistischen Oberschlesiens unter Berücksichtigung und Nutzung beider gesellschaftlicher Interessen dieses Raumes, der deutschen und der polnischen, eingesetzt.

Gegenüber dem Bürgertum bediente sich die separatistische kommunistische Propaganda einer nicht verschreckenden, sachlichen und argumentativ ausgewogenen Sprache, um die „politische Selbständigkeit, die unserer Eigenart entspricht“, zu erringen.[12] Sie mündete in der Regel in den Ruf „Oberschlesien den Oberschlesiern“. Damit sollte auch die polnisch orientierte oberschlesische Bevölkerung, die sich vor allem aus unteren sozialen Schichten zusammensetzte, gewonnen werden, die mit dem Slogan „Schlesien den Schlesiern“ schon rund dreißig Jahre früher im „Kurier Górnośląski“ („Oberschlesischer Kurier“) eine weitgehend gleiche Haltung eingenommen hatte.

In Flugblättern, die für das „revolutionäre Proletariat“ bestimmt waren, in dem ja die polnischsprachigen Unterschichten stark vertreten waren, obwohl sie sich weit eher in der ländlichen als in der städtischen Bevölkerung bemerkbar machten, wurde hingegen „ein kommunistisches Oberschlesien“ gefordert, das durch einen „Kampf für ein Räte-Oberschlesien“ entstehen werde. Dabei wurde auf die Beispiele der Münchener Räterepublik und auf die ungarische Räterepublik Bela Kuns verwiesen.[13] Treffen deutscher mit polnischen, russischen, tschechischen und ungarischen Kommunisten im oberschlesischen Grenzraum sollten dem gleichen Zweck und der Vorbereitung des revolutionären Kampfes dienen, aber auch der Sicherstellung der „internationalistischen Hilfe“ für das bedrängte Sowjet-Rußland und für die Installierung eines weiteren „internationalen Brennpunkts des Kommunismus“ in einem Räte-Oberschlesien.[14] Hinweise lassen ver-

11 Georg W. Strobel: Ethnie-Nationalität und der Führungsanspruch der Sowjetunion. In: deutsche studien. Berlin 1979, Nr. 65, S. 23ff.

12 Piotr Dobrowolski: Jeszcze w sprawie separatyzmu śląskiego. In: Zaranie Śląskie, 37/I (1974), S. 136ff.; Broschüre „Oberschlesien – selbständiger Freistaat?“, die in deutscher und polnischer Sprache erschienen ist und den Slogan „Oberschlesien den Oberschlesiern“ mit unterschiedlichen Lettern und Druckstärken immer wieder suggestiv wiederholt und hervorhebt. Vgl. SP Germany: Kommunistische Partei Deutschlands. Bezirk Oberschlesien. Hoover Library, Stanford University, Stanford, Calif.

13 Flugblätter der KPP und der KP Oberschlesiens. In: Polish Leaflat Collection: Communist Party of Poland. Hoover Library, Stanford University, Stanford, Calif.

14 Meldung des Generalkommandos VI vom 7. Juni 1919. Deutsches Zentralarchiv Merseburg (= DZA), Rep. 77, Tit. 856 0 48b, Bd. I.

muten, daß es Ende 1920/Anfang 1921 ähnliche kommunistische revolutionär-separatistische Vorstellungen für das Gebiet von Pommerellen und Danzig[15] sowie für die durch den bewaffneten polnischen Handstreich noch vor dem Versailler Vertrag polnisch gewordene Provinz Posen[16] gegeben habe.

2. Revolutionärer Separatismus und die oberschlesischen Aufstände

Die drei oberschlesischen Aufstände von 1919, 1920 und 1921 wurden von der Komintern, wenngleich mit jeweils unterschiedlichem Engagement, als internationalistische Aufstände zur Errichtung einer separatistischen Räterepublik Oberschlesien sowie zur Unterstützung der nach Mitteleuropa vorstoßenden Roten Armee gesehen und vorbereitet, wenngleich sie später durch die polnischen Aufstandsverbände, die polnische militärische Unterstützung und die nationale Propaganda Korfantys eine nur nationale polnische Ausdeutung erhielten. Sie war vordergründig, einseitig national und polonozentrisch, auf alle Fälle aber zu undifferenziert.

Der erste Aufstand wurde 1919 durch eine breite, von kommunistischen Partei- und Gewerkschaftsorganisationen vorbereitete Streikbewegung eingeleitet, die keineswegs national polnisch orientiert war.[17] Im dritten Aufstand 1921 kämpften geschlossene „rote“ kommunistische Einheiten. Sie bestanden zu beträchtlichen Teilen aus polnischen Oberschlesiern und agitierten ausdrücklich für die Schaffung einer separaten Räterepublik, wie beispielsweise bei ihrem Einmarsch unter roten Fahnen Anfang Mai 1921 in Hindenburg.[18] In solchen Zusammenhängen ist der zweite Aufstand 1920 besonders signifikant: Er erfolgte zeitlich parallel zum Vormarsch der Roten Armee bis vor Warschau und nach Thorn. Bei ihrem Vormarsch wurde die deutsche Grenze in Ostpreußen wiederholt verletzt. Korfanty, der nationalpolnische Aufstandsführer, bekannte später, daß er mit dem Aufruf zum Aufstand in Oberschlesien der proletarischen Aufstandsbereitschaft trotz des für Polen ungünstigen Zeitpunkts zuvorzukommen trachtete, um dem unmittelbar bevorstehenden kommunistischen durch einen nationalen polnischen Aufstand zu begegnen; er habe sich einer vorhandenen politischen Situation angehängt, sie nicht gestaltet

15 Brief Wolffheims an Hans Grimm vom 19. September 1926. Carl-Severing-Nachlaß. Archiv der Sozialen Demokratie, Bonn-Bad Godesberg. – Der Staatskommissar für öffentliche Ordnung, Berlin, berichtete am 16. September 1920, daß die Deutschen in Pommerellen die Rote Armee erwarteten, weil sie sie aus der polnischen Herrschaft befreien würde. Die deutsche Presse sei gebeten worden, sich bei der Berichterstattung hierüber zurückzuhalten, um dem Deutschtum in Polen nicht zu schaden. Akten der Botschaft Polen. P 3: Polens innere Politik – PO 13 163, Politisches Archiv des Auswärtigen Amtes, Bonn.

16 Bericht der deutschen Gesandtschaft aus Warschau vom 29. Juni 1921. Abtlg. Polen. Akten betr. Innere Politik, Parlaments- und Parteiwesen. PO 11 005 21. Politisches Archiv des Auswärtigen Amtes, Bonn, Grenznachricht, 23.7.1921, ebd., PO 12 713.

17 Zur Vorgeschichte des polnischen Augustaufstandes in Oberschlesien. Urkundliche Beiträge zur Entwicklung der großpolnischen Bewegung und zur Schuldfrage. Von einem Oberschlesier. Charlottenburg 1919.

18 Encyklopedia powstań śląskich. Opole 1982, Schlagwort: Komuniści w powstaniach śląskich, S. 233. – Dazu auch: Zur Vorgeschichte des polnischen Augustaufstandes in Oberschlesien, wie Anm. 17, S. 12ff.

und hervorgerufen, mit deren Hilfe er aber nationalen polnischen Grenzinteressen Vorrang zu verschaffen suchte und eine kommunistische Zangenbewegung gegenüber Polen verhindern wollte.[19]

Der zweite oberschlesische Aufstand, der von den Kommunisten vorbereitet und zeitlich programmiert worden war, entlastete und begünstigte den Vormarsch der Roten Armee nach Westen, wie von der Komintern vorgesehen, und zwar dadurch, daß er das im Abwehrkampf stehende Polen auf mannigfaltige Weise schwächte: durch die Sperrung der Transportwege für Waffenlieferungen an Polen aus dem Westen[20] gleichermaßen wie durch die an den oberschlesischen Aufstand zu leistende Hilfe Polens, gleichrangig Waffen- wie militärische Personalhilfe, was im eigenen Abwehrkampf gegen die vorrückende Rote Armee entbehrt werden mußte. Schließlich handelte es sich bei dem Aufstand um ein revolutionäres Fanal für die kommunistische Politik in Deutschland.

Ein revolutionärer Gleichschritt zwischen dem zweiten Aufstand in Oberschlesien und der nach Mitteleuropa vorrückenden Roten Armee, die die Revolution auf ihren Bajonettspitzen nach Deutschland trug, wie in der „Roten Fahne" zu lesen war, ist offensichtlich.[21] Polnische und deutsche Kommunisten Oberschlesiens forderten nach seiner Niederschlagung noch Mitte Dezember 1920 gemeinsam – gewissermaßen als Verpflichtung für den vorbereiteten dritten oberschlesischen Aufstand – alles zu tun, um in Oberschlesien eine „Sowjetrepublik" zu begründen.[22] Zwar schoben nicht-oberschlesische polnische Kommunisten diese Hoffnung „vorerst" auf, ohne allerdings auf sie zu verzichten.[23]

Die separatistischen Eigenständigkeitsüberlegungen werden durch die organisationssoziologische Entwicklung des Kommunismus in Oberschlesien noch unterstrichen. Die politische Aktion der Kommunisten sollte nicht allein von verschiedenen, auch national unterschiedlichen Organisationen revolutionärer Grundeinstellung getragen werden, wie seit Anfang 1919, sondern von einer eigenen einheitlichen, bereits separatistischen Kommunistischen Partei Oberschlesiens (KPO). Da kommunistische Parteien nationale Sektionen der internationalistischen Kommunistischen Internationale waren und ihre Zuordnung zu Staatsgebiet bzw. Staatsgrenzen bereits in ihrer Namensgebung beachteten, um diese Eigenschaft zu unterstreichen, betont die Gründung einer eigenen kommu-

19 W. Korfanty: Odezwa do ludu śląskiego. Katowice 1927, S. 9.

20 Georg W. Strobel: Die Wirtschaftsbeziehungen Deutschlands und Polens 1919–1932. In: Die deutsch-polnischen Beziehungen 1919–1932 (= Schriftenreihe des Georg-Eckert-Instituts für internationale Schulbuchforschung, Band 22/VIII), Redaktion Wolfgang Jacobmeyer. Braunschweig 1986, S. 112.

21 Hierzu auch K. Hoefer: Oberschlesien in der Aufstandszeit 1918–1921. Berlin 1938, S. 44ff.; Günther Meinhardt: Oberschlesien 1918/19. Die Maßnahmen der Reichsregierung, Behörden und Gewerkschaften zur Sicherung Oberschlesiens. In: Jahrbuch der Schlesischen Friedrich-Wilhelms-Universität zu Breslau. Bd. 16, Sigmaringen 1971, S. 215ff. – Eine gegenteilige Meinung vertritt Franciszek Hawranek, obwohl er in seiner Monographie die Teilnahme der Kommunisten an den Aufständen einräumt. Vgl. Franciszek Hawranek: Ruch komunistyczny na Górnym Śląsku w latach 1918–1921. Wroclaw/Warszawa/Kraków 1966 – und – Franciszek Hawranek: Geneza Komunistycznej Partii Górnego Śląska, in: Z pola walki, 1961, Nr. 3, S. 25ff.

22 Czerwony sztandar, 12. 12. 1920. In: Organizacje komunistyczne na Górnym Śląsku, a.a.O., S. 163.

23 Na barykady. Żołnierskie pismo komunistyczne, 31. 1. 1921. Centralne Archiwum KC PZPR. Warszawa.

nistischen Partei in Oberschlesien die Absicht der Gründung eines revolutionären eigenständigen Räte-Oberschlesiens noch besonders, auch wenn das Räte-Oberschlesien nur eine Übergangserscheinung in einer übergreifend revolutionären Konzeption für Europa hätte werden sollen, ähnlich der Münchener oder der Bremer Räterepublik.

Aus dem Zusammenschluß des Bezirks Oberschlesien der VKPD, der gewerkschaftlichen Freien Arbeiter-Union, der linken Flügel der USPD und der PPS (Polnische Sozialistische Partei), darunter auch ihres Kattowitzer Bezirks, sowie des oberschlesischen Bezirks der KPP, also aller in diesem Gebiet tätiger deutscher und polnischer kommunistischer und linkssozialistischer Organisationen, die bis dahin keineswegs alle der Komintern angehörten, wurde Ende November 1920 in Berlin – und nicht in einer oberschlesischen Stadt, wie zu erwarten gewesen wäre – nach einigen organisatorischen Zwischenschritten der gegenseitigen Angleichung die KP Oberschlesiens gegründet. Bemerkenswerterweise geschah diese Gründung erst, nachdem die bisherige kommunistische Tätigkeit in zwei Jahren und in zwei Aufständen die Kommunisten ihrem Ziel nicht näher gebracht hatte. Die durch die Parteigründung zutage kommende taktische Umstellung kann daher auch als Eingeständnis und Ausfluß eines bisherigen Mißerfolges der kommunistischen Politik in Oberschlesien gedeutet werden.

Die KP Oberschlesiens trat unverzüglich der Komintern bei. Damit unterstrich sie die Unterordnung unter deren politische Strategie und Taktik auch für ihre ehemals radikalsozialistischen Organisationsteile. Im Augenblick ihres Entstehens zählte sie 5 600 Mitglieder in 73 Ortsorganisationen. Bei ihrer Auflösung und dem ihr folgenden Übertritt der Mitglieder in die KPD und KPP soll sie noch 4 000 Mitglieder in 60 Ortsorganisationen gezählt haben, was bei den spezifischen oberschlesischen politischen Verhältnissen, die konfessionell erheblich geprägt waren, eine beträchtliche Stärke der Partei bedeutete. Die Mitgliederstärke der KP Oberschlesiens scheint während ihres kurzen Bestehens stark geschwankt zu haben. Jadasch, einer ihre Gründer und Anführer, berichtet in seinen Erinnerungen, daß sie zwischenzeitlich 42 000 – 45 000 Mitglieder gezählt habe, was aber in dieser Höhe sehr übertrieben scheint. Jadasch schreibt auch, und das ist glaubwürdiger, daß Tausende von Parteigenossen an den Aufstandskämpfen in kommunistischen internationalistischen Arbeiterwehren, in die auch Freiwillige aus anderen Teilen Deutschlands eintraten, die dazu von der VKPD aufgerufen wurden, teilgenommen hätten. Rund 150 Mitglieder der KP Oberschlesiens sollen im Kampf um ein Räte-Oberschlesien ihr Leben gelassen haben. Da die KPO erst nach dem zweiten Aufstand gegründet worden war, gilt dies allein für den letzten, den dritten der oberschlesischen Aufstände. Polnisch hieß die Partei übrigens identisch „Komunistyczna Partia Górnego Śląska".[24]

Der Funktionärs- und Gründerkreis der KP Oberschlesiens ist genau so bemerkenswert, wie sie selber und ihre Aufgaben. Zu ihren Gründern und späteren Führungspersonen gehörten auch Nicht-Oberschlesier, wie u.a. der deutsche, damals zwanzigjährige Jude aus Lodz, Gustav Reicher, der unter dem Pseudonym Rwal schon vorher und später vielfältige Aufgaben innerhalb und außerhalb Polens im Auftrage der Komintern zu erledigen hatte und zum Zwecke der Gründung der KPO aus Moskau kam, wohin er aus Polen we-

24 vgl. die Arbeiten von Franciszek Hawranek, wie Anm. 21; Peter Maslowski: Die Kommunistische Partei Oberschlesiens und der Mai-Juni-Aufstand 1921. Berlin/Gleiwitz 1921.

gen staatsfeindlicher kommunistischer Aktivitäten ausgewiesen worden war; dann der Beuthener Anton Jadasch mit dem Necknamen „Czarny Antek" („Schwarzer Anton"), oberschlesischer FAU-Vorsitzender und als späterer KPD-Reichstagsabgeordneter sowie Herausgeber und Chefredakteur des seit 1928 von der KPD finanzierten Berliner „Głos Pracy" („Stimme der Arbeit") für alle kommunistische Arbeit unter Polen in Deutschland verantwortlich:[25] der Gleiwitzer Gewerkschaftsfunktionär Georg (Jerzy) Ziaja, ein wohl polnischstämmiger Oberschlesier, doch besagen Namen hier wenig über nationale selbstempfundene Zugehörigkeiten, der später als KPD-Stadtverordneter in Gleiwitz und seit 1927 in der Berliner Führung des Roten Frontkämpfer-Bundes wirken sollte, und der zum Zwecke der Parteigründung von der USPD aus Berlin nach Oberschlesien entsandte Deutsche Peter Maslowski, in deren oberschlesischer Führung er anfangs wirkte und sie für die neue Parteigründung einstimmte; später wirkte er in der KPD und in den 60er Jahren war er Redakteur eines Coburger SPD-Parteiblattes.[26]

Zur Überwachung und zur Durchführung der der KP Oberschlesiens aufgetragenen revolutionären Aufgaben, insbesondere während der Vorbereitung des dritten Aufstandes, wurden führende kommunistische Parteifunktionäre mit Weisungsrechten aus Berlin nach Oberschlesien entsandt. Zusammen mit dem Gründungsort Berlin der KP Oberschlesiens zeigt dies die Patronatsaufgaben der KPD gegenüber der KP Oberschlesiens. Die KPD wurde eben als die in Mitteleuropa revolutionär reifste Partei angesehen, was ihre politische Bedeutung und Autorität in Mitteleuropa auch gegenüber der KPP erklärt. Neben Redakteuren der „Roten Fahne" kamen Ruth Fischer und Arkadij Maslow nach Oberschlesien, der für die politische Leitung der kommunistischen Aktionen in Oberschlesien und für den dritten oberschlesischen Aufstand verantwortlich war[27], aber keine Polen. Angesichts ihrer späteren Rolle in der KPD (sog. ultralinke Fischer-Maslow-Gruppe) ist ihr frühes Wirken in der revolutionären Bewegung Oberschlesiens von besonderer Delikatesse.

In dem programmatisch aufgemachten Bericht über den Gründungskongreß unterstrich die KP Oberschlesiens besonders die „nächsten Aufgaben der Partei". Neben dem üblichen Klassenkampf wurden spezifische, auf Oberschlesien gezielte Vorstellungen genannt: die Absage an nationale Tendenzen in der Oberschlesienfrage sowie deren Bekämpfung und das Eintreten für Internationalismus statt Nationalismus, der Oberschlesien bedränge, die Bekämpfung des durch den Versailler Vertrag vorgesehenen Plebiszits

25 Helmut Neubach: Parteien und Politiker in Schlesien. Dortmund 1988, S. 195ff.; Georg W. Strobel: Die „Arbeitereinigkeit". Ein Beitrag zu den Quellen des polnischen Kommunismus. Köln 1975 (= Berichte des Bundesinstituts für ostwissenschaftliche und internationale Studien, 41); Georg W. Strobel: Polnische kommunistische Vereine in Deutschland 1925–1935. In: Zeitschrift für Ostforschung 3 (1977), S. 416ff.

26 In einem Gespräch Mitte der sechziger Jahre mit Peter Maslowski über die KP Oberschlesiens zeigte sich Maslowski sehr betroffen, als er den wirklichen Namen Gustav Rwals erfuhr, seines damals sehr engen Freundes, wie er besonders unterstrich. Noch nachträglich war er über die Unehrlichkeit in den persönlichen Beziehungen und das mangelnde Vertrauen des Komintern-Agenten sehr unangenehm berührt und traurig, wie er sagte.

27 Denkschrift des Staatskommissars für öffentliche Ordnung, Berlin, 9.7.1921. In: Dokumente und Materialien zum gemeinsamen Kampf der revolutionären deutschen und polnischen Arbeiterbewegung 1918–1939. Bearbeitet und eingeleitet von Franciszek Hawranek, Wiesław Lesiuk, Klaus Mammach, Stefan Popiołek. Berlin (Ost) 1977, S. 78ff.

und die Verhinderung einer Teilnahme von Arbeitern an der vorgesehenen Volksabstimmung.

In der Frage der Teilnahme an der Volksabstimmung stießen zwei Konzeptionen aufeinander, eine deutsche und eine polnische. Die KPD, die „das Plebiszit für die kommunistische Propaganda nutzbar machen will", vertrat, unterstützt von einem Großteil der Delegierten des KPO-Gründungskongresses, die Meinung, die Volksabstimmung solle „durch ein demonstratives Votieren für eine 'Räte-Republik' zur Verbreitung der kommunistischen Idee" umfunktioniert werden. Damit wurde Oberschlesien als Vorläufer einer klassenkämpferisch-revolutionären Entwicklung eingesetzt.

Die Führung der KPP war in dieser Hinsicht jedoch eigenwilliger.[28] Sie argumentierte selbstbewußt aus dem Wissen um ihre längere revolutionäre Geschichte, die sie gerade gegenüber der jüngeren russischen Partei Lenins immer wieder herauskehrte. So war sie auch jetzt im Gegensatz zu der Gültigkeit besitzenden Taktik Lenins der Meinung, jegliche Art von Wahlen sei als Mittel des von ihr verworfenen bürgerlichen Parlamentarismus abzulehnen, was auch Ordnungsrufe Lenins und der Komintern nicht zu ändern vermochten. Sie lehnte daher auch die Volksabstimmung in Oberschlesien rigoros ab. Zwar sprachen sich 50 Delegierte für die polnische Konzeption des Volksabstimmungsboykotts und 47 für die deutsche Konzeption aus, was auch als ein Hinweis auf die inneren politischen Proportionen in der KP Oberschlesiens trotz der KPD-Patronatsfunktion zu werten ist. Doch war dies nur ein Urteil über das Plebiszitverhalten der Gesamtpartei und keine Verneinung der grundlegenden Haltung bezüglich der Konzeption eines Räte-Oberschlesiens. Die Vorstellung, bei einer Eigenstaatlichkeitslösung für Oberschlesien würde es zu einem „Vulkan der Weltrevolution" werden, war allgemein. Sie wurde gleichermaßen in polnisch- und in deutschsprachigen Flugblättern und Aufrufen der KPD immer wieder beschworen, dazu besonders gegen Polen gerichtet, dem „Damm für die Revolution", wie es bezeichnet wurde.[29]

Eine Zuspitzung der Aktivitäten der KP Oberschlesiens fand folgerichtig im Zusammenhang mit der Volksabstimmung vom 20. März 1921 statt. Die Partei wandte sich nicht nur gegen die Abstimmungskonzeption der Alliierten, sondern auch gegen die Interessen der beiden Staaten Deutschland und Polen. Die taktische Richtlinie für die kommunistische Agitation lautete im Einklang mit dem Kongreßbeschluß vom Ende 1920: „Tretet nicht auf die Seite eurer Feinde, stimmt nicht für Deutschland, stimmt nicht für das Polen der Kapitalisten und Junker. Kämpft gegen beide, bis sie besiegt am Boden liegen,

28 Czerwony sztandar, 12. 12. 1920. In: Organizacje komunistyczne na Górnym Śląsku, a.a.O., S. 163; – daneben mit einem ersten Tätigkeitsbericht: Czerwony sztandar, 13. 2. 1921. In: ebd., S. 199ff. – Bemerkenswert scheint, daß anstelle des Tagungs- und Gründungsortes der KP Oberschlesiens Berlin aus Gründen der Irreführung der Behörden als Tagungs- und Gründungsort Königshütte angegeben wurde. Ähnlich verfahren wurde bei Tagungen der illegalen kommunistischen Parteien wie der KPP und nach 1933 auch der KPD.

29 Georg W. Strobel: Der Kommunismus in Polen. In: Jahrbücher für Geschichte Osteuropas. Wiesbaden 1960, Nr. 3, S. 355ff.; Georg W. Strobel: Arbeiterschaft und Linksparteien in Polen 1928–1938, in: Jahrbücher für Geschichte Osteuropas. Wiesbaden 1962, Nr. 1, S. 67 ff.; Georg W. Strobel: Die parlamentarische Idee und die polnischen Parteien, in: Die Krise des Parlamentarismus in Ostmitteleuropa zwischen den beiden Weltkriegen. Hrsg. von Hans-Erich Volkmann. Marburg 1967, S. 35ff.

kämpft für eure Befreiung von den deutschen und polnischen Unterdrückern. Kämpft für die Macht der Arbeiter und Bauern in Stadt und Land!" Die zugespitzten Losungen, denen man in vielen beidersprachigen Flugblättern begegnete, lauteten klar: „Nieder mit dem Plebiszitschwindel in Oberschlesien! Es lebe die freie Räterepublik der Arbeiter und Bauern!"[30]

Nach der Volksabstimmung vom März 1921 wurde alle kommunistische Arbeit auf einen neuen Aufstand als politische ultima ratio ausgerichtet. Mit einer anderen Interessenrichtung, aber gleicher Einschätzung wurde er ebenfalls von nationalpolnischer Seite angesteuert. Nach beider Meinung sollte der dritte oberschlesische Aufstand die Ergebnisse der Abstimmung durch Gewalt umstoßen sowie endgültig und endlich das politische Tauziehen um Oberschlesien entscheiden und beenden – entweder nach kommunistischer oder nach nationaler polnischer Konzeption. Jede der Seiten war von ihrem Erfolg überzeugt. Die kommunistische Tagesarbeit der Vorbereitungszeit stand im Zeichen der Bekämpfung nationalpolnischer Konzeptionen und der nationalen Gegensätze, die von den Kommunisten als bürgerlich-konterrevolutionär angesehen wurden, und der Gewinnung alliierter Soldaten, die das Plebiszit überwachten und für Ruhe sorgen sollten.[31] Besonders in englischen und italienischen Einheiten, wo es bis zu 25 v.H. Kommunisten gegeben haben soll, war die kommunistische Propaganda erfolgreich. Wegen politischer Unzuverlässigkeit mußten viele Soldaten heimgeschickt werden.

Zur Sammlung der eigenen Kräfte wurde die bis dahin vernachlässigte kommunistische Jugendarbeit besonders intensiviert. Schon Anfang 1921, besonders aber seit dem März 1921, tauchten verstärkt Aufrufe auf, sich der Organisation der Kommunistischen Jugend Oberschlesiens, die der KP Oberschlesiens unterstand, anzuschließen, damit „wir uns gemeinsam zu Kämpfern für unsere Sache erziehen".[32] Ferner wurde durch massive Streiks die wirtschaftliche und soziale Situation in der Region verschärft, wobei ein Generalstreik angestrebt wurde. Die polnische Aufstandsorganisation hatte in diesem Bereich keinen Einfluß. Sie konnte mit diesen kommunistischen Bemühungen weder konkurrieren noch ihnen entgegenwirken. Zugleich wurde sehr konsequent die Strategie der Komintern, die nichtgouvernemental die politische Absicht der Regierung Sowjet-Rußlands erfüllte, nach einem Räte-Oberschlesien vertreten. Sie beherrschte auch den II. Kongreß der KP Oberschlesiens, der bereits am 30. Januar 1921 stattgefunden hatte, sehr auffällig. Die Partei weigerte sich ferner, zu einer Bezirksorganisation der VKPD herabgestuft zu werden, und bestand auf ihrer bisherigen selbständigen Stellung und politischen Funktion als Partei eines künftigen eigenständigen, revolutionären Räte-Oberschlesiens.[33]

30 Aufruf der Zentrale der VKPD, 10.3.1921. In: Dokumente und Materialien zum gemeinsamen Kampf, a.a.O., S. 63.

31 Verschiedene Flugblätter der KP Oberschlesiens und der KPP. In: Polish Leaflat Collection: Communist Party of Poland. Hoover Library, Stanford University, Stanford, Calif.; SP Germany: Kommunistische Partei Deutschlands, Bezirk Oberschlesien. Hoover Library, Stanford University, Stanford, Calif.; Polish Subject Collection. Hoover Institution on War, Revolution and Peace, Stanford University, Stanford, Calif.

32 Aufruf der Kommunistischen Jugend Oberschlesiens vom Frühjahr 1921. In: Dokumente und Materialien zum gemeinsamen Kampf, a.a.O., S. 66.

33 Czerwony sztandar, 13.2.1921. In: Organizacje komunistyczne na Górnym Śląsku, a.a.O., S. 205ff.

Als dann in der Nacht vom 2./3. Mai 1921 der Aufstand ausbrach, waren die Kommunisten gut gewappnet. In der Überzeugung, „Oberschlesien ist ein Vulkan“, traten sie mit der separatistischen Losung „Oberschlesien dem oberschlesischen Proletariat!“ an. In kommunistischen Hochburgen wurden lokale Sowjetrepubliken gegründet. Sie sollten Keimzellen des größeren Räte-Oberschlesiens werden.[34] Zu dessen Durchsetzung und zur Verteidigung der lokalen Ansätze traten internationalistische Arbeiterwehren gegen polnische nationale Aufständische an. Der Aufbau von Arbeiterräten nach sowjetischem Vorbild sollte Grundlage für die Ausrufung der Räterepublik Oberschlesien werden, was jedoch nicht mehr erfolgen konnte.[35] Der kommunistische Erfolg war trotzdem so beachtlich, daß damals polnischerseits befürchtet wurde, die „Schaffung einer staatlichen Gewalt durch die polnischen und deutschen Kommunisten“ könnte auf die Arbeiter in den polnischen nationalen Aufständischeneinheiten eine starke desintegrative Anziehungskraft ausüben.[36] Die Befürchtungen bewahrheiteten sich insofern, als in einer Reihe polnischer Einheiten die kommunistische Propaganda auf so fruchtbaren Boden fiel, daß zur Wahrung von Ruhe und Ordnung scharfe Repressalien angewendet werden mußten.[37]

Doch der Aufstand brach zusammen. Die Kommunisten riefen dazu auf, die Waffen nicht abzuliefern, wie gefordert, sondern für eine spätere Auseinandersetzung zu verbergen. Das hatte einigen Erfolg.[38] Nach der Niederschlagung des Aufstandes entschied das Abstimmungsergebnis vom März, gegen das man sich erhoben hatte, über das Schicksal Oberschlesiens: Es wurde zwischen Deutschland und Polen aufgeteilt. Die KP Oberschlesiens bäumte sich mit vereinzelten Gewaltakten und Anschlägen auch dagegen auf. Sie vermochte aber nicht, die eingetretenen Fakten zu beeinflussen oder gar zu verändern. Bemerkenswert scheint, daß die polnischen Aufständischen und ihre Führer die kommunistischen internationalistischen Arbeiterwehren, in denen deutsch- und polnischorientierte Oberschlesier Schulter an Schulter kämpften, aus ihrem nationalen und religiös begründeten, antirussisch orientierten Antikommunismus allesamt als Deutsche betrachteten. Nach ihrer nationalen Sicht konnten Polen eben nicht Anhänger einer kommunistischen Idee sein, wohl aber Deutsche, die, wie man meinte, die polnische „nationale Staatlichkeit, deren Unabhängigkeit“ und die „polnische Kirche“ in Frage stellten, wie vordem – 1919 bis 1920 – mit Hilfe der Russen.[39]

Mit Ende Oktober 1921, der endgültigen Teilungsentscheidung der Allierten, war die Zeit der KP Oberschlesiens und der kommunistischen Strategie, durch eine separate Räterepublik Oberschlesien einen internationalistischen Herd der europäischen Revolution zu schaffen, abgelaufen. Der Schritt, durch die Auflösung der Partei auch die separatisti-

34 Aufruf der Zentrale der VKPD vom 7. 5. 1921. In: Dokumente und Materialien zum gemeinsamen Kampf, a.a.O., S. 72; Schlesische Arbeiter-Zeitung, 4. und 11. 5. 1921.

35 Schlesische Arbeiter-Zeitung, 11. 5. 1921; Franciszek Hawranek: Ruch komunistyczny, a.a.O., S. 200ff. führt außerdem weitere umfangreiche Archivquellen für das gesamte Geschehen an.

36 zit. nach: ebd., S. 205.

37 ebd., S. 205.

38 Polish Leaflat Collection: Communist Party of Poland. Hoover Library, Stanford University, Stanford, Calif.

39 Powstaniec, 25. und 26. 5., 1. 6. 1921.

sche Langzeitstrategie der Komintern in Oberschlesien als gescheitert einzugestehen, war schwerwiegend. Der Beschluß, die KP Oberschlesiens aufzulösen, war entsprechend diffizil. Gefaßt wurde er daher auf einer eigens zusammengekommenen Konferenz in Moskau, dem Mekka des Kommunismus, unter Teilnahme von Vertretern der KP Oberschlesiens, der KPD, der KPP und der Kommunistischen Internationale in Anwesenheit und mit ausdrücklicher Billigung Lenins, der höchsten kommunistischen Autorität. Die dort beschlossene Auflösung der Partei wurde im Januar 1922 auf einer Parteikonferenz der KP Oberschlesiens vollzogen. Ihre Mitglieder traten teils in die KPD, teils in die KPP über, je nach Wohnort im geteilten Oberschlesien. In die KPP traten 4 000 Mitglieder aus 60 Ortsvereinen, in die KPD 1 000 Mitglieder aus 20 Ortsorganisationen ein, was zugleich die territoriale Schwerpunktbildung der Partei anzeigt.[40]

III. Der „Kampf gegen das Raubsystem von Versailles" der Komintern und die polnische Partei

1. KPP und affilierte Minderheitenparteien

In der Situation des Jahres 1922, da das Staatsgebiet konsolidiert und die Staatsgrenzen endgültig abgesteckt waren, war Polen für die Ausformung der Minderheitenstrategie der Komintern wegen der Vielzahl seiner Minderheiten im Vergleich zu den anderen Minderheitenstaaten Ostmitteleuropas und der geographischen Lage ihrer Siedlungsgebiete eine prädestinierte Region. Neben Deutschen gab es Ukrainer, Weißrussen, Litauer und Juden als die wichtigsten Nationalitäten, dazu meist nicht geschlossen siedelnde Einsprengsel von Tschechen, Slowaken, Russen, Armeniern und sogar Tataren. Die Ukrainer, Weißrussen, Litauer und ein Großteil der Deutschen lebten in national weitgehend geschlossenen Siedlungsräumen. Der sich in diesen Verhältnissen sukzessive ausformenden kommunistischen Strategie kam entgegen, daß zwei für die Revolutionierung Europas als wichtig angesehene direkte Bezugsgrößen als Nachbarstaaten und Mutternationen der Minderheiten vorhanden waren: Deutschland und die Sowjetunion mit ihren angrenzenden föderativen Republiken Ukraine und Weißrußland. Das machte Polen zum idealen Experimentier- und Erprobungsfeld in Ostmitteleuropa für die von der Komintern angepeilte minderheitenorientierte Revolutionsstrategie und -taktik.

Die Ausformung der Minderheitenstrategie der Komintern wurde durch eine organisationspolitische Besonderheit in der KPP begünstigt. Sie wiederholte sich bei keiner anderen Sektion der Komintern. Ende 1923 wurden neben der kommunistischen Mutterpar-

40 Franciszek Hawranek: Ruch robotniczy na Śląsku Opolskim w latach 1918–1944. Opole 1974, S. 39; Bericht des Sekretariats des ZK der KPP vom Januar 1922. In: Organizacje komunistyczne na Górnym Śląsku, a.a.O., S. 289. – Entgegen historischer Wahrheit und wider besseres Wissen behauptete die KPP-Propaganda später, die KP Oberschlesiens sei durch den polnischen Staat unterdrückt, ihre Mitglieder vor Gericht gestellt und sie selber, obwohl sie nach den in Ost-Oberschlesien geltenden Gesetzen hätte legal weiter bestehen dürfen, in die Illegalität gezwungen worden; die Partei sei nie aufgelöst worden, so daß sie auch weiterhin bestehe, womit das Jahr 1932 gemeint wurde. Vgl. B. Bronkowski: VI Zjazd KPP w walce z okupacją i uciskiem narodowym. In: Nowy przegląd, Jg. XI, Nr. 9/10, November–Dezember 1932, S. 101; Czy jest w Polsce biały terror. Fakty i dokumenty. Warszawa 1925, S. 12f.

tei KPP[41] die Kommunistische Partei der Westukraine (KPZU)[42] und die Kommunistische Partei West-Weißrußlands (KPZB)[43] gegründet. Mit ihrer Hilfe sollte in Gebieten, in denen die nationalistische polnische Politik Spannungen erzeugte und wo beim Vormarsch der Roten Armee 1920 prokommunistische Sympathien und Kollaborationsbereitschaft deutlich geworden waren, die Arbeit der kommunistischen Partei unterstützt werden, u.a. auch durch die Gründung bzw. Infiltration kryptokommunistischer Parteien, wie „Hromada" und „Sel-Rob", die nach außen hin nur einen nationalen Radikalsozialismus vertraten und offiziell der Komintern nicht angehörten. Bereits im geogra-

41 Zur Geschichte der KPP gibt es eine Reihe von Arbeiten, die aber vielfältigen Interessen untergeordnet sind. Das schlägt sich auf die Zuverlässigkeit und Ausgewogenheit der Arbeiten nieder. Die allererste Monographie stammt von einem ehemaligen Mitglied des Zentralkomitees der KPP, der von der polnischen politischen Polizei in die Partei eingeschleust worden war: Jan Alfred Reguła (= Mützenmacher): Historia Komunistycznej Partii Polski w świetle faktów i dokumentów. Warszawa 1934, 2. Aufl. Vom Warschauer Wissenschaftlichen Institut zur Erforschung des Kommunismus wurde ausschließlich für den Dienstgebrauch der polnischen Polizei herausgegeben: Adam Roman Keller: KPP i podległe jej organizacje czyli komunistyczne organizacje w Polsce. Warszawa 1934. Aus nichtkommunistischer Feder stammen zwei Nachkriegsarbeiten: M. K. Dziewanowski: The Communist Party of Poland. An Outline of History. Cambridge, Mass. 1976, 2. Aufl., die gegenüber der ersten Auflage aus dem Jahre 1959 kaum verbessert wurde und weiterhin gravierende Fehler enthält, die stellenweise die wirklichen Verhältnisse in der KPP auf den Kopf stellen, und Jan B. de Weydenthal: The Communists of Poland. An Historical Outline, Revised Edition. Stanford, Calif., o.J. (1986), die die Zeit vor 1939 auf nur rund 10 v.H. ihres Umfanges streift und durch ihren starken Rückgriff auf die Arbeiten von Reguła und Dziewanowski viele Schwachstellen besitzt. In Polen erschienen nach 1945 verschiedene Arbeiten und Dokumentationen. Besonders die Dokumentationen sind von außerordentlich zweifelhaftem Wert. Durch nicht gekennzeichnete Auslassungen, Neufassungen ganzer Dokumentenabschnitte sowie neue Schwerpunktsetzungen durch Hervorhebungen und Unterstreichungen werden viele Dokumente so grob verfälscht, daß sie kaum benutzbar sind. Über viele Jahre gab es auch keinen Gesamtüberblick über die Geschichte des Kommunismus in Polen, sondern nur Arbeiten zu Teilbereichen oder bestimmten Zeitabschnitten, gewissermaßen Bausteine einer Gesamtgeschichte. Schon ihre Auswahl bedeutete Manipulation, abgesehen von ihrer häufig zweifelhaften Verläßlichkeit. Erst gegen Mitte der 80er Jahre änderte sich hier einiges zum Besseren. Wenngleich mit Schwerpunktsetzungen und Interpretationen, die schief erscheinen und daher ernsthaft diskutiert werden müßten, erschienen zwei Arbeiten, die vergleichsweise verläßlich scheinen, obgleich die Darstellung Czubińskis zumindest in bezug auf Oberschlesien und die KPO den Quellen in keiner Weise standhält, nicht einmal den publizierten: Antoni Czubiński: Komunistyczna Partia Polski (1918–1938). Zarys historii. Warszawa 1985, und Henryk Cimek, Lucjan Kleszczyński: Komunistyczna Partia Polski 1918-1938. Warszawa 1984. Eine ausgewogene, umfassende Geschichte des Kommunismus in Polen vor 1939 oder eine kommentierte Dokumentation liegen noch immer nicht vor. Für das Verstehen vieler Entwicklungen während der Besatzungszeit 1939–1944 und im kommunistischen Polen nach 1944 wären sie wünschenswert und notwendig.

42 Gereon Iwański: Z dziejów Komunistycznej Partii Galicji Wschodniej. In: Z pola walki, 1967, Nr. 4, S. 51. – Bezeichnend nicht nur für die Erforschung und Darstellung der Geschichte der KPZU sind die Arbeiten von Janusz Radziejowski, dessen Vater seinerzeit in die Führung der KPZU eingebunden war; der Sohn gehörte der Opposition in Polen an. Das erste Buch von Janusz Radziejowski: Komunistyczna Partia Zachodniej Ukrainy 1919–1929. Węzłowe problemy ideologiczne. Kraków 1976, wurde durch die polnische Zensur erheblich beschnitten. Während eines einjährigen Studienaufenthaltes an der University of Alberta, Edmonton Alta, Kanada, überarbeitete er die polnische Originalfassung: Janusz Radziejowski: The Communist Party of Western Ukraine 1919–1929. Edmonton 1983. Diese Arbeit gehört zu den verläßlichsten aller jener, die sich mit kommunistischen Problemen aus der Feder polnischer Historiker beschäftigten. Die PhD-Thesis von Roman Solchanyk: The Communist Party of Western Ukraine, 1919–1938. University of Michigan, 1973, ist ein interessanter Versuch, aber keine befriedigende Geschichte dieser Partei.

43 Die wechselvolle Geschichte der KPZB, deren Zentralkomitee die Mutterpartei KPP in der zweiten Hälfte der zwanziger Jahre wiederholt beschuldigte, sie an die polnische Polizei verraten zu haben und auf diese Weise für die Verhaftungen in den Reihen der KPZB verantwortlich zu sein, ist bisher ungeschrieben (vgl. hierzu Flugblätter. Centralne Archiwum KC PZPR, Warszawa). Immerhin ist sehr hilfreich die Arbeit von B. Klein: Ruch rewolucyjny na Wileńszczyźnie w latach 1920–1939. Wilnius 1961.

phischen Bezug ihrer Namen zeigten die Ende 1923 gegründeten Parteien ihre politische und nationale Orientierung auf die beiden föderativen Sowjetrepubliken. Trotz eigener Zentralkomitees mit einer eigenen Führung und weitgehender Autonomie innerhalb ihres Zuständigkeitsgebietes unterstanden beide Parteien der KPP auf der Stufe von Bezirksorganisationen, womit sie den gleichen Status besaßen wie die nationalen kommunistischen Parteien in der Sowjetunion gegenüber der zentralen KPdSU. Auf diese Weise brachten sie jenen spezifischen Föderalismusgedanken in den polnischen Kommunismus, wie er sonst nur noch in der Sowjetunion bestand. Die KPP besaß dadurch die größte organisationspolitische Ähnlichkeit mit der KPdSU von allen anderen Parteien der Komintern, die KPD eingeschlossen.

Die vielfältigen Schwierigkeiten mit dem Nationalismus der beiden der KPP affilierten Nationalitätenparteien KPZU und KPZB, deren Vorhandensein die Bedeutung der Ukrainer und der Weißrussen für die Kominternstrategie ähnlich wie davor die der KP Oberschlesiens und der Oberschlesier besonders unterstrich, schufen wiederholt Meinungsunterschiede und Reibungen innerhalb der kommunistischen Bewegung Polens. Sie gingen bis zum Vorwurf der Denunzierung an die Polizei.

Die Meinungsverschiedenheiten bestanden sowohl innerhalb der kommunistischen Nationalitätenparteien selber und zwischen ihnen und den in der Sowjetunion wirkenden KP's der Ukraine und Weißrußlands, wie auch zwischen ihnen und ihrer polnischen Mutterpartei. Innerparteilich und im Verhältnis zu den in der Sowjetunion wirkenden Parteien der beiden Nationen sind sie außerordentlich interessant. Zugleich sind sie kennzeichnend für die Eigenwilligkeit und Eigenständigkeit des kommunistischen Theoriedenkens der Polen, wie es sich bereits in der Oberschlesienfrage gezeigt hatte.[44] Für die sich herausbildende Minderheitenstrategie der Komintern hatten sie cum grano salis jedoch keine größere Bedeutung, wenngleich die theoretische Selbständigkeit des polnischen Kommunismus die Ausformung der revolutionären Minderheitenstrategie der Komintern beeinträchtigte. Der Komintern bereitete die KPP auf diese Weise viele Kopfzerbrechen. Wegen solcher Insubordinationen wurde unter direkter Anteilnahme Stalins und unter seinem Vorsitz die polnische Parteiführung vom Exekutivkomitee der Komintern (EKKI) in den zwanziger Jahren wiederholt ausgewechselt.

2. Ausformung der revolutionären Minderheitenstrategie in Polen

Die erst seit etwas mehr als zwei Monaten bestehende Kommunistische Internationale stellte schon Mitte Mai 1919 in einem Aufruf „zum Frieden von Versailles" fest, daß dieser Vertrag „zu einer neuen Schlinge für die Erdrosselung dieses oder jenes Volkes" werde.[45] Lenin brandmarkte ihn gar als „einen unwürdigen Gewaltfrieden im Interesse des Raubes und der Bereicherung", womit einerseits Deutschland und andererseits dessen

44 Georg W. Strobel: Arbeiterschaft und Linksparteien in Polen 1928–1938, a.a.O., S. 83ff.
45 Ein Aufruf der Kommunistischen Internationale zum Frieden von Versailles. In: Die Internationale, 1. Jg., Heft 11/12, S. 244.

Nachbarn gemeint waren.[46] In die Bemühungen, diesen Vertrag zum revolutionären Ansatzpunkt für Europa mit Hilfe der auszuformenden und zu praktizierenden Minderheitenstrategie zu machen, wurden die polnischen Kommunisten und ihre Partei seit 1922 ganz gezielt einbezogen.

Zwar wurde die Politik Polens in seinen östlichen Minderheitengebieten auf der III. KPP-Konferenz im April 1922, als die Problematik von der polnischen Partei überhaupt zum ersten Male konzeptionell aufgegriffen wurde, als eine „exterminatorische Kolonialpolitik" bezeichnet. Damit war sie in ihrer grundsätzlichen Argumentation für die Zukunft ähnlich festgeschrieben wie Anfang 1919 gegenüber den Deutschen, damals allerdings nur durch das Zentralkomitee der Partei, wogegen es jetzt ein statutarisch beschlußfähiges Organ der ganzen Partei war, das die Strategie und Taktik verbindlich festlegen konnte. Doch wurden von der KPP noch immer keine politischen Folgerungen für den strategischen oder taktischen revolutionären Einsatz der Minderheitenfrage in ihrer ganzen Breite gezogen: Die deutsche und die litauische Minderheit fanden bei dieser Gelegenheit nicht einmal eine Erwähnung.[47]

Das politisch eigenwillige, nur auf die Befriedigung vermeintlicher alleiniger sowjetischer Interessen gerichtete, aber die weitergesteckten revolutionären Komintern-Absichten nicht befriedigende Verhalten der KPP wurde von Moskau und von der Komintern wiederholt kritisiert. Besonders barsch geschah es auf dem IV. Komintern-Kongreß Ende 1922. Der KPP wurde klargemacht, daß „die nationale Selbstbestimmung bis zum Recht auf Lostrennung, die Verteidigung und die Unterstützung aller unterdrückten Nationalitäten die hauptsächlichsten Forderungen im Kampf gegen die Unterdrückung der nationalen Minderheiten" sind.[48] Doch es dauerte noch ein ganzes Jahr, bis die Komintern-Kritik und deren Vorgaben auf dem II. KPP-Kongreß Oktober/November 1923 aufgegriffen wurden. Die mit ihm einsetzende Umorientierung der KPP war jedoch keine leichte Geburt. Erst nach erheblichen Auseinandersetzungen besannen sich die Kongreßdelegierten dann doch noch darauf, daß „unsere Minderheitenpolitik in ihrer Ideologie auf die Revolution ausgerichtet sein muß".[49] Jetzt entstanden auch die affilierten Parteien der Ukrainer und Weißrussen.

Der Gleichschritt der Polen als Kerntruppe der revolutionären Minderheitenstrategie der Komintern schien damit gefunden. Auch wenn er nicht wieder verlorengehen sollte, gab es in der Folgezeit noch verschiedene Unklarheiten und Auseinandersetzungen um sie. Immerhin wird zur Einsicht bewogen haben, daß im internationalen Kommunismus mit einem Ausbruch der Revolution in Deutschland seit Mitte 1923 fest gerechnet wurde.

46 W. I. Lenin: Über die gegenwärtige Lage und die nächsten Aufgaben der Sowjetmacht. Bericht in der gemeinsamen Sitzung des Gesamtrussischen Zentralexekutivkomitees, des Moskauer Sowjets der Arbeiter- und Rotarmistendeputierten, des Gesamtrussischen Gewerkschaftsrates und der Vertreter der Moskauer Betriebskomitees, 15. Juli 1919. In: W. I. Lenin: Werke, Bd. 29. Berlin (Ost) 1971, S. 458.

47 Uchwały III-ciej Konferencji Partyjnej Komunistycznej Partii Robotniczej Polski. Warszawa 1922.

48 Wortlaut, in: KPP. Uchwały i rezolucje. Tom pierwszy. Warszawa 1953, S. 184.

49 II. Zjazd Komunistycznej Partii Robotniczej Polski (19. IX.–2.X.1923). Protokoły obrad i uchwały. Przygotowali do druku i wstępem opatrzyli Gereon Iwański, Henryk Malinowski i Franciszka Świetlikowa. Warszawa 1968, S. 348.

Besondere Hoffnungen wurden im Spätherbst 1923 im Kommunismus an die Entwicklung in Sachsen und Brandlers dortige Politik geknüpft. Gerade von der KPP wurde sie noch zu einer Zeit unterstützt, als sich in der Komintern längst eine Front gegen Brandler gebildet hatte. Letztendlich kam die sächsische Revolution nicht zustande: In Deutschland reichte es nur zu einem lokalen, erfolglosen kommunistischen Aufstand in Hamburg. Doch die Einschätzung der Entwicklung in Deutschland und besonders die polnische Beurteilung Brandlers bestimmten den KPP-Kongreß. Sie führten die KPP in neue Kontroversen mit der Komintern, die deren Revolutionsstrategie im Visier hatten. Die KPP richtete noch immer im Gegensatz zur Komintern ihre Hoffnungen weit mehr auf „den Sieg der proletarischen Revolution in Deutschland", der „eine Garantie für die Freiheit und Unabhängigkeit des Arbeiter- und Bauern-Polens sein wird, und zwar innerhalb der föderativ geordneten Staaten eines Sozialistischen Europa",[50] als auf die Minderheitenstrategie, auch wenn sie sich ihren Grundvorstellungen unterordnete. Solche Prioritätensetzung seitens der KPP wurde in der Komintern als ein Bekenntnis der Kommunisten zu einem eigenständigen polnischen Staat, für die Unabhängigkeit Polens, wenngleich in einer sozialistischen Staatengemeinschaft, gedeutet und negativ aufgenommen.

Doch gerade im Zusammenhang mit dem revolutionären Bezugspunkt Deutschland tauchte in der politischen Argumentation der KPP erstmals die deutsche Minderheit als politischer Begriff auf. Sie stellte fest, daß „die Verfolgung der deutschen Bevölkerung sowohl im Landesinnern wie besonders im Bereich des ehemaligen preußischen Teilungsgebietes und in (Ost-)Oberschlesien sich nach den schlimmsten preußischen Traditionen ausrichtet". Der „antideutschen Hetze der polnischen Bourgeoisie und der Verfolgung der deutschen Bevölkerung" wurde die Forderung nach „völliger Freiheit der kulturellen Entwicklung und der wirklichen politischen und bürgerlichen Gleichberechtigung für die Deutschen" in Polen gegenübergestellt.[51]

Zur Unterstützung der ersehnten Revolution in Deutschland und angesichts des sich bereits am Horizont abzeichnenden deutsch-polnischen Zollkrieges wurde in einem gesonderten Beschluß, der nichts direkt mit der Minderheitenstrategie zu tun hatte, gefordert, die „Waffen der (ost-)oberschlesischen Kampfeinheiten", wohl aus den Aufständen 1919-1921, für die „deutsche Revolution bereitzustellen" und die „(ost-)oberschlesische Kohle den deutschen Arbeitern" zu überlassen,[52] was von Polen als ein Aufruf zur Abtrennung Ost-Oberschlesiens verstanden wurde, ohne aber so direkt formuliert zu werden. Doch das sollte nach KPP-Verständnis nicht als Ergebnis der revolutionären Minderheitenstrategie im Rahmen des Selbstbestimmungsrechts bis zur Lostrennung erfolgen, sondern im Zuge der Unterstützung der erhofften Revolution in Deutschland. Das eigenständige Selbstbestimmungsrecht bis zur Lostrennung als Teil des Kampfes gegen Versailles und der revolutionären Minderheitenstrategie der Komintern wurde für die Deutschen und für die Litauer in Polen noch immer nicht ausdrücklich formuliert, trotz des Drängens der Komintern. Im Gegensatz dazu wurde den ostpolnischen Minderheiten auf dem KPP-Kongreß freilich das Recht auf die Lostrennung vom polnischen Gaststaat eingeräumt, was ihren Anschluß an die sowjetischen Republiken Ukraine und Weißruß-

50 Sytuacja polityczna i taktyka partii. In: ebd., S. 514.
51 Za naszą i waszą wolność. In: ebd., S. 575.

land bedeuten sollte.[53] Ende 1923 wurde damit eine duale Minderheitenpolitik der KPP festgemacht: zum einen gegenüber den unterjochten Nationalitäten der Ukrainer und Weißrussen, die von der polnischen Bourgeoisie wie Kolonialvölker ausgebeutet werden und unter dem polnischen Joch zu leiden haben, und zum anderen gegenüber den anderen Nationalitäten wie Deutsche, Litauer und Juden, die nur als Minderheiten inmitten einer fremdnationalen Umgebung verstanden wurden. Dies hatte offenbar auch für Deutsche zu gelten, die in den vom Versailler Vertrag Polen zugeschlagenen Gebieten lebten, gegen den sich aber jegliche kommunistische Minderheitenpolitik eigentlich richtete. Dadurch entstand auch ein politisch-praktischer Gegensatz zur Argumentation des Zentralkomitees der Partei im März 1919.

Den unterjochten Völkern der Ukrainer und Weißrussen wurde das Selbstbestimmungsrecht bis zur Loslösung im Sinne der Komintern-Vorstellungen ausdrücklich zugestanden.[54] Die affilierten Minderheitenparteien KPZU und KPZB münzten es bald zum Eingliederungs- und Beitrittsrecht in die sowjetischen nationalen Mutterrepubliken um.[55] Es war dann konsequent, zudem auch demographisch zutreffend, wenngleich in Polen sonst unüblich, daß auf dem III. KPZU-Kongreß Mitte 1928 die Polen in der Westukraine als Minderheit unter Ukrainern bezeichnet wurden. Damit wurde der Spieß umgedreht und gegen die polnische Staatsnation gerichtet.[56] Den als Minderheiten in einer fremdnationalen Umgebung angesehenen Nationalitäten wurde hingegen allein eine personale kulturelle Autonomie zugestanden. Die Litauer wurden von der KPP als Minderheit noch immer nicht ausdrücklich wahrgenommen.

Die eigenwillige Zweigleisigkeit der Minderheitenpolitik der KPP blieb vorerst zum Mißfallen der Komintern erhalten. Sie wurde im Gegensatz zu den Absichten der Komintern von der KPP noch dahingehend spezifiziert, daß es trotz des Kampfes gegen Versailles der Komintern eine „territoriale" Lösung in Polen nur für die „unterjochten Völker" geben könne. Sie alle waren jedoch nicht durch den bekämpften Versailler, sondern durch den zwei Jahre jüngeren Rigaer Vertrag von 1921 Polen einverleibt worden, wobei Lenin 1919 bereit gewesen ist, um den Preis eines Friedensschlusses mit Polen die Grenze zu Polen rund 200 km östlich zu markieren, was der Rigaer Vertragsgrenze und der nunmehrigen Minderheitenproblematik einen besonders delikaten Gehalt verlieh.[57] Die „nichtterritoriale" Lösung galt für alle anderen Minderheiten.

Der III. KPP-Kongreß vom März 1925, der diese Unterscheidungen traf, nahm allerdings die Litauer als Minderheit wahr. Er teilte sie in die Kategorie der unter-

52 Górny Śląsk a rewolucja niemiecka. In: ebd., S. 577.
53 Materijaly do ukrains'ko-pol'skych vidnosym. In: Nova gromada. Wien, Januar 1924. Ukrainian Canadian Archives & Museum of Alberta, Edmonton Alta.
54 Biuletyn Komitetu Centralnego Komunistycznej Partii Zachodniej Białorusi, 25.12.1927. Centralne Archiwum KC PZPR, Warszawa.
55 Głos komunistyczny. Organ KC KPRP, Nr. 1 vom Januar 1925.
56 III. Zjazd KPZU, Lwów 1928, S. 27.
57 Adiutantura Generalna Naczelnego Dowództwa. Różne: Akta sprawy pertraktacji z Sowieckim Czerwonym Krzyżem. Piłsudski-Institute of America for Research in the Modern History of Poland. New York, N.Y.

jochten Völker mit Anspruch auf territoriale Lösungen ein.[58] Obwohl lange Zeit ausdrücklich nicht notiert, wurden die Litauer im Gegensatz zu den Deutschen sofort nach ihrer Wahrnehmung als Minderheit in die aus der Sicht der Minderheiten und der KPP-Politik bevorrechtete Kategorie eingereiht. Obwohl für die Deutschen in Polen die Losung des Selbstbestimmungsrechts auf dem Kongreß noch immer nicht angewendet wurde, wenngleich sie in ethnisch ganz oder weithin überwiegend deutschen Gebieten lebten, wie ihnen ja schon im März 1919 attestiert worden war, wurde ihnen immerhin bescheinigt, daß sie einer „nationalen Unterdrückung" ausgesetzt seien.

Trotzdem hatte sich aber in der Grundsätzlichkeit der Einschätzung der Lage der deutschen Minderheit und des Problems der Politik Polens ihr gegenüber in den verflossenen zwei Jahren seit dem letzten Parteikongreß nichts Wesentliches geändert. Die Eigenwilligkeit der KPP-Haltung gegenüber den Deutschen in Polen im Zusammenhang mit dem von der Komintern geführten Kampf gegen Versailles, was einen Gegensatz zur Politik der Komintern bedeutete, wurde eher unterstrichen als abgebaut. Der KPP-Kongreß führte zwar aus, daß gegenüber den Deutschen in Polen „exterminatorische Methoden" angewendet würden, wovon Schul- und Sprachenprobleme besonders berührt seien, insbesondere vor Gerichten und in Ämtern. Eine Lösung der Probleme wurde jedoch allein von einer Revolution in Polen und in Deutschland erwartet, ohne die Art der Lösung und den Weg zu ihr, den ja die revolutionäre Minderheitenpolitik mit dem Kampf gegen Versailles bahnen sollte, auch nur anzusprechen.[59] Damit blieben die polnischen Kommunisten weit mehr ihren bisherigen eigenständigen und eigenwilligen Einschätzungen als den Vorgaben der Komintern-Strategie verbunden.

In den Eigenheiten dieser eigenwilligen, dualen Behandlung der Minderheitenfrage mit ihrer bedeutungsmäßigen Zurücksetzung des Problems der Deutschen, die nach der inneren Logik des revolutionären Kampfes gegen Versailles gegenüber den Ukrainern, Weißrussen und Litauern nicht hätten zurückstehen dürfen, sind KPP-spezifische Ursachen und Gründe zu erkennen, wie sie sich im Verlaufe der Herauskristallisierung der revolutionären Minderheitenstrategie besonders verfestigten oder in ihrem Gefolge aufkamen. Dazu gehörten insbesondere das Vorhandensein einer patriotischen, nationalistisch denkenden und argumentierenden Gruppe, insbesondere in der Parteiführung, die in der Infragestellung des Staatsgebietsbestandes und damit letzten Endes der Selbständigkeit und Unabhängigkeit des polnischen Staates ein Hindernis für ihre politische Arbeit im Lande und für die Gewinnung von Anhängern sah, besonders weil die KPP aus solchen Gründen ohnehin bereits als eine Partei von Staatsverrätern und national fremden Elementen in der polnischen Gesellschaft eingeschätzt wurde. Aus dieser Gruppe wurde auch verneint, daß es irgendwo in Polen „eine kompakte deutsche Mehrheit gebe", die eine Abtrennung von Polen rechtfertige.[60]

Ferner sind anzuführen die Überreste der im Widerspruch zum Verständnis Lenins und Stalins stehenden theoretischen Konzeptionen von Rosa Luxemburg über die Bedeutung und die Anwendung des Selbstbestimmungsrechts der Völker, das sie als kleinbürgerlich und nationalpatriotisch abqualifiziert hatte. Schließlich kamen die in die KPP von einer

58 Uchwały III Zjazdu Komunistycznej Partii Polski. Warszawa 1925, S. 53f.
59 ebd., S. 63f.
60 Manuilski: Bericht der nationalen und kolonialen Kommission. In: Inprekorr, 6.8.1924.

ihrer beiden Vorläuferparteien eingebrachten spezifischen Vorstellungen über die revolutionäre Rolle des polnischen Kleinbürgertums hinzu, wie es sich später in der Unterstützung des Staatsstreichs von Marschall Piłsudski vom Mai 1926 durch die KPP zeigen sollte, die von der Komintern und sehr bald auch von einer Oppositionsfraktion in der KPP als „Mai-Fehler" der KPP und ihrer damaligen Führung bezeichnet wurde. Die Kritik, die von der Komintern an alledem geübt wurde, war unnachsichtig hart. Sie führte zur Ablösung der Führung der Partei und Einsetzung einer neuen, eine Maßnahme, die seit Anfang der zwanziger Jahre gegenüber der KPP wiederholt angewendet wurde.

Da die Komintern trotzdem die Ansicht vertrat, daß zu dieser Zeit nach dem revolutionären Mißerfolg in Sachsen von Ende 1923 nunmehr an Stelle von Deutschland in Polen eine „unmittelbare revolutionäre Situation entstehen könne", war sie bereit, alles in allem Gnade ergehen zu lassen: neben der Selbstbestimmungslosung, die ihre übergeordnete Geltung behielt, erlaubte sie eine vorgreifende Einstiegslösung in Form der revolutionären Autonomie als taktischen Schritt. Ihn hatte Julian Leszczyński-Leński, ein folgsamer und erprobter Mitläufer Stalins, vorgeschlagen, der schon 1919 im Nationalitätenkommissariat unter Stalin in herausgehobener Stellung tätig gewesen war und die damaligen Ansichten Stalins unter Polen in Sowjetrußland propagierte. 1929 sollte er die Führung der KPP übernehmen, die er bolschewisierte (= stalinisierte).[61] Er griff auf diese Weise die verfassungspolitische Stellung Ost-Oberschlesiens im polnischen Staat mit eigenem Gebietsparlament, dem Schlesischen Sejm, für die kommunistische revolutionäre Strategie auf. Durch ihre sich widersprechende Ab- und Einsetzpolitik der KPP-Führungsgruppen zeigte aber auch die Komintern, daß sie sich in den polnischen Verhältnissen und Eigenwilligkeiten eher hilflos bewegte, bevor sich nach 1926 der Kurs der von Leszczyński-Leński durchgeführten Bolschewisierung sukzessive durchsetzte. Doch alles dies belastete die KPP über Jahre so schwer, daß es gegen Ende der zwanziger Jahre fast zum Bruch in der Partei gekommen wäre; zeitweilig bestanden bereits zwei Zentralkomitees, von denen sich dann das von Leszczyński-Leński angeführte, die sog. Minderheit, durchsetzte. Das bedeutete gleichzeitig eine bedingungslose Gefolgschaft gegenüber den Ansichten und Vorgaben Stalins und der Komintern.

Daher kommt es auch, daß die kommunistische Minderheitenpolitik gegenüber den Deutschen in Polen vorerst noch unausgewogen blieb, sofern man sie auf der einen Seite mit der Komintern-Strategie und andererseits mit der KPP-Politik hinsichtlich der Ukrainer, Weißrussen und Litauer verglich. Erst auf dem IV. KPP-Kongreß Mitte 1927, bereits im Zuge der Bolschewisierung der Partei, wurde das Selbstbestimmungsrecht, das nunmehr als die „grundsätzliche Losung der Nationalitätenpolitik der KPP" bezeichnet wurde, auch auf die deutsche Minderheit ausgedehnt. Doch immer noch wurde es territorial allein gegenüber Oberschlesien eingeräumt, allerdings in seiner erweiterten Form „bis zur Lostrennung". Für die übrige deutsche Minderheit in Polen wurde die Einführung des Deutschen als Amtssprache in den überwiegend von Deutschen bewohnten Ortschaften und Landstrichen, besonders also auch wieder in Ost-Oberschlesien, solange es noch nicht von Polen abgetrennt ist, und eine völlige rechtliche Gleichstellung des deutschen mit dem polnischen Schulwesen verlangt.[62]

61 Protokoll der Erweiterten EKKI, Moskau 17.2.–15.3.1926. Hamburg/Berlin 1926, S. 7, 271.
62 Uchwały IV Zjazdu Komunistycznej Partii Polski. Warszawa 1928, S. 66f.

Obwohl diese Losung nunmehr bedingt revolutionär genutzt wurde und nach den Vorstellungen des IV. KPP-Kongresses einen Ausbau des kommunistischen Einflusses bis zur Möglichkeit eines bewaffneten Aufstandes beinhaltete, wie er ansatzweise in den ukrainischen und weißrussischen Minderheitenregionen bereits geübt wurde – meist jedoch von nationalen und nicht-kommunistisch orientierten Minderheitskräften, die sich an das Geschehen anzuhängen und es ideologisch umzumünzen suchten –, blieb die praktische kommunistische Arbeit zur Gewinnung der Deutschen noch immer alles in allem blaß.[63] Noch Mitte 1928 mußte die KPP-Führung im Zusammenhang mit dem VI. Komintern-Kongreß, der die revolutionäre, auf Deutschland fokussierte Minderheitenstrategie verabschieden sollte, an die Kommunistische Internationale berichten, daß „die Arbeit unter Deutschen sehr unbedeutend ist und sich auf eine ungenügend geführte agitatorisch-propagandistische Tätigkeit beschränkt".[64] Die Grundzüge polnischen politischen Denkens, die piastische und die jagiellonische Orientierung, zeigten auch im kommunistischen Denken der Polen Auswirkungen.

IV. Revolutionäre Minderheitenstrategie mit der Konzeption eines Räte-Großdeutschlands seit 1928

1. Der VI. Komintern-Kongreß 1928 und die neue Strategie

Für die revolutionäre Minderheitenstrategie besaß der VI. Komintern-Kongreß vom Juli-August 1928 eine Schlüsselbedeutung. Sein Thema waren zwar vor allem Fragen des Kampfes gegen den imperialistischen Krieg und des Kampfes der unterdrückten Völker in den kolonialen und halbkolonialen Ländern, in deren Rahmen aber die Minderheitenfrage eingebaut war, wie in Polen gegenüber den Ukrainern, Weißrussen und Litauern, was Stalin schon im Mai 1921 miteinander verknüpft hatte.[65] Die revolutionäre Minderheitenstrategie, die in Ostmitteleuropa auf dem Staatsgebiet Polens erprobt worden war, wurde zudem aus dem engeren geographischen Rahmen herausgelöst und auf Europa umgelegt.

Der unter dem Pseudonym Stanisławowski auf dem Kongreß auftretende KPP-Delegierte Wacław Kwiatkowski, ab 1931 Mitglied des Sekretariats des ZK der KPP, da-

---

63 Zbiór artykułów i materiałów dyskusyjnych, Warszawa 1927, S. 133ff. – Bemerkenswert scheint, daß gleichzeitig bemängelt wurde, die Deutsche Sozialistische Arbeiterpartei (DSAP), die sozialistische Partei der deutschen Minderheit in Polen, hätte sich wegen der Inaktivität der KPP entwickeln und in Ost-Oberschlesien und Lodz festigen können; auch beim Besuch Paul Loebes in Lodz, der Mitte der zwanziger Jahre zu großen Anti-Kriegs-Demonstrationen polnischer und deutscher Sozialisten geführt hat, wurden Stimmen laut, die die Untätigkeit der KPP in diesem Zusammenhang rügten. Vgl. hierzu Georg W. Strobel: Emil Zerbe: Absolvent der TH Darmstadt und Sejm-Abgeordneter. In: Suche die Meinung. Hrsg. von Elvira Grözinger und Andreas Lawaty. Wiesbaden 1986, S. 217ff.

64 Biuletyn Przedstawicielstwa KPP przy Międzynarodówce Komunistycznej, Moskwa, Jg. I, Nr. 3, Juli–August 1928, S. 26. Centralne Archiwum KC PZPR, Warszawa.

65 J. Stalin: Zur Behandlung der nationalen Frage. In: J. W. Stalin: Werke, Bd. 5: 1921–1923. Stuttgart 1952, S. 45ff. – In dieser am 8. Mai 1921 in der „Pravda", Moskau, veröffentlichten Arbeit spricht er von der „klaren revolutionären Losung des Rechts der Nationen und der Kolonien auf staatliche Lostrennung, auf Bildung eines selbständigen Staates" (S. 46), was von der Position Stalins auch auf das Problem Räte-Oberschlesiens umzulegen ist.

mit Anhänger der bolschewistischen Minderheitsfraktion in der KPP, kritisierte, daß „die Frage der unterdrückten nationalen Minderheiten" zu wenig Beachtung finde. Diese revolutionäre Frage betreffe „nicht nur die klassischen Länder, die nationale Minderheiten unterdrücken, wie Polen, Rumänien und die Tschechoslowakei, nicht nur die Balkanstaaten, sondern auch westeuropäische Länder wie Italien und Frankreich, Spanien und Belgien sowie endlich auch Großbritannien in bezug auf Irland".[66] In Gang gebracht, weitete sich die von Stalin gesteuerte Minderheitendiskussion schnell aus. Sie diente außer dem Zweck, seine theoretischen Vorstellungen in der Selbstbestimmungsfrage endgültig durch- und auf Europa umzusetzen, auch der Bolschewisierung (= Stalinisierung) der einzelnen nationalen Parteien, die nur Sektionen der Überpartei Komintern waren, was jetzt immer entschiedener genutzt wurde. Seitens KPD-Delegierter wurden Ost-Oberschlesien, Danzig und Pommerellen ins Gespräch gebracht, die, was ausdrücklich unterstrichen und für die Bedeutsamkeit ihrer Problematik eingesetzt wurde, für die Verteidigung der Sowjetunion in einem imperialistischen Krieg, wie das Jahr 1920 erwiesen habe, von besonderer Bedeutung wären. Im übrigen gelte dies auch für Ostpreußen. Ein Vertreter der KP der Tschechoslowakei bemängelte, daß in den Diskussionen bis dahin die „europäischen Halbkolonien im Schatten geblieben seien". Dazu zählte er Kroatien, Bessarabien, die Westukraine, West-Weißrußland, die Bukowina, Dobrudscha, Siebenbürgen, die transkarpathische Ukraine, die Slowakei und Slowenien, wobei er am Rande auf Südtirol hinwies.[67] Zum ersten Male wurden die Konzeptionen der bisher nur im ostmitteleuropäischen Raum und insbesondere in Polen ausgeformten revolutionären Minderheitenstrategie als eine revolutionäre Strategie für das ganze Europa genannt sowie eindeutig und direkt mit der kolonialen Volksbefreiungsstrategie verknüpft.

Die revolutionäre Minderheitenkonzeption wurde im Kominternprogramm festgeschrieben,[68] das erst jetzt, nahezu zehn Jahre nach der Gründung der Kommunistischen Internationale, mit deutlicher Handschrift Stalins ausgearbeitet und dann angenommen wurde. Doch die allgemein gehaltene Programmfestlegung auf das „Selbstbestimmungsrecht der Völker bis zur Loslösung" wurde erst in der Kongreßresolution „Der Kampf gegen den imperialistischen Krieg und die Aufgaben der Kommunisten" ausgedeutet, und nicht im Programm. Sie war es, die die revolutionäre Minderheitenstrategie aus dem engen Rahmen der Staaten des Versailler Systems unter Beibehaltung des Kampfes gegen Versailles herausführte. Eine revolutionäre Nutzung der Minderheitenfrage in ganz Europa sollte von nun ab den vornehmlich ostmitteleuropäisch zentrierten „Kampf gegen Versailles" ergänzen und unterstützen. Die Resolution bestimmte übergreifend, daß „die Frage des national-revolutionären Krieges bei dem Vorhandensein zahlreicher unter-

66 Inprekorr, Sondernummer 25, 3.9.1928. – Das in Berlin erscheinende Organ der Komintern „Internationale Pressekorrespondenz", das sich der Titelabkürzung „Inprekorr" bediente, berichtete ohne Verzögerung und damit ohne spätere zensurale Beeinflussung. Das gilt auch für den Wortlaut der Reden der kommunistischen Funktionäre und Parteigrößen. Berichte und Protokolle in Buchform weisen Unterschiede zu den ungeschönten Berichten des „Inprekorr" auf. Die sprachlich gelegentlich ungelenken Übersetzungen des Blattes werden beibehalten. Es empfiehlt sich, sofern möglich, den Protokollen des „Inprekorr" gegenüber den späteren Buchveröffentlichungen den Vorzug zu geben, sie aber zumindest miteinander zu vergleichen.

67 Inprekorr, Sondernummer 32, 1.10.1928.

68 Programme of the Communist International adopted at its sixth Congress. In: The Communist International 1919–1943. Documents. Selected and edited by Jane Degras: Volume II: 1923–1928. London/New York/Toronto 1960, S. 471ff., hier: S. 497.

drückter Nationalitäten und Minderheiten in einer Reihe von Staaten des Europa von Versailles auch in Europa eine Rolle vor allem bei der Verwandlung eines imperialistischen Krieges in den Bürgerkrieg“ spielen werde. Die kommunistischen Parteien müssen „die Freiheitsbewegung der unterdrückten Nationen und die nationalen Minderheiten unterstützen, ihren revolutionären Kampf gegen den Imperialismus führen und vorbehaltlos ihr Selbstbestimmungsrecht, die Lostrennung inbegriffen, vertreten“, wobei dies „nicht nur in Polen und Rumänien, die in ihren Grenzgebieten eine sich nach ihrem sowjetischen Vaterland zurücksehnende weißrussische, ukrainische und bessarabische Bevölkerung mit brutaler Gewalt unterdrücken, sondern auch in Italien, Frankreich, Spanien, Belgien, Großbritannien (Irland)“ Geltung zu haben hat.[69] Dänemark mit der deutschen Minderheit in Nordschleswig wurde in den Diskussionen und Programmpapieren nicht erwähnt.

Mitte 1928 entstand auf diese Weise aus der in Ostmitteleuropa ausgeformten und auf diesen Raum zugeschnittenen, in Polen erprobten revolutionären Minderheitenstrategie eine übergreifende europäische revolutionäre Strategie des minderheitenorientierten Bürgerkrieges. Er ergänzte die kommunistische Revolutionstheorie in wesentlichen Bereichen. Wie im Anfang der revolutionären Instrumentalisierung der Minderheiten sollte sie sich aber erneut vordringlich auf die Deutschen und auf Deutschland konzentrieren, obwohl Europa in seiner Gesamtheit angesprochen war. Die spätere Entwicklung sollte zeigen, daß sich beides in revolutionärer Theorie und in politischer Praxis gut miteinander verknüpfen ließ, auch wenn die anvisierte kommunistische Revolution in Europa ausbleiben sollte.

2. Die KP's Deutschlands und Polens als revolutionäre Hoffnungsträger der Komintern

Die nunmehr für alle europäischen Parteien von der Komintern verbindlich gemachte Minderheitenstrategie hatte eindeutig den Zweck, alle europäischen Staaten mit Minderheiten politisch zu verunsichern. Obwohl das Mittel des Bürgerkrieges anfangs eine eher propagandistische Rolle zu haben schien, wurde es trotzdem in das revolutionäre Kalkül sehr ernsthaft einbezogen, wie es sich in Polen zeigte. Im wesentlichen wurde von den europäischen kommunistischen Parteien in ihren Ländern zweierlei erwartet: erstens – daß sie, sofern sie in Parlamenten vertreten waren, die revolutionäre internationalistische kommunistische Politik, die zugleich die auswärtigen Interessen der Sowjetunion befriedigte, in die Innenpolitik ihrer Staaten einbringen und von der Parlamentstribüne im Schutze der parlamentarischen Immunität vertreten, was übrigens auch für Länder mit illegalen kommunistischen Parteien, aber legalen kommunistischen Parlamentsvertretungen galt, wie in Ostmitteleuropa, und – zweitens – daß sie innerhalb der nationalen Minderheiten mit dieser, vordergründig deren Interessen entgegenkommenden oder entsprechenden Politik wirken, Anhänger finden und bestehende Parteien über kommunistische Oppositionsgruppen, was auch für Gewerkschaften galt, spalten, wie in Polen bei der Deutschen Sozialistischen Arbeitspartei (DSAP) 1931 praktiziert. Mit alledem sollte Unruhe gestiftet und durch zunehmende Gewalt bis hin zum bürgerkriegsähnlichen

69 Inprekorr, 23.11.1928.

Aufstand, wie in Ostpolen, wo er zwar von anderen politischen Kräften getragen, aber von den Kommunisten aufgegriffen und den eigenen Parolen zunutze gemacht wurde, ein zentrifugaler, diese Länder von innen aufspaltender und zersetzender Effekt erzeugt werden.

Die Tragweite dieses Kalküls läßt sich am besten am Beispiel Polens verdeutlichen: Für Polen, das Erprobungs- und Experimentierfeld dieser Strategie in Ostmitteleuropa, hätte die Verwirklichung dieser Politik bedeuten müssen, daß die litauischen, weißrussischen und ukrainischen Nordost- und Ostgebiete sowie an der westlichen Staatsperipherie Ost-Oberschlesien und Pommerellen sowie zumindest die deutschbesiedelten Randgebiete der Wojewodschaft Posen abgetrennt worden wären. Bei einem solchen Zusammenschnitt wäre Polen ohne Rohstoffgrundlagen und Schwerindustriebasis, ohne Zugang zur Ostsee und ohne die fruchtbaren ostpolnischen Ackerflächen nicht nur kaum noch wirtschaftlich lebensfähig gewesen, sondern es wäre bei der megalomanen Besonderheit und der Militanz des polnischen Nationalismus und Patriotismus mit allergrößter Wahrscheinlichkeit zu einem politischen und sozialen Sprengsatz, zu einem stetigen Unruhe- und endlichem Revolutionsherd für die ganze ostmitteleuropäische Region, wenn nicht gar für ganz Europa geworden. Der wäre dann im kommunistischen Sinne über Polen hinaus manipulierbar geworden. Insofern war die Komintern-Strategie nicht aussichtslos in Polen plaziert. Besonders das zahlreiche jüdische Proletariat, auf das gebaut wurde und das, wie es sich 1920 vielerorts erwiesen und 1939 noch einmal bestätigt hatte, auch in den mittelpolnischen und nordostpolnischen Industriestädten für die kommunistische Propaganda ansprechbar war, wurde ins Kalkül einbezogen. Territorial hätte das nachgebliebene Polen dem später von den Nationalsozialisten im Zweiten Weltkrieg geschaffenen Generalgouvernement geähnelt.

Für ihre Minderheitenstrategie waren von der Komintern zwei nationale Sektionen am meisten gefragt: die KPP mit ihren affilierten Parteien KPZU und KPZB sowie die KPD. Von beiden nahm die Komintern ferner an, daß sich die Mutterländer Polen und Deutschland der europäischen Revolution am weitesten genähert und am meisten aufgeschlossen hätten. Allerdings verlagerte sich die Einschätzung ihrer Bedeutung im europäischen Revolutionsprozeß im Zeitablauf von der einen auf die andere Partei, wobei die Einschätzungen schwankten. Vor allem in einer Aktionsgemeinschaft seien sie bestimmt, die Hauptrolle in der Revolutionierung Europas zu spielen, wurde von der Komintern angenommen.

Doch die Umsetzung der Kominternvorstellungen in die politische Praxis traf auf vielerlei Schwierigkeiten. Das galt besonders für Polen, aber auch für andere Staaten, wo minderheitenorientierte, vom Selbstbestimmungsrecht getragene territoriale Staatsgebietsveränderungen involviert waren. In Polen hatte es ferner der kommunistischen Vertretung des Selbstbestimmungsrechts für Ost-Oberschlesien und Pommerellen schon bisher an Bestimmtheit und Eindeutigkeit gemangelt. Auf dem Hintergrunde der jahrelangen, sehr komplizierten Differenzen in der KPP, darunter in der Frage der theoretischen Führungsrolle für eine der Vorläuferparteien der KPP und des Widerstandes gegen ihre Bolschewisierung durch die Gruppe um Leszczyński-Leński, zu deren Werkzeug nach Stalins Vorstellungen eben auch die Minderheitenstrategie gemacht werden sollte, gab es eine nur zaudernde Umsetzung der Komintern-Strategie durch die KPP, insbesondere gegenüber den Deutschen, aber auch infolge zusätzlicher Streitigkeiten mit den nationalen KPZU und KPZB wegen der nationalen Abweichungen ihrer Mutterparteien in der Sowjetunion und in Ostpolen.[70] Selbst in der Sowjetunion lebende führende KPP-Leute, die unter unmittelbarem Einfluß von Komintern und KPdSU standen, machten gegen die Selbstbestimmungslosung in den spezifischen polnischen Verhältnissen Bedenken geltend, insbesondere für die westliche polnische Peripherie.[71] So kam es auch, daß sie in der Praxis der Parteiarbeit in Polen besonders vernachlässigt wurde. Vor allem mangelte es an deutschsprachigem Propagandamaterial, das umfänglicher erst gegen Mitte 1930 in die Herstellung ging,[72] obwohl nach eigener Einsicht in Ost-Oberschlesien „nicht alle Arbeiter polnisch lesen".[73]

Eine deutliche Aktivierung der kommunistischen Arbeit unter Minderheiten fand in Polen daher sukzessive erst seit 1929 statt. Sie fiel zusammen mit der Durchsetzung der bisherigen Fraktionsgruppe um Leszczyński-Leński in der Führung der KPP und der von ihr eingeleiteten völligen Gleichschaltung und Subordination der Partei unter die Überpartei Komintern. Dazu gehörte, daß ab Mitte 1929 die KPP und KPD begannen, gemeinsame sog. Grenz- und Friedenstreffen deutscher und polnischer Parteimitglieder und Arbeiter zu organisieren.[74] Wegen der Illegalität der KPP in Polen fanden sie in grenznahen deutschen Orten und in Danzig statt. Später kamen noch tschechoslowakische Parteifunktionäre und Arbeiter hinzu. Ferner entstanden verschiedene Komitees, nationale und grenzübergreifende, die sich auf eine Propagierung des Kampfes gegen den Krieg festlegten, obwohl die Komintern selber den Bürgerkrieg als Mittel der Revolutionierung verstand.[75] Überhaupt standen damals die Friedens- und Antikriegsbewegung, ähnlich wie z.B. die Esperanto-Bewegung, die als Ausdruck des weltweiten Internationalismus dargestellt wurde, wobei sich alle diese Organisationen und Bewegungen proletarisch, mithin volksnah, gaben, unter direktem Einfluß der Komintern oder wurden als ihre eigenen af-

70 Uchwały V Plenum Komitetu Centralnego Komunistycznej Partii Polski (styczeń 1929), Warszawa 1929, S. 57; G. Henrykowski: Das VII. Plenum des ZK der KP Polens. In: Inprekorr, 7.2.1930; Odezwa KC Komunistycznej Partii Białorusi Zachodniej. In: Partyjnik. Organ KC Komunistycznej Partii Białorusi Zachodniej. Wilna, Nr. 5 vom März 1931 und Nr. 8 vom Juli 1931. Centralne Archiwum KC PZPR, Warszawa.

71 Stanisław Bańczyk: Polish Communist Party in the Service of Moscow (manuskript). Polish Subject Collection. Hoover Institution on War, Revolution and Peace. Stanford University, Stanford, Calif.

72 Stan organizacyjny Komunistycznej Partii Polski. Sprawozdanie organizacyjne KC KPP na V Zjazd partii. In: Archiwum Ruchu Robotniczego, XI (= Centralne Archiwum KC PZPR). Warszawa 1988, S. 111.

73 V Zjazd KPP. Sprawozdanie z obrad. Część I. Moskwa 1931, S. 110. – Außerdem wurde auf dem Kongreß ausgeführt, auch von einem Vertreter der ost-oberschlesischen Parteiorganisation: „In (Ost-)Oberschlesien ist die Nationalitätenfrage wichtig. Das ZK wies verschiedentlich darauf hin. Aber wir unterschätzen die Nationalitätenfrage nach wie vor. Sie wird auch im restlichen Polen unterschätzt" (S. 72).

74 Darüber hinaus gab es eine enge Zusammenarbeit der beiden Parteien. Das theoretische KPP-Organ „Nowy przegląd" wurde nicht, wie im Impressum angegeben, in Gleiwitz gedruckt, sondern in der Druckerei Karl Ringer & Sohn, Inh. Ernst Kühnke, Berlin, Hasenheide 54. Die Lettern wurden von der Fa. S. L. Cahen, Berlin, besorgt. Das Einschmuggeln der KPP-Druckerzeugnisse übernahmen oberschlesische KPD-Genossen, wobei sich der Gleiwitzer Artur Wyschka, ein ehemaliges Mitglied der KP Oberschlesiens und enger Mitarbeiter von Anton Jadasch, hervortat, dessen Adresse zur Irreführung als Verlags- und Druckadresse des „Nowy przegląd" angegeben wurde (Bericht des Gleiwitzer Polizeipräsidenten vom 21.12.1929 mit dem Berliner Vermerk vom 27.11.1930. Reichssicherheitshauptamt: R 58/537. Bundesarchiv Koblenz).

75 L. Purmann: Zum „Roten Tag" in Polen, In: Kommunistische Internationale. Berlin 1929, Nr. 22/23 vom 5. Juni, S. 1327; Dokumente und Materialien zum gemeinsamen Kampf, a.a.O., S. 163ff.

filierten Hilfsorganisationen angesehen und, zumindest in Teilen ihrer Organisationen, auch politisch geführt.

Wenn anfangs die Arbeit an der deutsch-polnischen Grenze nur von den kommunistischen Parteien getragen und organisiert wurde, schalteten sich sehr bald auch die Roten Gewerkschaftsorganisationen in sie ein. Auf dieser organisatorisch gemischten Grundlage entstand Ende 1932 das Polnisch-Deutsche Arbeiterkomitee, das eine ganz besondere Bedeutung in der kommunistischen Minderheitenpolitik gewinnen sollte.[76] Zum Ritual aller Grenztreffen seit ihrem Beginn gehörte die Bejahung der einzelnen Kominternbeschlüsse und die gegenseitige Versicherung, ihnen gemäß zu handeln und sie politisch umzusetzen. Die Bereitschaft ging so weit, daß die KPP Ende Oktober 1935 angesichts der Herrschaft Hitlers und der NSDAP in Deutschland ihre revolutionären Bemühungen der Tschechoslowakei zuwandte. Ende Oktober 1935 verzichtete die KPP infolge revolutionstaktischer Überlegungen zugunsten der Tschechoslowakei und ihrer KP auf die Wahrnehmung des Selbstbestimmungsrechts bis zur Loslösung für die im südlichen Teschener Schlesien lebenden Polen.[77] Das gab in Polen erneut Gelegenheit, das staatsschädigende Wirken der KPP, das zudem national verderblich und unpatriotisch sei, anzuprangern. Diese polnische Minderheit wurde dann vom bürgerlichen Polen im März 1939 heimgeholt, als das sog. Olsa-Gebiet im Zuge der Politik Hitlers gegenüber der Tschechoslowakei partizipierend von Polen inkorporiert wurde.

3. Das KPP-Programm von 1930: Selbstbestimmungsrecht bis zur Lostrennung von Polen

Seit 1929 verfestigte sich also auf vielfältige Weise die revolutionäre Zusammenarbeit der KPP und KPD über die Minderheitenpolitik der Komintern. In bisher unbekannter, von Leszczyński-Leński durchgesetzter Linientreue gegenüber der Komintern tat sich dabei die KPP hervor.

Als überhaupt erste nationale Komintern-Sektion schrieb die KPP in ihrem Programmentwurf, der auf dem V. Parteikongreß Ende Juli 1930 angenommen wurde, fest, daß sie „das Recht der vom polnischen Imperialismus unterjochten Völker auf Selbstbestimmung bis zur Lostrennung vom polnischen Staat anerkennt, das Recht zum Aufstand und zum revolutionären Volksbefreiungskrieg... mit allen nur möglichen Mitteln aktiv unterstützt.“[78] Den Ukrainern, Weißrussen und Litauern wurde das Recht auf unverzügliche Lostrennung vom polnischen Staat zugesichert.

Der Bevölkerung „(Ost-)Oberschlesiens und des pommerellischen Korridors“ wurde vom „siegreichen polnischen Proletariat“ versprochen, das Selbstbestimmungsrecht bis

76 Jan Krzysztof Kwiatkowski (Ren), Komuniści w Polsce, Rodowód – taktyka – ludzie. Bruksela 1946, S. 13.

77 Flugblatt: „Przeciw szowinistycznej faszystowskiej nagonce antyczeskiej“. Reichssicherheitshauptamt. Kommunistische Partei Polens: R 58/554 Bundesarchiv Koblenz.

78 Projekt Programu Komunistycznej Partii Polski (Sekcji Międzynarodówki Komunistycznej). In: Materiały do programu KPP, Moskwa 1933, S. 150.

zur Loslösung sicherzustellen, weil es die „imperialistischen Traktate" zunichte machen werde. Mit der Betonung des Bezugsrahmens der erreichten Diktatur des Proletariats für die Vollendung des Selbstbestimmungsrechts in Polen, also der Übernahme der Herrschaft im Staate durch die Kommunisten, worum es sich dabei handelt, entfernte sich die KPP allerdings von der ursprünglichen Absicht der revolutionären Kominternstrategie. Diese sah vor, dieses Recht für die Erringung des Sieges des Proletariats, also im Kampf um sie, einzusetzen und nicht als dessen Ergebnis. Diese terminologische oder auch taktische Unsicherheit kam immer wieder auf, zudem nicht nur in der KPP. Sie vernebelte das revolutionäre Verständnis dieser Strategie auch in anderen kommunistischen Parteien Europas, was zu ihrer politischen Fehldeutung, aber auch zur Unterschätzung und daraus sich ergebender Nichtbeachtung außerhalb der kommunistischen Bewegung führte. Allein in Polen, dem Land, auf dessen Bestand diese Strategie zielte, wurde sie aufmerksam in allen politischen Lagern verfolgt.

Der Bevölkerung Danzigs, der „das Joch Polens und des Völkerbundes übergestülpt worden war" und die „mit Gewalt von Deutschland abgetrennt worden ist", wurde das „Recht, sich wieder mit Deutschland zu vereinigen", eingeräumt.[79] Im weiteren wandte sich der Programmentwurf gegen die Bedrückung der deutschen Minderheit in Polen, gegen ihre Vertreibung („rugowanie") aus Ost-Oberschlesien, Pommerellen und dem Posenschen, das zum ersten Male auf gleicher Stufe mit Ost-Oberschlesien und Pommerellen genannt wurde,[80] gegen die Schließung deutscher Schulen und anderer deutscher Organisationen, gegen die Unterdrückung der deutschen Sprache im öffentlichen Leben und für die Einräumung einer vollen politischen und sozialen Gleichberechtigung an die ganze deutsche Minderheit in Polen.

Der überhaupt letzte Kongreß der KPP vor ihrer Auflösungsverfügung durch die Komintern im Dezember 1937, was zur Liquidierung der Parteiorganisation im Lande seit Mitte 1938 führte, der VI. Kongreß vom Oktober 1932, stellte den Programmentwurf von 1930 in diesen Passagen weder in Frage noch ergänzte er ihn, sondern bestätigte ihn durch eine sinn- und forderungsgleiche Resolution.[81] So kann der Programmentwurfstext in diesen Punkten als das einvernehmliche Parteiprogramm der KPP angesehen werden.

Diese generelle Verbindlichkeit bestätigte ein sofort nach dem VI. KPP-Kongreß verkündeter Aufruf der Parteiführung an die ost-oberschlesische Bevölkerung, in dem nicht nur die „elf Jahre polnische Okkupation in (Ost-)Oberschlesien" verurteilt wurden, sondern

79 ebd. S. 138.

80 In der Parteitagsdiskussion wurde das Verständnis für einen Zusammenhang des Posener Gebietes mit den Selbstbestimmungsrecht-Forderungen für Ost-Oberschlesien und Pommerellen noch deutlicher. Das ZK-Mitglied Gwiazdowski forderte für „(Ost-)Oberschlesien, Posen, Pommerellen ... ein Programm der nationalen proletarischen Revolution", das sich am Beispiel der Wolga-Republik der Deutschen orientieren solle; das legt eine Räte-Republik-Lösung für diese Gebiete nahe, wie sie ja bald, wenngleich nur für Oberschlesien, wieder auftauchen sollte. Vgl. V Zjazd Komunistycznej Partii Polski. Sprawozdanie z obrad. Część II. Moskwa 1931, S. 175.

81 VI Zjazd KPP. Warszawa 1932, S. 18ff., insbesondere der Abschnitt „Walka z uciskiem narodowym na Górnym Śląsku i na Pomorzu" (S. 32f.).

auch das „Joch des imperialistischen Polens", das ihm aufgezwungen wurde und „den polnischen Korridor schuf, der Ostpreußen von Deutschland künstlich trennt". Der „polnische Imperialismus" wolle mit seiner Hilfe und mit der „Drohung einer kriegerischen Okkupation Danzigs" „Ostpreußen und den westlichen Teil Oberschlesiens rauben".[82] Daher führten, wie aus dem Führungszirkel der KPP bekräftigt wurde, die kommunistischen Parteien Polens und Deutschlands den „Kampf zur revolutionären Lösung der Korridorfrage" und „für das Selbstbestimmungsrecht aller nationalen Minderheiten in den strittigen deutsch-polnischen Grenzgebieten und gegen alles, was aus Danzig eine Halbkolonie des polnischen Imperialismus und ein Kampfwerkzeug gegen die Sowjetunion macht".[83]

In die kommunistische Haltung gegenüber der deutschen Minderheit und für deren Behandlung wurde durch den KPP-Programmentwurf ein politisch bedeutsamer Unterschied eingebracht: jene Deutschen, die in Gebieten lebten, welche der Versailler Vertrag von Deutschland abgetrennt hatte, wurden jetzt auf eine Ebene mit den unterjochten Ukrainern, Weißrussen und Litauern gestellt. Für sie galt neben den sofort zu verwirklichenden Minderheitenrechten das Recht auf Lostrennung von Polen spätestens mit Beginn der Diktatur des Proletariats in Polen. Schon die Aussicht darauf bedeutete deren Aktivierung und Mobilisierung für den Kampf um die Erreichung dieses politischen Ziels. Die deutsche Minderheit im polnischen Kernland unter Polen, aber auch in der sogenannten West-Ukraine, also in Galizien, erhielt logischerweise nur Rechte zugestanden, die einer personalen kulturellen Autonomie gleichzusetzen waren. Diese Unterscheidung wird von besonderer Bedeutung, wenn sie mit der kommunistischen Politik Polens nach 1945 verglichen wird, da die Diktatur des Proletariats erreicht worden war.

Im Gefolge des KPP-Programmentwurfs stellte sich besonders in der Oberschlesien-Frage ein interessanter politischer Zungenschlag ein. Im schlesischen Sejm, einem die autonome Sonderstellung Ost-Oberschlesiens im polnischen Staatsgefüge unterstreichenden Regionalparlament, übrigens dem einzigen in Polen, wurde die auf die Oberschlesien-Frage gemünzte KPP-Politik auf eine bezeichnende Weise dadurch unterstrichen, daß die kommunistische Fraktion den seinerzeitigen „Anschluß" Ost-Oberschlesiens an Polen in Frage stellte und das Selbstbestimmungsrecht verlangte.[84] Die noch kürzlich von Leszczyński-Leński favorisierte ost-oberschlesische Autonomie wurde nicht mehr gutgeheißen, sonder verneint. Zugleich wurde von ihr die Resolution zur „Politischen Situation und zu den Aufgaben der Partei" des V. KPP-Kongresses bekräftigt, sich „der autonomistischen Demagogie der polnischen Sozialisten, der deutschen Sozialdemokraten und der Korfanty-Anhänger zu widersetzen",[85] die mit Hilfe der Ost-Oberschlesien eingeräumten Autonomie die kommunistische revolutionäre Politik konterkarieren könnten, womit ein gewichtiger politischer Schwenk vollzogen wurde.

82 Stanisław Bańczyk, a.a.O., S. 24f.
83 Nemo, Der Kampf um den Korridor. In: Kommunistische Internationale, Nr. 8 vom 28.2.1931, S. 361.
84 Erklärung der kommunistischen Fraktion des schlesischen Sejm gegen den deutschen und polnischen Chauvinismus. In: Inprekorr, 23.9.1930.
85 V Zjazd KPP. Uchwały – rezolucja – materiały, o.O. 1930, S. 45.

4. Die KPD-Erklärungen von 1930 zu Fragen des deutschen Volkes und Oberschlesiens

Zum Bezugs- und Kristallisierungspunkt der revolutionären Minderheitenstrategie, die insbesondere den staatsgebietlichen Bestand Polens bedrängte und damit indirekt auch dessen Unabhängigkeit und politische Überlebensfähigkeit in Frage stellte, entwickelte sich, ganz im Sinne der früheren Vorgaben Stalins, Deutschland. Die KPD rückte immer mehr in eine zentrale europäische Rolle. Die Tschechoslowakei, die ähnlich stark in Mitleidenschaft gezogen worden wäre wie Polen, weil die Slowakei die Eigenständigkeit zu erhalten gehabt hätte und die Deutschen, die Ungarn und die Ukrainer ihren Mutternationen einzugliedern gewesen wären, war insofern weniger als Polen aktuell betroffen, weil sich die in der parlamentarischen Verantwortung stehende KP der Tschechoslowakei in Minderheitenfragen lange sehr zurückhaltend und wenig aktivistisch verhielt, ohne ihr aber zu widersprechen.[86] Erst auf ihrem VI. Parteikongreß in der ersten Mai-Hälfte 1931 wandte sie sich in ihren Thesen zur Nationalitätenfrage klar „gegen die Besetzung des deutschen Teils von Böhmen, der Slowakei, der Karpathoukraine und des Teschener Gebietes und für deren Räumung von Organen der tschechischen Besatzungsmacht,... für das Selbstbestimmuingsrecht bis zur Loslösung,... gegen die obligatorische Staatssprache", wobei eine Reihe weiterer als nationalistisch angeprangerter Maßnahmen und Zustände abgeschafft werden sollte, darunter auch der „weiße Terror" in den „annektierten Gebieten", worunter die Minderheitengebiete subsummiert wurden.[87] Allen wurde das Recht auf Lostrennung von der Tschechoslowakei offengelassen.

Weil die revolutionäre Minderheitenpolitik im Rahmen des Kampfes gegen Versailles mit der Forderung geführt wurde, die Verträge zunichte zu machen, Deutschland jedoch durch Versailles besonders betroffen war, mußte die kommunistische Aktion zwangsläufig besonders auf Deutschland und dessen territoriale Ausweitung zugeschnitten sein, worunter auch die deutschen Minderheiten fielen. Die politische Gewichtung Deutschlands für revolutionäre Zwecke in Europa, angelehnt an die von industrieller Reife und daraus sich ergebenden besonderen Klassengegensätzen geprägten revolutionären Vorstellungen von Marx und Engels, aber auch Lenin, verstand die KPD für ihre politische Position in der Komintern zu nutzen. Während die kommunistischen Parteien der Nachbarstaaten Deutschlands mit dieser Strategie zum Nachteil ihrer politischen Systeme zu handeln hatten, konnte sich die KPD mit dem in Deutschland populären Kampf gegen Versailles nach innen auch gegenüber den Nationalsozialisten profilieren, weil sie die Interessen der eigenen Nation und des eigenen Staates, sogar solange er in seiner bürgerlichen Form besteht, sehr entschieden wahrnimmt. Die in den Nachbarstaaten negativ eingeschätzte Strategie war in den deutschen Verhältnissen ein Positivum, das die KPD sehr gut operationalisieren und für ihren Gegensatz zum Nationalsozialismus, mit dem sie bezüglich der Ablehnung des Versailler Systems nicht nur konkurrierte, sondern sich der gleichen Sprache und der gleichen Floskeln bediente, zu nutzen verstand.

---

86 Als Beispiel kann der Aufruf des ZK der Tschechoslowakei zur KPD-Programmerklärung gelten. In: Inprekorr, 18.9.1930.

87 Protokol VI řádného sjezdu Komunistické Strany Československa. Praha 1931, S. 132.

Vor den Mitte September 1930 anstehenden Reichstagswahlen verabschiedete die KPD am 24. August 1930 ganz folgerichtig eine „Programmerklärung zur nationalen und sozialen Befreiung des deutschen Volkes".[88] Wenngleich sie im Wahlkampf vor allem gegen die NS-Bewegung eingesetzt wurde, besaß die Programmerklärung ihre spezifische Bedeutung im Rahmen der revolutionären Minderheitenstrategie und des Kampfes gegen das Versailler System, das die Kommunisten gleicherweise wie die Nationalsozialisten als Schanddiktat von Versailles bezeichneten. Nach Thälmanns Darstellung war die Programmerklärung ein „Programm der Volksrevolution",[89] so daß sie – im Februar 1932 durch das Zentralkomitee der KPD noch bekräftigt[90] – zum Rückgrat aller weiteren KPD-Politik und der Minderheitenstrategie der Komintern wurde. Spätestens für den Fall des Eintritts der Diktatur des Proletariats in Mitteleuropa wurde von der KPD in Aussicht gestellt, „alle sich aus dem Versailler Frieden ergebenden Verpflichtungen für null und nichtig" zu erklären, mithin auch die staatliche Unabhängigkeit einer Reihe von Staaten, darunter besonders Polens, aber auch der Tschechoslowakei und Ungarns, in Frage zu stellen, die alle auch im kommunistischen Vokabular „Bastarde von Versailles" seien. Ferner beteuerte die Erklärung, daß zur Erreichung der kommunistischen Herrschaft „wir Kommunisten uns für das volle Selbstbestimmungsrecht aller Nationen einsetzen und im Einvernehmen mit den revolutionären Arbeitern Frankreichs, Englands, Polens, Italiens, der Tschechoslowakei usw. denjenigen deutschen Gebieten, die den Wunsch danach äußern, die Möglichkeit des Anschlusses an Sowjetdeutschland sichern".[91] Einen knappen Monat später war die KPD damit dem Programmentwurf des KPP-Kongresses gefolgt, was kaum als Zufall angesehen werden kann. Der Gleichschritt zwischen deutschen und polnischen Kommunisten war gefaßt, der sogar die künftige Unabhängigkeit und Selbständigkeit Polens fraglich machte.

Eine Erklärung der Bezirksleitung Oberschlesiens der KPD vom 27. September 1930, die mit ihrer Bezeichnung als Oberschlesien-Erklärung als das nach Osten gerichtete konkrete Minderheitenprogramm der KPD verstanden wurde,[92] präzisierte die minderheitenpolitischen Aussagen der KPD-Programmerklärung gleichermaßen, wie sie die des KPP-Programmentwurfs den deutschen Vorstellungen anglich. Dabei schlug sie eine genauso überraschende wie bemerkenswerte Richtung ein: Sie knüpfte an ihre Konzeptionen zu Anfang der zwanziger Jahre für Oberschlesien an, denn sie führte aus: „Durch den internationalen gemeinsamen Kampf der polnischen und deutschen Arbeiter Deutsch- und Polnisch-Oberschlesiens, Deutschlands und Polens... wird sich

---

88 Lothar Berthold: Das Programm der KPD zur nationalen und sozialen Befreiung des deutschen Volkes vom August 1930. Berlin (Ost) 1956.

89 Ernst Thälmann: Kampfreden und Aufsätze, Berlin (Ost), o.J., S. 48f. – Zum Problem der „Volksrevolution" und der diesbezüglichen KPD-Politik auch: Ossip K. Flechtheim: Die KPD in der Weimarer Republik. Frankfurt 1971, 2. unv. Aufl., S. 276ff.

90 Flugblatt: „Gegen die Tributsklaverei des deutschen Volkes – Gegen Versailles und Young – Für die soziale und nationale Befreiung durch die Diktatur des Proletariats". SP. Germany. Kommunistische Partei Deutschlands. Hoover Library, Stanford University, Stanford, Calif.

91 Wortlaut der Programmerklärung. In: Lothar Berthold, a.a.O., S. 234, auch in: Inprekorr, 26. 8. 1930.

92 Tadeusz Swedek: Z tradycji współpracy Komitetów Okręgowych KPP i KPD na Śląsku w okresie międzywojennym. In: Ruch komunistyczny w Polsce 1918–1968. Pod redakcją Henryka Rechowicza. Katowice 1969, S. 115.

auch die nationale Frage in Oberschlesien nach dem Vorbild der Sowjetunion auf dem Boden des Selbstbestimmungsrechts der Völker und des Rechtes jeder nationalen Minderheit, ihre proletarische, sozialistische Kultur in ihrer nationalen Form (Sprache usw.) entwickeln und lösen. Die proletarische Revolution wird an Stelle der heutigen Grenzen ein einheitliches Sowjet-Oberschlesien ... setzen, ein Sowjet-Oberschlesien, in dem es keine soziale und nationale Unterdrückung der Werktätigen, weder der deutschen noch der polnischen Arbeiter und Bauern geben wird".[93]

Die vagen Formulierungen aus den Diskussionen des V. KPP-Kongresses vom Juli 1930, die unter Hinweis auf die Minderheitenverhältnisse und deren Regelungen in der Sowjetunion und insbesondere hinsichtlich der deutschen Wolga-Republik ähnliche Lösungen für die deutschbesiedelten westpolnischen Gebiete nahegelegt hatten, wurden von der KPD aufgegriffen und konkretisiert. In den das Programm anfänglich begleitenden Propaganda-Aktionen, die sich an die „Werktätigen Oberschlesiens" richteten, verlangten die Schlußlosungen der Flugblätter immer wieder die „Errichtung Sowjet-Oberschlesiens".[94] Auf diese Weise sollte dem national indifferenten, lokalpatriotischen Regionalismus der Oberschlesier, der sich auch in Ost-Oberschlesien gegenüber Warschau zu profilieren verstanden und eine Sonderstellung im Staate eingeräumt erhalten hatte, wie schon einmal, zu revolutionären Zwecken Rechnung getragen werden. Erneut war er revolutionär aufgerufen.

Zudem wurden die polnischen Saison-Landarbeiter in Deutschland in die kommunistische Propaganda eingebunden. Das veranlaßte die nichtkommunistische polnische Presse in Deutschland und Polen zu heftiger Kritik an den in ihren Augen Polen beleidigenden Aktionen und an den Verunglimpfungen Polens seitens der deutschen Kommunisten und ihrer polnischen Helfershelfer.[95] Auch die kommunistisch geführten Organisationen der polnischen Saison-Landarbeiter, aber auch der ukrainischen, die sich meist einen unverfänglichen kultur- oder sozialpolitischen Anstrich gaben und von der KPD finanziert wurden, die auch die von Anton Jadasch redigierte Berliner Zeitung „Głos pracy" („Stimme der Arbeit") finanzierte, welche zu großen Teilen in Deutschland kostenlos verteilt und auch kostenlos nach Polen nachgeschickt wurde,[96] führten eine Agitation, die den Bestand nicht nur des bürgerlichen Polens in Frage stellte und die revolutionäre Minderheitenpolitik der Komintern zusammen mit Aufstandsaktionen propagierte.[97]

93 Flugblatt mit dem Wortlaut der ZK-Erklärung: SP Germany: Kommunistische Partei Deutschlands. Bezirk Oberschlesien. Hoover Library. Stanford University, Stanford, Calif.

94 Verschiedene Flugblätter, u. a. „Werktätige Oberschlesiens!". SP Germany: Kommunistische Partei Deutschlands. Bezirk Oberschlesien. Hoover Library. Stanford University, Stanford, Calif.

95 Dziennik berliński, Berlin, 13.2.1930 und 29.6.1930; Dziennik poznański, Poznań, 20.7.1930 und 23.4.1930; Polska Zachodnia, Katowice, 23./24.11.1930; Katolik codzienny, Beuthen, 11.10.1930; Nowiny codzienne, Oppeln, 11.10.1930; Naród, Herne, 27.11.1930.

96 Rundschreiben KPD-Bezirk Nordwest, Bremen, vom 18.3.1932. R 58/9: Polnischer kommunistischer Verein „Kultur- und Bildungsverein polnischer Arbeiter in der deutschen ‚Arbeitereinigkeit'". Bundesarchiv Koblenz.

97 vgl. hierzu: Georg W. Strobel: Die „Arbeitereinigkeit", a.a.O.; Georg W. Strobel: Polnische kommunistische Vereine in Deutschland, a.a.O.

5. Strategieziel Räte-Großdeutschland und Methoden zu seiner Durchsetzung

Die Programmerklärungen der KPD, die von den kommunistischen Parteien Polens,[98] der Tschechoslowakei und Österreichs, aber auch Italiens, unverzüglich begrüßt und gutgeheißen wurden, und der Programmentwurf der KPP läuteten eine ständig zunehmende, zur Wende der Jahre 1932/1933 sich zuspitzende kommunistische Aktion zur Revolutionierung Europas mit dem Mittel der zu schürenden nationalen Unruhe und der Unzufriedenheit der Minderheiten ein. Die Komintern und insbesondere ihre Hilfsorganisationen, aber auch die KPD, brachten sich immer wieder in die zuweilen sehr kontroversen Diskussionen innerhalb der nationalen Sektionen ein, korrigierten die taktischen Losungen, riefen einzelne nationale Parteien bei Abweichungen zur Ordnung oder führten die strategischen Vorgaben weiter. Besonders deutlich und direkt nahm dieses der außenpolitische Wortführer der KPD-Reichstagsfraktion Theodor Neubauer namens der Komintern wahr. In seiner programmatischen Schrift „Deutsche Außenpolitik heute und morgen" vom Jahre 1932[99] bezeichnete er „die Lage an den deutschen Ostgrenzen" als „unhaltbar". Die „Grenzziehung in Oberschlesien... verlangt eine Änderung". Danzig werde erwürgt, Ostpreußen lebensunfähig gemacht, so daß „diese Lage geändert werden (muß)". Zugleich verwerfe die KPD die von Polen und seiner Bourgeoisie ins Auge gefaßte Westverschiebung der polnisch-deutschen Grenze. Die Polen „wollten nicht nur Oberschlesien, sondern sogar ganz Schlesien annektieren", was es zu verhindern gelte. Die Ausführungen Neubauers endeten wörtlich mit der gleichen Losung, wie sie sich in Kominternerklärungen und Aufrufen verschiedener kommunistischer Parteien von nun an häuften: „Das räuberische Versailler Diktat unterdrückt zahlreiche Millionen in Elsaß-Lothringen, West- und Ostpreußen, Posen, Oberschlesien, Südtirol, ohne sie zu befragen, durch brutale Annexion".

In dieser Entwicklung kam dem XII. EKKI-Plenum vom Anfang September 1932 eine besondere Rolle zu. Otto Kuusinen, einer der direkten Mitarbeiter Stalins in der Komintern und deren Sekretär, formulierte dort die „Aufgaben der Sektionen der Kommunistischen Internationale", wobei als Hauptaufgabe die Schaffung eines „Sozialistischen Sowjet-Deutschlands" proklamiert wurde, was „auch die Möglichkeit eines freiwilligen Anschlusses des österreichischen Volkes und anderer deutscher Gebiete gewährleistet". Daneben wurde die KP Frankreichs verpflichtet, „gegen die Unterdrückung Elsaß-Lothringens" zu kämpfen.[100] Zugleich tauchten in der kommunistischen „Internationalen Presse-Korrespondenz" eigene Berichtsspalten auf, wie sie besonders wichtigen Arbeitsfeldern eingeräumt wurden; sie waren überschrieben mit „Der internationale Kampf

---

98 Die KPP hielt zur KPD direkte enge Beziehungen. Das seit 1923 bestehende Politbüro der KPP, das bis 1930 in Danzig amtierte, wurde nach Berlin verlegt. 1933 zog es nach Kopenhagen und 1936 nach Paris um, wohin jeweils auch die Redaktion der Parteiorgane verlegt wurde. Hier blieb es bis zur Auflösung der KPP. In Paris wurden Ende 1938 erste Bemühungen aufgenommen, die Partei neu zu organisieren, die vom Kriegsausbruch und dem vorausgegangenen Molotov-Ribbentrop-Pakt unterbunden wurden.

99 Th. Neubauer: Deutsche Außenpolitik heute und morgen (= Kleine politische Schriften). Wien/Berlin/Zürich 1932, S. 84ff.

100 Über die internationale Lage und die Aufgaben der Sektionen der KI. Thesen zum Bericht des Genossen Kuusinen, angenommen vom XII. Plenum der EKKI. In: Die Internationale, Berlin, Nr. 9/10 vom September/Oktober 1932, S. 410.

gegen Versailles", „Hände weg von der Sowjetunion!" und „Gegen den imperialistischen Krieg", wobei ihre Thematik und damit auch ihre strategische Inanspruchnahme ineinandergriffen.

Diese breite Offensivfront der kommunistischen Strategie hatte sich international bereits im Zusammenhang mit dem VIII. Kongreß der Nationalen Minderheiten Ende Juni 1932 in Wien angedeutet. Die von der Komintern gesteuerte Liga gegen Imperialismus und für nationale Unabhängigkeit, eine ihrer vielen Hilfsorganisationen, verlangte, der Kongreß solle sich die kommunistische Losung nach Selbstbestimmungsrecht bis zur Loslösung oder bis zur staatlichen Unabhängigkeit zu eigen machen. Doch der Kongreß ließ sich nicht in die Komintern-Strategie einspannen, was ihn nach Meinung der kommunistischen Liga zum „Agenten des Weltimperialismus und seines Organs, des Völkerbundes", machte.[101] Bemerkenswert war aber, daß seit der Oberschlesien-Erklärung das Selbstbestimmungsrecht bis zur staatlichen Unabhängigkeit gleichrangig neben die Loslösung und den Anschluß an die Mutternation als strategische Losung der Komintern getreten war.

Auf dem XII. EKKI-Plenum gelobte Thälmann zudem, die KPD werde sich „stärker um die Grenzlanddeutschen" und „um die werktätigen Auslandsdeutschen (kümmern)".[102] Es sollte nicht übersehen werden, daß darin nicht nur die bisherige Revolutionsfunktion der Minderheitenstrategie der Komintern zum Ausdruck kam, sondern daß damit in der aufgekommenen Auseinandersetzung mit dem Nationalismus der NSDAP und dem Nationalsozialismus der NS-Politik und -Agitation entgegengewirkt werden sollte. Der Kampf um ein revolutionäres Sowjet-Deutschland verband sich immer stärker auf dem gleichen nationalen Feld mit dem Kampf gegen den Nationalsozialismus. Ansätze dafür waren seit den KPD-Erklärungen vom Frühherbst 1930 vorhanden. Nun wurden sie verfeinert, besonders von Ernst Thälmann und Theodor Neubauer, die Hitler und die NSDAP des Verrats an den wirklichen nationalen Interessen und der nationalen Demagogie ziehen. In diesem Sinne setzte die Parteikonferenz der KPD zur Auswertung des EKKI-Plenums die dort geäußerten Vorstellungen, besonders den Anschluß des um Südtirol erweiterten Österreichs, unverzüglich im Schulungsmaterial der Partei um.[103]

In dieser doppelten Strategie nahm die Freie Stadt Danzig eine besondere Bedeutung ein. Für sie wurde von Anfang an nicht das Selbstbestimmungsrecht der Völker bis zur Lostrennung gefordert, denn es wäre angesichts ihrer politischen Selbständigkeit, wenngleich unter den Fittichen des Völkerbundes, anachronistisch gewesen. Danzig sollte für den Kampf gegen Versailles und damit auch gegen die aus ihm hervorgegangene Institution des Völkerbundes paradigmatisch werden. Die KPD, aber auch die KPP, forder-

---

101 Zum 8. Kongreß der Nationalen Minderheiten in Wien. Aus Erklärung der Liga gegen Imperialismus und für nationale Unabhängigkeit. In: Inprekorr, 28.6.1932.

102 Ernst Thälmann: Reden und Aufsätze 1930–1933, Köln 1975, Bd. 2, S. 263.

103 Resolution der Parteikonferenz der KPD über das XII. Plenum der EKKI und die Aufgaben der KPD, in: Mitteilungen der KPD, o.O., Oktober 1932; Kursus-Dispositionen des ZK zu den Problemen des Kampfes gegen Versailles – für soziale und nationale Befreiung, 23.12.1932. R 45 IV: General-Akten des Justizministeriums betr. die kommunistische Partei. Bundesarchiv Koblenz. – In den Kursus-Dispositionen wurde mit Blick auf die NSDAP hervorgehoben: „Wir Kommunisten sind die einzigen, die den Kampf gegen Versailles von Anfang an grundsätzlich geführt haben."

ten die Aufhebung der Völkerbundsobrigkeit und die sofortige Wiedereingliederung des Freistadtgebietes in die Weimarer Republik, ungeachtet aller sonstigen Überlegungen bezüglich einer Diktatur des Proletariats. Zusammen mit der KPP veranstaltete die KPD in Danzig wiederholt Grenz- und Friedenstreffen, die in Zeiten der Zuspitzung des polnischen Drucks auf Danzig zunahmen. Ende 1932 gewannen sie wie die gesamte Minderheitenstrategie der Komintern sehr erheblich an Intensität.

Besonders die Anordnung der polnischen Regierung von 1932, im Zoll- und Eisenbahndienst Danzigs Polnisch als Amts- und Dienstsprache sowie den Zloty als gültiges Zahlungsmittel einzuführen, wurde als ein Zeichen für die bevorstehende polnische Annexion Danzigs und auf dem Hintergrunde einer beschwichtigenden Erklärung von Papens vom Ende August 1932 zur Korridorfrage als ein Versuch, eine Einheitsfront gegen die Sowjetunion zu errichten und als eine „Maßnahme des polnischen Imperialismus zur Vorbereitung des Interventionskrieges gegen die Sowjetunion" gedeutet.[104] Hier verzahnten sich die Intentionen der Komintern-Strategie, die zu Anfang der dreißiger Jahre aufgekommen waren, besonders deutlich. Während des 12. Bezirksparteitages der Danziger KPD Ende November 1932 erklärte der Vertreter des Zentralkomitees der KPP ausdrücklich, daß „wir gegen die Eingliederung Danzigs in den Wirtschaftskörper Polens (sind). Wir sind für die Beseitigung der Abtrennung Danzigs von Deutschland". Danzig, dem das „Joch Polens und des Völkerbundes aufgezwungen sei, sei mit Gewalt von Deutschland abgetrennt worden".[105] Mit dieser Ansicht wurde der KPP-Programmentwurf von 1930 den neuen politischen Erfordernissen angepaßt, ohne daß sein Wortlaut verändert worden wäre.

Der Komintern war es spätestens jetzt gelungen, trotz der unterschiedlichen Interessen der jeweiligen betroffenen Staaten und – wenn nötig – ausdrücklich gegen sie, über die Harmonisierung der politischen Tätigkeit der KP's Deutschlands und Polens, wobei programmatische Barrieren ohne Zustimmung der dazu berufenen Parteiorgane überwunden wurden, in der politischen Praxis die nationale Frage mit der Frage der Sowjetrevolution zu verknüpfen, wie es ihrerseits umschrieben wurde. Revolutionstheoretisch hatten hierzu „die selbständige Beteiligung der kommunistischen Parteien an allen Konflikten, die die nationalen Interessen breiter Volkmassen berühren", „konkrete Forderungen gegen alle wichtigen Formen der nationalen Unterdrückung im jeweiligen Lande" und „Massenaktionen der Arbeiter und Bauern der unterdrückten Nationalität auf der Grundlage des nationalen Programms der Partei und bewußte Steigerung dieser Aktionen bis zu den höchsten Formen des revolutionären Massenkampfes" zu gehören, was alles dann im „nationalen Aufstand der unterdrückten Nation" ausmünden sollte. Dieser sollte wiederum in die „Sowjetrevolution" umschlagen, was die kommunistischen Parteien durch eine „unbedingte Verknüpfung der Losungen der nationalen Befreiung mit

104 Gegen die Annektion Danzigs durch den polnischen Imperialismus. Erklärung des ZK der KPP. In: Inprekorr, 4.11.1932; dazu auch: Der Völkerbund, Polen und der Danziger Hafen. In: Inprekorr, 22.11.1932.

105 Erklärung von Sosnowicz, Vertreter des ZK der KPP, auf dem 12. Bezirkstag der KPD, Bezirk Danzig. In: Inprekorr, 2.12.1932.

den wichtigsten wirtschaftlichen und politischen klassenmäßigen Forderungen der Arbeiter und Bauern" und durch die „systematische Zuspitzung (dieser) Bewegung auf den Sturz der gegebenen Regierung" herbeiführen sollten.[106]

Bei den konkreten Überlegungen, welche Mittel zur Verwirklichung der theoretischen Vorstellungen neben der breiten politischen Agitation eingesetzt werden sollten, wurde proklamiert, daß es nicht „westeuropäische Methoden" sein dürften. Anwendung sollte die „russische Methode" finden. An Stelle gewerkschaftlicher und parlamentarischer Bemühungen, die als „westeuropäische Methode" diskriminiert wurden, sollten Gewalt in Gestalt von revolutionärem Klassenkampf und Massenstreiks treten.[107] Dem hätten unterstützend Aufstandsaktionen zu folgen, wie sie auch den polnischen Saison-Landarbeitern nahegelegt wurden. Neben allgemein gehaltenen Aufrufen hierzu, wurde in Deutschland dafür konkret der 1. August 1931 ins Auge gefaßt, ohne allerdings, daß dieses Aufstandsdatum wie die Aufstandsplanungen eingehalten werden konnten.[108]

In Polen, wo nicht nur die zurückkehrenden Saison-Landarbeiter gewonnen werden sollten, obwohl sie eine weitgehend unpolitische, dazu klerikal beeinflußte, amorphe Masse darstellten, wurden zum Zwecke der Aufstandsvorbereitungen Verbindungen zu den national motivierten Aufstandsaktionen der Ukrainer und zu Soldaten gesucht. Aufgerufen wurde seitens der KPP und ihrer affilierten Parteien in Flugblättern, Plakaten, die häufig nur handschriftlich angefertigt waren, und in Transparenten, die an schwer zugänglichen Stellen angebracht wurden, immer wieder zu „bewaffneten Aufständen der Arbeiter, Bauern und Soldaten", dazu noch bis weit in das Jahr 1935 hinein.[109] Zeitweilig unterstützten die KPP und ihre Hilfsorganisationen Hromada und Sel-Rob die national orientierten ukrainischen und weißrussischen Aktionen, versuchten aber auch, die soziale Unruhe unter Kleinbauern und Tagelöhnern zu schüren, die sich regional besonders in Südpolen zu großflächigeren, von Gewalt geprägten Rebellionen und Streiks auszuweiten schien.[110] Unter Soldaten wirkten in dortigen Garnisonen Propagandisten einer eigenen Militärorganisation der zentralen KPP-Parteiführung, die eigens dafür eine Führungsabteilung aufgebaut hatte. Den kommunistischen Bestrebungen wurden bei sich zuspitzender sozialer Not durchaus Erfolgs-

106 O. W. Kuusinen: Die nationale Frage im kapitalistischen Europa. In: Kommunistische Internationale, Nr. 27 vom 23.7.1931, S. 1217f.

107 Anweisung zur Kampagne der KPD-Bezirksleitung Ruhrgebiet vom 12.10.1931. Regierung Düsseldorf, 30657: Agitation der KPD. Hauptstaatsarchiv Düsseldorf.

108 Das nicht wahrgenommene Datum wurde in einem Bericht des KPD-Unterbezirks Oberhausen vom 12. Juni 1931 und in einem Sitzungsbericht des „Kampfbundes gegen den Faschismus" vom 26. Mai 1931 genannt. Beides in: Regierung Düsseldorf. Berichte des Polizeipräsidenten über KPD und politische Ausschreitungen. Hauptstaatsarchiv Düsseldorf.

109 Flugblätter des ZK der KPP vom Februar 1934 und zum 1. Mai, worin eine Strategie und Taktik des Aufstandes entwickelt wurde. Reichssicherheitshauptamt: R 58/554. Kommunistische Partei Polens. Bundesarchiv Koblenz; G. Rwal: Przyczynek do sprawy powstania zbrojnego. Wilno 1930, S. 13ff.; Flugblatt des ZK der KPZU vom Juli 1934, dazu Transparente und Plakate in verschiedenen Teilen Polens. In: Katalog plakatów i transparentów komunistycznych 1918–1938. Zebrali i opracowali Alina Garbara, Anna Dymek, Bolesław Korczak (= Muzeum Historii Polskiego Ruchu Rewolucyjnego). Warszawa 1959.

110 I. Lenski: Deutschland und Polen – die Knotenpunkte der revolutionären Front. In: Rote Gewerkschafts-Internationale, Berlin, Nr. 1/2 vom Januar 1933, S. 50f.

aussichten eingeräumt, besonders für weitere Unruhestiftungen, gleichermaßen in den dreißiger Jahren wie schon fürher.[111]

6. Die „Freie Elsaß-Lothringische Arbeiter- und Bauernrepublik" und die „Sowjetrepublik Saar"

Mit der seit 1930 zunehmenden und 1932 kulminierenden Erwähnung des Selbstbestimmungsrechts für Österreich und Südtirol, deren Anschluß an Deutschland ja von allen österreichischen Parteien in ihre Programme aufgenommen und in zwei Abstimmungen im Jahre 1921 in Tirol und im Salzburger Land von der Bevölkerung mit 90 bzw. 99 %-iger Mehrheit gutgeheißen worden war, was von der KP Österreichs in einem Aufruf zu den deutschen Reichstagswahlen von 1930 noch besonders bekräftigt wurde,[112] wurde das Vorhaben der Komintern, auf der Grundlage der revolutionären Minderheitenpolitik ein Europa revolutionierendes Räte-Großdeutschland zu schaffen, abgerundet. Der „großdeutsche Rätestaat", wie ihn Thälmann nannte,[113] der seit 1925 die KPD führte sowie seit 1924 Mitglied der EKKI und zu dieser Zeit ihres Präsidiums war und damit vielfältig legitimiert für die gültige Ausdeutung und Benennung der kommunistischen Ziele, wäre territorial größer geworden, als es das Großdeutschland Hitlers vor Beginn des Zweiten Weltkrieges war. Bei einer Realisierung der revolutionären Selbstbestimmungsforderung für die angrenzenden Minderheiten und für Österreich mit einverleibtem Südtirol wäre Deutschland auch nicht nur in seinem Staatsgebietsbestand von 1914 – mit Ausnahme Nordschleswigs, denn die KP Dänemarks ließ sich in die Kominternstrategie bemerkenswerterweise nicht einbinden – erstanden, wie ein „Kampf gegen Versailles" vermuten ließe.

Nach den deklarierten Vorstellungen, die von der Komintern propagiert und von ihren nationalen Sektionen, den einzelnen kommunistischen Parteien, vertreten wurden, wäre das Deutschland des Versailler Systems durch die Einverleibung von Österreich samt vorher eingegliedertem Südtirol, Elsaß-Lothringens, Eupen-Malmedys, des Sudetenlandes, Danzigs, Ost-Oberschlesiens, großer Teile der ehemaligen Provinz Posen, Pommerellens und des erst 1924 Litauen zugesprochenen, wenngleich schon 1919 von Deutschland abgetrennten Memelgebiets ergänzt worden, wobei zuweilen auf das Deutschsein Liechtensteins, Luxemburgs und von Teilen der Schweiz hingewiesen wurde, wenngleich keine direkten Anschlußforderungen formuliert wurden. Nur Nordschleswig blieb bei alledem unerwähnt.

Bei einer solchen „großdeutschen Rätestaat"-Lösung hätte Deutschland in Mitteleuropa in jeder Weise, politisch und wirtschaftlich, und nicht nur territorial dominiert. Die KP's

111 Bericht der deutschen Botschaft in Warschau „Der Kommunismus in Polen" vom 28.4.1936. (Reichssicherheitshauptamt: R 58/33F. Bundesarchiv Koblenz), der ergänzt wird durch den Bericht der Botschaft in Warschau „Differenzen im Regierungslager" vom 21.4.1936 (Po 2768/36, Bd. 27. Politisches Archiv des Auswärtigen Amtes, Bonn). Hierher gehört auch der Bericht des Konsulates in Krakau „Kommunistische Unruhen in den Kreisen Rzeszow und Ropczyce" vom 22.6.1933. (Polen: Akten betr. Innere Politik, Parlaments- und Parteiwesen, Abt. IV. IV Ru 2887. Politisches Archiv des Auswärtigen Amtes, Bonn).

112 Aufruf der KP Österreichs zu den deutschen Wahlen, in: Inprekorr, 2.9.1930; dazu auch: Das ZK der KP Polens an das ZK der Kommunistischen Partei Österreichs. In: Inprekorr, 24.10.1930.

113 Ernst Thälmann: Reden und Aufsätze 1930–1933, Bd. II. Köln 1975, S. 263.

Frankreichs, Polens, der Tschechoslowakei und Englands akzeptierten diesen Zustand unter dem Druck der Komintern ausdrücklich. Sie riefen nicht nur „zum Kampf um ein Räte-Deutschland" auf, sondern waren sich darin einig, daß „das künftige freie, sozialistische Räte-Deutschland Vaterland der Arbeiter aller Länder sein (wird), Vaterland gleichermaßen des französischen, englischen, polnischen und tschechoslowakischen Proletariats wie auch der deutschen Arbeiterklasse, ähnlich wie die UdSSR das Vaterland des internationalen Proletariats ist".[114] Daraus war eine Hierarchie in der kommunistischen Welt ersichtlich, die sich herauszubilden begann: Sowjetunion an der Spitze als „Vaterland des internationalen (Welt-)Proletariats", gefolgt von Deutschland als Vaterland der Arbeiter aller (europäischen) Länder. Europa wäre damit in eine Ko-Domination der Sowjetunion und Deutschlands geraten, die trotz der Heiligen Allianz des vorigen Jahrhunderts in ihrer gesamteuropäischen politischen Bedeutung kein historisches Vorbild besessen hätte. Dieses würde erlaubt haben, über das politische und wirtschaftliche Wohl und Wehe der Staaten West- wie Ostmittel- und Südosteuropas in Berlin und Moskau zu verfügen, vor allem aber in Moskau, dem Zentrum des Proletariats der Welt.

In dieser Situation wurde die mit der Auflösung der KP Oberschlesiens in den Hintergrund getretene Strategie, notfalls mit separaten Räte-Republiken deutscher Zunge im Sinne des Selbstbestimmungsrechts bis zur staatlichen Unabhängigkeit, wie die Selbstbestimmungsforderung alternativ erweitert wurde, die europäische Revolution anzutreiben, wieder aus der Schublade hervorgeholt. Zu diesem Zwecke wurde polnischerseits entgegen der politischen Wirklichkeit sogar vorübergehend behauptet, die KP Oberschlesiens sei gar nicht aufgelöst, sondern bestehe weiterhin. Deutsche Räte-Republiken sollten Deutschland vorerst einrahmen, um sich zur politisch gegebenen Zeit mit ihm im „großdeutschen Rätestaat" Thälmanns zu vereinigen. Über die politische Ordnung des in diesem Prozeß zu revolutionierenden Europas wurden selbst in der Komintern keine klaren Vorstellungen formuliert; sie schwankten zwischen einem Europa sowjetischer Staaten, die miteinander verbunden sein sollten, bis zur Vorstellung eines einheitlichen Sowjeteuropas nach dem Vorbild der Sowjetunion. In Deutschland wurde die kodominative Lösung mit einer Vorherrschaft Sowjetdeutschlands in West- und einer Domination der Sowjetunion in Ostmittel- und Südosteuropa am häufigsten erörtert, wobei die Einheit durch die Ideologie und die Herrschaft der Partei sichergestellt werden sollten. Doch schien es für die übergeordneten Ordnungsvorstellungen noch keine gültige Konzeption zu geben.

Bei solcher kommunistischen Strategie des Kampfes gegen Versailles konnte auf die ausdrückliche Beteiligung der KP Frankreichs als nationaler Sektion der Komintern des wichtigsten Garanten nicht nur des Versailler, sondern auch der anderen Pariser Vorortverträge nicht verzichtet werden, die in der kommunistischen Strategie alle zusammen unter dem Symbol des Systems von Versailles zusammengefaßt wurden. Solche Einbindung der KP Frankreichs legte zudem die Stärke und Bedeutung der Partei in Westeuropa sowie die Bedeutung Frankreichs im ostmittel- und südosteuropäischen Raum als dessen Schutzmacht und Träger des Gedankens eines „cordon sanitaire" gegenüber der Sowjetunion nahe. Nach Frankreich verschob sich zudem mit der Übersiedlung der politi-

114 Apel partii komunistycznych do mas pracujących Niemiec, Francji, Anglii, Polski i Czechosłowacji. In: Nowy Przegląd, Jg. X, Nr. 8 (44) vom August 1931, S. 6.

schen Aktivitäten der antikommunistischen, auch gegen den staatlichen Bestand der Sowjetunion gerichteten „Promethée"–Bewegung aus Warschau nach Paris das Zentrum der politischen Aktivität der, wie sie sich nannten, versklavten Völker der Sowjetunion, was die Bedeutung Frankreichs für Osteuropa noch festigte. Nicht ohne Grund sprach sich die KP Frankreichs bei ihrer Ablehnung des Versailler Systems also auch „gegen die französische Politik der Unterstützung Polens (aus), die sich gleichzeitig gegen das deutsche Volk richtet, dessen Land zerstückelt wurde".[115]

Einen weiteren Schritt auf diesem Wege bedeutete nach der Forderung, am östlichen Rand ein Sowjet-Oberschlesien zu errichten, die Propagierung einer Freien Elsaß-Lothringischen Arbeiter- und Bauernrepublik am südwestlichen Rande Deutschlands seit der Wende 1930/1931. Unter anderen politischen Verhältnissen, und zwar der drohenden Übernahme des Saarlandes durch das Dritte Reich, kam in der Komintern seit 1934 ferner der Gedanke auf, auch das Saarland als eigenständige Räte-Republik revolutionär einzusetzen, obwohl früher auch für das Saarland eine direkte Vereinigung mit Deutschland wie bei Danzig gefordert worden war.[116] Dieser Wandel hatte mit den Forderungen Hitlers nach einer Heimkehr der Saar zu tun und sollte, trotz national orientierter Ähnlichkeit in der Minderheiten- und in der nationalen Politik wohl eine Abgrenzung deutlich machen. Zugleich handelt es sich bei der Forderung nach einer Sowjetrepublik Saarland auch um eine defensive Maßnahme, um Hitlers Politik, das Saarland „heimzuholen", zunichte zu machen.

Kurz nach der Verabschiedung der KPD-Programmerklärung und des KPP-Programmentwurfs räumte die KP Frankreichs Anfang September 1930 den nationalen Minderheiten in Frankreich das „Recht auf völlige Unabhängigkeit" ein, was immer darunter zu verstehen war.[117] Die gegenseitige Abstimmung der kommunistischen Strategie und Taktik über Ostmitteleuropa hinaus wurde unter der von Stalin errungenen Domination in der kommunistischen Bewegung immer perfekter und die Komintern immer mehr zur unnachsichtig die außenpolitischen Ziele der Sowjetunion auf dem nichtgouvernementalen Sektor über ihre nationalen Sektionen vertretenden politischen Instanz von Staat und Partei der Sowjetunion.

Auf der am 27. Oktober 1930 folgenden sogenannten Straßburger Konferenz verabschiedeten auf den Tag genau einen Monat nach der Oberschlesien-Erklärung der KPD Delegationen der Zentralkomitees der KPF und KPD, des Westeuropäischen Büros der Kommintern und Vertreter der KPD-Region Elsaß-Lothringen ein gemeinsames programmatisches Manifest. Danach wurde die deutsche Minderheit in Frankreich aufgerufen – in der separatistischen KPF-Strategie wurde sie allein aktiviert, nicht aber die anderen Minderheiten Frankreichs wie Basken, Korsen und Bretonen –, durch Wahrnehmung des Selbstbestimmungsrechts bis zur staatlichen Unabhängigkeit eine „Freie Elsaß-Lothringische Arbeiter- und Bauernrepublik" zu errichten.[118]

115 ZK der KP Frankreichs zum zehnten Jahrestag der Ruhrbesetzung. Die KPF an die deutsche Arbeiterschaft. In: Inprekorr, 10. 1. 1933.

116 Berichtigung zum Rundschreiben des ZK KPD Nr. 28 vom 21. 12. 1932. R 45 IV: General-Akten des Justizministeriums betr. die kommunistische Partei. Bundesarchiv Koblenz.

117 Inprekorr, 5. 9. 1930.

118 Manifest der Straßburger Konferenz an das werktätige Volk von Elsaß-Lothringen. In: Inprekorr, 31. 10. 1930.

Die Begründung für diese Forderung war bemerkenswert: Die „Bevölkerung Elsaß-Lothringens" sei nicht bloß eine „nationale Minderheit, die etwa wie die im Lande arbeitenden polnischen und italienischen Arbeiter die Gleichberechtigung zu fordern hätte". Sie sei, was man in dieser Weise der deutschen Minderheit in Polen nicht einmal in den durch den Versailler Vertrag von Deutschland abgetrennten Gebieten einräumte, „ein unterdrücktes Volk", das „das Recht auf volle Selbständigkeit, auf die Schaffung eines eigenen Staates habe".[119]

Mit dieser Begründung wurde in der revolutionären Kominternstrategie den Deutschen in Frankreich gegenüber den Deutschen in Ostmitteleuropa eine besondere, herausgehobene Stellung und damit eine höhere politische Rangordnung eingeräumt. Mit dieser unterschiedlichen Einstufung schuf die Einschätzung der Komintern deutsche Minderheiten verschiedener Qualität und politischer Bedeutung, je nachdem, ob sie im Westen oder Osten Europas lebten, zuungunsten der Ostdeutschen.

Die elsässisch-lothringische Räte-Staatsgründung sollte ausdrücklich der Vorbereitung einer europäischen Revolution dienen, aber auch die Gründung eines revolutionären Sowjet-Deutschland antreiben, des Motors und späteren Zentrums der Revolutionierung Europas, wie eine gemeinsame Aktion der KPF und der KPD Ende Oktober 1932 noch besonders betonen sollte. In der Zwischenzeit sollte sich das „unterdrückte Volk" der in Frankreich lebenden Deutschen auf gar keinen Fall mit einer „Autonomie innerhalb des französischen Staatsverbandes" zufriedengeben,[120] womit sich die Ablehnung territorialer Autonomielösungen, wie sie auch bereits in Ost-Oberschlesien erfolgt war, zur verbindlichen Taktik innerhalb der revolutionären Minderheitenstrategie der Komintern herauskristallisiert hatte: als revolutionär galt nunmehr nur das kompromißlos angewendete Selbstbestimmungsrecht bis zur Lostrennung oder bis zur staatlichen Unabhängigkeit – und im Falle der Ukrainer in Polen, in Rumänien und in der Tschechoslowakei sowie der Weißrussen in Polen des sofortigen Anschlusses an die Sowjetunion –, wogegen die Gewährung territorialer Autonomie an Minderheiten als konterrevolutionär befunden wurde, entgegen früherer Einschätzung, besonders in der polnischen Partei.

7. Die Essener Konferenz und das Gleiwitzer Friedenstreffen vom Januar 1933 gegen Versailles und für ein Räte-Großdeutschland

Auf diesem politischen Hintergrund strebte die revolutionäre Instrumentalisierung der jetzt europäisch gewordenen, im Grunde aber auf Deutsche konzentrierten Minderheitennutzung einem Höhepunkt zu. In der Tradition der Anfang Januar 1923 aus Anlaß der Ruhrbesetzung in Essen durchgeführten Konferenz einiger kommunistischer Parteien, auf deren Tagesordnung der „Kampf gegen den Versailler Frieden" und gegen die Zerstückelung Deutschlands gesetzt wurde,[121] stand die zur zehnjährigen Wiederkehr der Ruhrbesetzung am 1. Januar 1933 nach Essen einberufene Konferenz der KP's Deutsch-

119 J. Lenz: Die Straßburger Konferenz und der revolutionäre Befreiungskampf des elsaß-lothringischen Volkes. In: Inprekorr, 4.11.1930.

120 Die Tagung der Straßburger Konferenz. Mitteilung des Präsidiums. In: Inprekorr, 31.10.1930.

121 Inprekorr, 8.1.1923.

lands, Frankreichs, Belgiens, Luxemburgs, Englands, Polens, der Tschechoslowakei, Österreichs und Italiens. Es waren kommunistische Parteien der in Europa wichtigsten Länder, die zudem vom Versailler Vertragssystem vor allem betroffen waren. Die Essener Konferenz vom Januar 1933 sollte die letzte größere internationale Zusammenkunft kommunistischer Parteien Europas zu diesem Thema und Zweck vor Hitlers Machtergreifung im gleichen Monat werden.

Eingestimmt wurde die Essener Konferenz durch zweierlei: durch eine gemeinsame Erklärung der KP's Deutschlands und Frankreichs, die sich die Ende Oktober 1932 in Dortmund und Essen von Thälmann vorgetragene Proklamation für die Nichtigkeitserklärung des Versailler Vertrages zu eigen, machte sowie durch die Erklärung des ZK der KP Frankreichs „an die deutsche Arbeiterschaft", worin nicht nur „dem Volk von Elsaß-Lothringen" das „Recht auf Trennung von Frankreich" zugestanden wurde, sondern ganz besonders „gegen die französische Politik der Unterstützung Polens, die sich gleichzeitig gegen das deutsche Volk" wie gegen die Sowjetunion richte, die es zu verteidigen gelte, Stellung bezogen wurde.[122] Wenig früher war Polen bereits als ein „Gefängnis der Völker" bezeichnet worden, das seine Macht allein auf „kolonialer Exploitierung" errichtet habe.[123]

Zweckpolitisch geschickt unterstrich die Essener Konferenz ihren Unterschied zu den Nationalsozialisten in beider Politik gegen Versailles. „Nur" die kommunistischen Parteien führten einen wirklich ernsthaften Kampf gegen das Versailler System und damit auch „gegen die nationale Unterdrückung der Völker und nationalen Minderheiten in Mittel- und Osteuropa". In diesem Zusammenhang wurden die „blutigen und grausamen Unterdrückungsmethoden", die die „Völker Oberschlesiens, Pommerellens, West-Weißrußlands und der West-Ukraine, Elsaß-Lothringens und des Saargebietes, von Eupen-Malmedy, Südtirol und die Sudetendeutschen" treffen, angeprangert. Als Ergebnis proklamierte man „den Kampf für das freie Selbstbestimmungsrecht dieser unterdrückten Nationen",[124] was eben die Nationalsozialisten in ihrer politischen Unehrlichkeit unterlassen.

In der programmatischen Deklaration der Essener Konferenz, die von allen teilnehmenden Parteien gebilligt wurde, wurde die Minderheitenstrategie territorial ein weiteres Mal durch die Ausdehnung in den einstigen österreichisch-ungarischen Staatsraum nach Südosteuropa ausgeweitet. Bemerkenswert war dabei jedoch, daß der südwesteuropäische Raum mit den Minderheiten der Basken, Katalanen, Korsen, Sarden und Bretonen noch immer unberücksichtigt blieb, was die kommunistische revolutionäre Minderheitenstrategie in einem besonderen Licht nicht als eine universale humanistische Idee der nationalen Befreiung, sondern ganz eindeutig als Idee klassenkampforientierten, gezielten Unfriedens und der Revolution bestätigte. Die Deklaration postulierte zwar einen generellen Kampf gegen die nationale Unterdrückung der Minderheiten, doch besonders „gegen die Besetzung des Saargebietes, gegen die Unterdrückung Elsaß-Lothringens, gegen die Raubpolitik des polnischen Imperialismus gegenüber Danzig, gegen die nationale Unter-

122 Inprekorr, 10. 1. 1933.
123 B. Bronkowski, a.a.O., S. 29.
124 Mobilmachung des proletarischen Internationalismus zum Kampf gegen das Versailler Raubsystem, gegen die Kriegsgefahr und den Chauvinismus. In: Inprekorr, 10. 1. 1933.

drückung in Oberschlesien, Pommerellen und Südtirol, gegen die Versklavung der Völker und nationalen Minderheiten in der Tschechoslowakei, gegen die Entrechtung des österreichischen Volkes, gegen die nationale Unterdrückung in Kroatien, Mazedonien, Bukowina, Bessarabien, Dobrudscha usw.". Bei der konzeptionellen Auswertung in den Balkan-Raum ist zu erkennen, daß die „nationale Unterdrückung" in der Bukowina, Kroatien, Bessarabien und Dobrudscha auch vor allem Deutsche betraf, die im Donauraum siedelten und sich als Donauschwaben bezeichneten, am Rande aber zudem Ungarn; Siebenbürgen mit seiner deutschen und ungarischen Bevölkerung innerhalb Rumäniens blieb inkonsequenterweise außen vor.

Von der Deklaration ausdrücklich gutgeheißen wurde der „Kampf der Kommunistischen Partei Polens für das Recht der freien Selbstbestimmung der Bevölkerung Oberschlesiens und des Polnischen Korridors, der Westukraine und Weißrußlands bis zur Lostrennung von Polen, für das Recht der Danziger Bevölkerung zum freiwilligen Anschluß an Deutschland. Sie begrüßt den Kampf der Kommunisten Frankreichs für das Selbstbestimmungsrecht des Volkes Elsaß-Lothringens bis zur Lostrennung von Frankreich, für die Befreiung des Saargebietes von imperialistischer Besetzung, den Kampf der Kommunistischen Partei Belgiens für das Selbstbestimmungsrecht des flämischen Volkes sowie der Bevölkerung von Eupen-Malmedy bis zur Lostrennung von Belgien". Weiterhin werde, wie im gleichen Atemzuge verlautbart wurde, der „Kampf der italienischen Arbeiter und Bauern für das Selbstbestimmungsrecht der slowenischen und Tiroler Bevölkerung bis zur Lostrennung von Italien" unterstützt.[125] Eine gesonderte „Deklaration der Essener Konferenz über Österreich" griff den „Lausanner Sklavenpakt" an und räumte „das volle und uneingeschränkte Selbstbestimmungsrecht des österreichischen Volkes..., das das Recht des freiwilligen Anschlusses an Deutschland einschließt", ein, wobei zugleich die verzichtsgeprägte Haltung der Nationalsozialisten in der Südtirol-Frage angegriffen wurde.[126]

Alles das in ein militantes und aggressives Vokabular gekleidete Engagement wurde unmittelbar mit dem Kampf gegen militärische Interventionen, was den Zugang zu damaligen Friedensbewegungen und deren Infiltration erleichterte, und mit der Verteidigung der Sowjetunion verknüpft, wie es schon früher bei der polnischen Argumentation bezüglich Danzigs ausdrücklich geschehen war, und den zweiten Strang dieser Politik offenlegte. Er war im Hintergrund seit Anfang an präsent.

In einem gesonderten Beschluß versicherten sich die an der Konferenz teilnehmenden Parteien gegenseitig, obwohl dies infolge der Verpflichtungen gegenüber der Komintern beim Beitritt längst sichergestellt, zudem praktiziert und damit eigentlich überflüssig war, zusammenzuarbeiten, um die beschlossenen Maßnahmen besser und effektvoller durchführen und gemeinsame Aktionen veranstalten zu können. Dazu wurden vordringlich Grenz- und Friedenstreffen gerechnet, in die auch die gutwilligen Organisationen der Friedensbewegung einbezogen wurden,[127] wie sie an der deutsch-polnischen Grenze bereits seit Anfang der dreißiger Jahre vom Polnisch-Deutschen Arbeiterkomitee veranstal-

125 Deklaration der Kommunistischen Parteien Deutschlands, Frankreichs, Englands, Italiens, Polens, Belgiens, der Tschechoslowakei, Österreichs und Luxemburgs anläßlich der zehnjährigen Wiederkehr der Ruhrbesetzung. In: Inprekorr, 10.1.1933.

126 Inprekorr, 10.1.1933.

die gutwilligen Organisationen der Friedensbewegung einbezogen wurden,[127] wie sie an der deutsch-polnischen Grenze bereits seit Anfang der dreißiger Jahre vom Polnisch-Deutschen Arbeiterkomitee veranstaltet wurden, das sich als parteiungebunden darstellte, aber von den KP's Deutschlands und Polens sowie von den Revolutionären Gewerkschaftsorganisationen (RGO) beider Länder getragen wurde. Die Treffen wurden in grenznahen deutschen Ortschaften organisiert. Auf polnischem Staatsgebiet hatten sie hierzu keine Chance. Nunmehr sollten sie gemäß Beschluß der Essener Konferenz rundum an allen deutschen Grenzen stattfinden – bemerkenswerterweise sogar an der dänisch-deutschen Grenze trotz der politischen Abstinenz der KP Dänemarks, allerdings ohne ausdrückliche Nennung des damit verknüpften Nordschleswig-Problems, das jedoch anvisiert wurde. Auch jetzt wieder hatte sich die KP Dänemarks aus dem Geschehen ausgeschlossen. Zu den damit zu erzielenden Ergebnissen wurden noch eine „verstärkte Massenmobilisierung gegen Produktion und Transport von Kriegsmaterialien", was, wie schon 1920, zur Verteidigung der Sowjetunion gedacht war, und eine stärkere „gegenseitige Unterstützung bei Streiks, Erwerbslosenkämpfen, Wahlen und anderen Aktionen" hinzugefügt.[128]

Kaum war die Essener Konferenz vorüber, setzte die Verwirklichung ihrer Beschlüsse ein: Vor allem mehrten sich die internationalen Treffen. Bereits am 15. Januar 1933 wurde in Honnef ein „Internationales Fünfländertreffen am Rhein", wie es genannt wurde, abgehalten, woran die KP's Deutschlands, Frankreichs, Belgiens, Luxemburgs und der Niederlande teilnahmen. Die zentrale Losung des „Kampfes gegen das Versailler Diktat" wurde durch das Bekenntnis ergänzt: „Fünf Länder – ein Kampf, Fünf Länder – eine Front!"[129]

In Hindenburg agitierte schon am 8. Januar 1933 Wilhelm Pieck, Mitglied des Politbüros der KPD, auf einer Großkundgebung für eine enge deutsch-polnisch-tschechoslowakische Zusammenarbeit im Dreiländereck, wobei der angekündigte Kampf genauso gegen Versailles, Tributsklaverei und Kapitaloffensive der drei Länder gerichtet sein sollte, wie für den Schutz und die Verteidigung der Sowjetunion. Dabei erinnerte er bezeichnenderweise an den „heldenhaften Kampf" der oberschlesischen Arbeiter in den Jahren 1920–1922, der zum Schutze der Sowjetunion beigetragen habe. Pieck schloß seine Rede mit dem kennzeichnenden Ruf: „Proletarier aller Länder vereinigt euch, hin zur kämpfenden Einheitsfront, für ein Sowjetdeutschland!"[130]

Besonders im deutsch-polnischen Grenzraum fanden in der zweiten Januarhälfte 1933 verschiedenenorts weitere Grenz- und Friedenskundgebungen statt, gleichermaßen in

127 Zu den von Kommunisten unterwanderten oder beherrschten Organisationen zählten sie selber ferner die Internationale Gesellschaft des kämpferischen Atheismus, die Internationale Gesellschaft der Wissenschaftler und die Internationale Esperanto-Vereinigung, dazu natürlich die Gewerkschafts- und die Bauerninternationale, die als Profintern und Krestintern nach ihren russischsprachigen Abkürzungen bekannt waren. Liste Ts Communism G 389. Antikomintern-Collection. Hoover-Institution on War, Revolution and Peace, Stanford University, Stanford, Calif.

128 Beschluß der Essener Konferenz über die Durchführung gemeinsamer Aktionen und die verstärkte internationale Zusammenarbeit der Kommunistischen Parteien. In: Inprekorr, 10. 1. 1933.

129 Regierung Düsseldorf: Nr. 30671. Überwachung der KPD. Hauptstaatsarchiv Düsseldorf.

130 Neue Zeitung, Breslau, 10. 1. 1933.

Oberschlesien wie in der Grenzmark Posen-Westpreußen.[131] Den Höhepunkt bildete das Friedenstreffen in Gleiwitz vom 29. Januar 1933. Da es am Vortag der Machtergreifung Hitlers stattgefunden hat, wurde es in seiner politischen Bedeutung von diesem hochpolitischen und folgenschweren Umstand überdeckt. Das Gleiwitzer Treffen ist durch Berichte und Redeauszüge dokumentiert, aber auch in verschiedenem zugänglichen Archivmaterial festgehalten. Im Zusammenhang mit späteren Geschehnissen, insbesondere nach 1945, gewinnt es seine eigentliche Bedeutung.

Am Gleiwitzer Treffen nahmen Vertreter der ZK's der KP's Deutschlands und Polens teil. Vieles deutet darauf hin, daß auch Vertreter des ZK der KP der Tschechoslowakei zumindest als Beobachter teilgenommen hatten. Neben Beratungen der Parteienvertreter fand eine Massenkundgebung statt. Zugleich gab es von den beratenden Parteigremien gefaßte und auf der Massenkundgebung akklamierte Beschlüsse, die die künftige Zusammenarbeit der beiden Parteien und ihren gemeinsamen Kampf um die Nichtigkeitserklärung der Versailler Bestimmungen im Sinne der auch von der KP Frankreichs bejahten Proklamation Thälmanns festlegten sowie die sich daraus ergebenden territorialen Auswirkungen festsetzten.

Die deutsche Delegation bestand aus Theodor Neubauer, der auf der öffentlichen Kundgebung als außenpolitischer Experte der kommunistischen Reichstagsfranktion die Grundsatzrede hielt, Wilhelm Pieck und Walter Ulbricht sowie weiteren hohen Funktionären der KPD; die polnische Delegation wurde von Reicher-Rwal angeführt, einem der Gründer und Führungspersönlichkeiten der seinerzeitigen KP Oberschlesiens, der Mitglied des ZK der KPP und des ZK der KPZU war, dazu hochgestellter Komintern-Funktionär für Sonderaufgaben in verschiedenen kommunistischen Parteien der ganzen Welt. Neubauers Rede liegt abgedruckt nach einem Stenogramm aus dem Institut für Marxismus-Leninismus beim ZK der SED, Zentrales Parteiarchiv, vor.[132] Ungeachtet ihrer fragwürdigen Kürzungen konnten aus dem Kontext der dokumentierten Fassung der Rede trotz aller Säuberungsbemühungen die Hinweise auf die Notwendigkeit der „Lösung der nationalen Frage“ und der „Lösung der Ostgrenze“, die das „Ziel (ist), für das

131 Verschiedene Presseberichte. In: Dokumente und Materialien zum gemeinsamen Kampf, a.a.O., S. 245ff.

132 Dokumente und Materialien zum gemeinsamen Kampf, a.a.O., S. 248ff. – Die Abdrucke der Rede und des Appells weisen Textauslassungen an neuralgischen Stellen der Ausführungen auf, die dem späteren politischen Geschehen nach 1945 nicht entsprechen. Auf diese Weise klaffen verfälschende, umfangmäßig und sachlich genauer nicht zu verifizierende Lücken auf, die dem politischen Verständnis der Herausgeber und der heutigen politischen Wirklichkeit Rechnung tragen. Die Sorgfalt bei diesen Dokumentierungen ist nicht größer als bei ähnlichen polnischen Dokumentenpublikationen der fünfziger und sechziger Jahre, obwohl die gemeinsame deutsch-polnische Publikation aus dem Jahre 1977 stammt (vgl. hierzu die Ausführungen und die Analyse der polnischen Dokumentenverfälschungen, von denen die erste bereits aus dem Jahre 1955 stammt: Georg W. Strobel: Rezension. In: Osteuropa, 1955, Nr. 1, S. 72; weitere Hinweise, Darlegungen und Analysen solcher Dokumentenverfälschungen: Georg W. Strobel: Quellen zur Geschichte des Kommunismus in Polen 1878–1918, Programme und Statuten. Köln 1968, wobei im Dokumententeil Gegenüberstellungen von Original und nachträglicher Dokumentenpublikation erfolgen, sowie Georg W. Strobel: Die Partei Rosa Luxemburgs, Lenin und die SPD. Der polnische „europäische“ Internationalismus in der russischen Sozialdemokratie, Wiesbaden 1974, S. 7ff.). Die wissenschaftliche Herausgeberschaft des Instituts für Marxismus-Leninismus beim ZK der SED und des Instytut Śląski, Oppeln, hat solche Textverfälschungen bezeichnenderweise für die heutige Sichtweise auf die Grenzproblematik nicht verhindert.

gekämpft werden muß", was alles dann zu einem Sowjetdeutschland führen werde, das als Begriff ebenfalls genannt wurde, nicht ausgemerzt werden. Auch in dem aus einem Stenogramm des gleichen Parteiarchivs dokumentierten Appell des Freiheitskongresses, wie das Treffen ebenfalls genannt wurde, blieb trotz aller Textauslassungen immer noch die bezeichnende Schlußfloskel erhalten: „Gegen die nationale Verhetzung, für die Verteidigung der Sowjetunion, für die soziale und nationale Befreiung, für die Arbeiter- und Bauernrepublik, unter der Losung: Drei Länder, eine Fahne, ein Feind, ein Kampf, ein Sieg! Zerreißt die Grenzen, schließt die Fronten!"[133] Eine polnische Arbeit präzisierte, daß auf diese Weise „die deutschen und die polnischen Kommunisten Deklarationen des Internationalismus abgegeben hätten".[134]

Dieser Euphemismus betrifft das weitaus wichtigste Ereignis des Gleiwitzer Treffens der ZK-Vertreter der KP's Deutschlands und Polens. Es handelt sich um ein Übereinkommen über den spätestens bei kommunistischer Herrschaft in diesen Gebieten geltenden neuen Grenzverlauf, der das „Versailler Raubsystem" korrigieren sollte. In der vorgesehenen Restituierung der Grenzziehung, wie sie vor Ausbruch des Ersten Weltkrieges, also vor Versailles, bestanden hat, trafen sich die früheren Programmbestimmungen der KPP mit der Programm- und der Oberschlesienerklärung der KPD sowie der KPP-Stellungnahme hierzu, alle aus dem Jahre 1930, sowie die Erklärung des ZK der KP Polens zum Gleiwitzer Treffen. Ihr Sinn entsprach völlig, der Wortlaut hingegen weitgehend dem Übereinkommen zwischen den Vertretern der ZK's der KP's Deutschlands und Polens in Gleiwitz vom 29. Januar 1933.[135] Gerichtet an das „Volk Oberschlesiens" wurde darin „nach elf Jahren polnischer Okkupation (Ost-)Oberschlesiens" versprochen, daß „das siegreiche polnische Proletariat alle Bestimmungen des Versailler Vertrages gegenüber Oberschlesien und dem pommerellischen Korridor außer Kraft setzen und der Bevölkerung dieser Gebiete das Recht zur Trennung von Polen geben wird".[136]

Die in dem Gleiwitzer Übereinkommen beider Parteien angepeilte Grenze von 1914 wurde als ethnisch gerechte Grenze angesehen, wie schon 1919, die allein imstande sei, zwischen Deutschland und Polen Ruhe, Ordnung und Gerechtigkeit einziehen zu lassen. Sie sei auch diejenige Grenze, die den Sicherheitsbedürfnissen der Sowjetunion entspreche und sie garantiere. Mithin wurde die von den Führungen der KPD und KPP 1933 vereinbarte künftige deutsch-polnische Grenze, die weitgehend der deutsch-russischen Grenze von 1914 entsprechen sollte, zur Idealgrenze in diesem Teil Mitteleuropas für die Zukunft stilisiert.

Das Gleiwitzer Übereinkommen war ein konsequenter Endpunkt in der Anti-Versailles-Politik der KPP, die schon bei ihrer Gründung Mitte Dezember 1918 einen unabhängigen polnischen Staat, wie er gerade eben entstanden war, für überflüssig erklärte und diese Meinung später noch häufiger wiederholte, eine kommunistische Gegenregierung Mitte 1920 während des Existenzkampfes des jungen Staates gegen Sowjet-Rußland ins Leben rief und dann auch noch seit Anfang der zwanziger Jahre den territorialen

133 Dokumente und Materialien zum gemeinsamen Kampf, a.a.O., S. 255ff.

134 Franciszek Hawranek: Ruch robotniczy na Śląsku Opolskim w latach 1918–1944. Opole 1974, S. 93.

135 Polish Subject Collection. Hoover Institution on War, Revolution and Peace. Stanford University, Stanford, Calif.

136 Jan Krzysztof Kwiatkowski (Ren), a.a.O., S. 13f.

Staatsbestand Polens in Frage stellte; – anfangs an seiner östlichen, später an seiner nordöstlichen und endlich dann auch an der westlichen Peripherie, die allein vom Versailler Vertragssystem betroffen war, obwohl mit alledem gegen Versailles gestritten wurde. Die Akzeptanz der Kommunisten und ihrer Partei war in der nationalbewußten Gesellschaft Polens dementsprechend gering. Allerdings nahm sie in den Jahren der Weltwirtschaftskrise in den von ihr besonders geschädigten industriellen Regionen zu. In diesen Jahren stieg auch die Zahl der Mitglieder der Partei.[137]

Schon früher, in den zwanziger Jahren, hatte die KPP von den Spaltungs- und Abklärungserscheinungen in jüdischen radikalsozialistischen Parteien profitiert, so besonders durch den Übertritt der meisten Mitglieder der kommunistischen Gruppe im Allgemeinen Jüdischen Arbeiter-„Bund" und seiner Jugendorganisation „Cukunft", desgleichen aber auch in den Organisationen der Poale-Zion, die sich vorher in den Organisationen Kom-Bund und Kom-Cukunft sowie Kom-Poale separiert hatten.[138] Auch die Übertritte aus der Deutschen Sozialistischen Arbeitspartei (DSAP) und die unter Führung von Heinrich Scheibler zu Anfang der dreißiger Jahre erfolgte Absplitterung[139] stärkten den

137 Georg W. Strobel: Arbeiterschaft und Linksparteien in Polen 1928–1938, a.a.O., S. 97f.; Bericht der Gesandtschaft Warschau vom 15. 10. 1929. Akten der Botschaft Warschau. P 10: Bolschewismus – Kommunismus. Politisches Archiv des Auswärtigen Amtes, Bonn.

138 Bernard Goldstein, 20 jor in warszewer „Bund" (1919–1939). New York 1960, S. 35ff.; G. Wasserstrum: Problemen fun jiddisze arbajterbawegung in die jurn 1918–1939. In: Jiddisze szriftn. Warsze 1967, Nr. 9–10, 1968, Nr. 2, 7–8 und 9–10; Die geszychte fun „Bund". New York 1972, Bd. 4, S. 87ff.; M. Rafes: Očerki po istorii „Bunda". Moskva 1923, S. 284, 433f.; Rudolf Korsch: Zydowskie ugrupowania wywrotowe w Polsce. Warszawa 1925, S. 53ff. – Das sehr komplizierte Problem des Kombund und der Komcukunft, dessen Vorhandensein von dem Vorsitzenden der Weltexekutive des „Bund" Dr. Szerer, einem ehemaligen Senator Polens vor 1939, und von Mosche Hertz, dem Historiographen des „Bund", bei Gesprächen in New York 1965 und 1966 stark relativiert bis in Frage gestellt wurde, belastete das Geschehen im und um den „Bund" sehr, besonders weil es regional in der Partei überhand genommen und zum Übertritt großer Teile der Parteiorganisation geführt hatte sowie bis in die jüngste Zeit gegen den radikal-sozialistischen „Bund" instrumentalisiert wurde. Das große Gewicht von Juden im polnischen Kommunismus ist hierauf zurückzuführen. Bereits nach dem Übertritt des Kombund schloß die Partei auf ihrem III. Kongreß Ende Dezember 1924 einen Übertritt der ganzen Organisation bei gegebener politischer Situation nicht aus, was die großen Affinitäten der Partei gegenüber dem Kommunismus zeigte und die Beitrittsüberlegungen zur Komintern, die weit gediehen waren, unterstrich. Vgl. Unzer Folkscajtung, 16. 1. 1925.

139 Die DSAP besaß wegen ihren auch gegenüber dem Nationalsozialismus vorhandenen Affinitäten eine weitaus verwickeltere Geschichte als sie ihr deutscher Historiograph Otto Heike zeichnete, dessen Rolle in der Partei weniger geradlinig und glanzvoll zu sein scheint als er sie selber darstellte, sondern angesichts der Besonderheiten der politischen Umstände vor und nach 1939 eher undurchsichtig und fragwürdig, was auch seine Arbeiten insgesamt weit weniger aussagekräftig und zuverlässig sein läßt (vgl. Otto Heike: Die deutsche Arbeiterbewegung in Polen 1835–1945. Dortmund 1969; Otto Heike: Die deutsche Arbeiterbewegung in Polen. In: W. Matull: Ostdeutschlands Arbeiterbewegung. Würzburg 1973 – hierher gehörte Heikes Arbeit, die die auslandsdeutsche Arbeiterbewegung in Polen behandelt, nicht hinein! –; Otto Heike: Die Deutsche Sozialistische Arbeitspartei Polens. In: Zeitschrift für Ostforschung (2/3 (1980), S. 224-249). Sie war sich nicht einmal über ihren eigenen Namen vollends im klaren. An die Sozialistische Arbeiter-Internationale schrieb sie unter dem Briefkopf „Deutsche Sozialistische Arbeitspartei", siegelte aber auf dem gleichen Blatt mit „Deutsche Sozialistische Arbeiterpartei" (vgl. Archiv der Sozialistischen Arbeiter-Internationale: 2535/1. Internationales Institut für Sozialgeschichte, Amsterdam). Die in Polen erschienene Geschichte der DSAP ist sachlich und formal völlig unzureichend, obwohl zu ihrer Abfassung dem Verf. kraft seines Amtes alle Archive Polens, auch des Innenministeriums, offenstanden (vgl. Henryk Szczerbiński: Niemieckie organizacje socjalistyczne w drugiej Rzeczypospolitej [= Wyższa Szkoła Oficerska MSW im: Feliksa Dzierżyńskiego]. Warszawa 1986). Den Umstand der Entstehung einer DSAP-Linken Ende 1930 unter Führung des Lodzer Stadtverordneten Scheibler und deren Entwicklung erwähnen weder Heike noch Szczerbiński genauer.

Mitgliederbestand der KP Polens. Das alles bestimmte zugleich ihre nationale Struktur. Polen stellten zu Anfang der dreißiger Jahre in der Partei keineswegs die Mehrheit, wenngleich die Proportionen zwischen Polen und Nicht-Polen je nach Quelle und Berichten erheblich voneinander abweichen.[140]

Die KPP, die so vielfältig für das ausgeprägte National- und Unabhängigskeitsbewußtsein der Polen belastet war, wurde von der polnischen Bevölkerung quer durch alle politischen Orientierungen nicht ohne Grund als eine nichtpolnische Partei angesehen, die aus lauter Lumpen, Staats- und Volksverrätern bestehe und für keine der Parteien gesprächs- und verhandlungsfähig sei.[141] Quer durch alle politischen Lager Polens wurde die KPP als „żydokumuna", als „Judenkommune", empfunden und auch so bezeichnet, was überdies einen antisemitischen Vorbehalt gegenüber der KPP offenlegte.[142]

V. Die revolutionäre Illusion der KPP und die Volksfronttaktik

Nach der Machtübernahme Hitlers in Deutschland mit seiner Verfolgung der Arbeiterbewegung, gleicherweise der SPD wie der KPD mitsamt den Gewerkschaften, setzte sich

140 Im Jahre 1930 zählte die KPP mit KPZU, aber ohne KPZB 5 210 Mitglieder, im Juli 1931 mit beiden affilierten Parteien bereits 10 317 (Informacionnye materialy po organizacionnym voprosam KP Pol'šy, Nr. 1 vom Oktober 1931. Centralne Archiwum KC PZPR, Warszawa). Nach anderer Quelle besaß die KPP im Jahre 1930 rund 6 500 Mitglieder (W sprawie statystyki partii, in: Nowy przegląd, 1935, Nr. 4, S. 442f.). 1932 sollen 16 000 Mitglieder (Inprekorr, 20. 1. 1933) bzw. 17 200 Mitglieder gezählt worden sein (Die Kommunistische Internationale vor dem VII. Weltkongreß. Materialien. Moskau/Leningrad 1935, S. 338), was zugleich auf Unklarheiten bei der Mitgliederzählung deutet. 1934 soll die KPP rund 17 000 Mitglieder gezählt haben (Albert, Uwagi w sprawach organizacyjnych, in: Nowy przegląd, 1935, Nr. 3, S. 262). Die Zahlen beinhalten nicht die Mitglieder ihrer Jugendorganisation KZMP (= Komunistyczny Związek Młodzieży Polski), die 1933 rund 15 800 Mitglieder gehabt haben soll (Rundschau über Politik, Wirtschaft und Arbeiterbewegung, 8. 3. 1934 = Ersatz für Kominterns Inprekorr nach Hitlers Machtergreifung; erschien in Basel), aber bis Ende 1934 wegen sich breitmachenden martyrologischen Sektierertums insbesondere in jüdischen Kreisen auf rund 13 000 sank (vgl. Rede Janickis [= Benjamin Goldflam]. In: Z wystąpień delegacji Polskiej na 6 Swiatowym Kongresie Komunistycznej Międzynarodówki Młodzieży. Warszawa 1935, S. 11). Entgegen der sonstigen Parteienpraxis bei der Mitgliederzählung wies die KPP nur Mitglieder aus, die nicht in Gefängnissen einsaßen. 1930 saßen aber 3 775 KPP-Mitglieder ein; 1932 waren es 6 982 und im Oktober 1936 sogar 10 794 (Bericht der Warschauer Botschaft vom 22. 1. 1937. Politische Abteilung: Polen. Akten betreffend Innere Politik, Parlaments- und Parteiwesen. Politisches Archiv des Auswärtigen Amtes, Bonn). Die Berechnungen von Franciszka Świetlikowa sind unvollständig, auch berücksichtigte sie nicht alle Quellen. (vgl. Franciszka Świetlikowa: Liczebność okręgowych organizacji KPP w latach 1919–1937. In: Z pola walki. Warszawa 1970, Nr. 2, S. 183ff.).

141 Internationale Information für Pressezwecke. Hrsg. vom Sekretariat der Sozialistischen Arbeiter-Internationale, 14. 1. 1933; dazu auch: Mieczysław Niedziałkowski. Die politische Lage in Polen. In: Internationale Information für Pressezwecke, 3. 7. 1937.

142 Georg W. Strobel: Das polnisch-jüdische Verhältnis. Die Juden, der polnische Staat und die polnische Öffentlichkeit bis 1945. Köln 1968 (= Berichte des Bundesinstituts für ostwissenschaftliche und internationale Studien 52), S. 11ff. Ende 1925 war die KPP nach Ausführungen Bucharins „gemäß ihrer Zusammensetzung keine polnische Partei" (vgl. IV Konferencja KPP [24. XI.–23. XII. 1925]. Protokoły obrad i uchwały. Część pierwsza. Przygotowali do druku H. Gruda, J. Radziejowski, A. Tymieniecka, A. Umińska. Warszawa 1972, S. 380). Von den 1935 verhafteten bzw. abgeurteilten polnischen Kommunisten waren 92 v.H. Juden. (vgl. Bericht der Warschauer Botschaft vom 28. 4. 1936. Reichssicherheitshauptamt: R 58/357. Bundesarchiv Koblenz). Die polnische politische Polizei arbeitete eng mit den Reichsbehörden zusammen. Ihre Angaben sind verläßlich.

die Komintern schrittweise, aber konsequent von ihrer auf Deutschland zielenden revolutionären Minderheitenstrategie mit der Konzeption eines Räte-Großdeutschland ab, wohl auch wegen deren Mißverständlichkeit in den neuen politischen Verhältnissen. Sie wechselte noch Ende 1933/Anfang 1934 in die Volksfronttaktik mit einer zentralen Rolle für Frankreich über. Die KP Polens, verunsichert durch erste Vorwürfe der KPdSU und der Komintern wegen angeblicher klassenfeindlicher Unterwanderung, wobei Opfer aus der bisherigen Führungsgruppe zu beklagen waren, versuchte ihre Linientreue gerade dadurch zu beweisen, daß sie an ihrer Haltung zum Selbstbestimmungsrecht bis zur Lostrennung von Polen auch an der Westgrenze des Staates festhielt, wodurch sie jedoch den Anschluß an die neue Politik der Komintern verpaßte.

Bis in das Jahr 1935 hinein, als bereits die Komintern auf ihrem VII. Kongreß Mitte des Jahres die Volksfronttaktik als neuen revolutionären Ansatz verbindlich machte, stand die KPP unverändert auf alten Positionen eines Selbstbestimmungsrechts bis zur Lostrennung von Polen und Anschlusses an Deutschland, die Sowjetunion und Litauen, wie zuletzt verkündet wurde.[143] Gerade dadurch setzte sie sich aber neuen Vorwürfen seitens Moskaus aus. In deren Gefolge stellte die KPP in ihrem theoretischen Organ „Nowy przegląd", das seit 1933 in Kopenhagen und seit 1936 in Paris gedruckt wurde, weil es von dorther besser nach Polen einzuschmuggeln war als aus der Sowjetunion, daher fest, daß ihre Haltung „nicht eine Unterstützung der Bestrebungen auf eine Einverleibung (Ost-)Oberschlesiens in Hitler-Deutschland bedeute".[144] Es waren dialektische Bocksprünge, die verdeutlichen sollten, daß „der Kampf um die Selbstbestimmung (Ost-)Oberschlesiens in die hitleristischen Bestrebungen zur Angliederung (Ost-)Oberschlesiens an das faschistische Deutschland zielt".[145] Die für die ostpolnischen Gebiete ungeschmälert weiter erhobenen Forderungen der Lostrennung von Polen und Angliederung an die Sowjetunion bzw. Litauen, gegen die seitens der Komintern und der KPdSU keine Einwände erhoben wurden,[146] sind, was die allseitige Konfusion in der kommunistischen Bewegung nach Hitlers Machtübernahme zeigt, noch im April 1934, da die Komintern bereits die Volksfronttaktik propagierte, durch eine gemeinsame Erklärung der ZK's der KP's Polens und der Tschechoslowakei für ein Selbstbestimmungsrecht bis zur Löslösung im Teschener Gebiet unterstrichen worden.[147]

Die KPD, die im Dreiländereck Oberschlesien aus Polen und aus der Tschechoslowakei mit Agitationsmaterial und durch die Einrichtung von Lesestuben kommunistischen Materials im Grenzgebiet unterstützt wurde, konzentrierte sich nach anfänglicher Kopflosigkeit infolge drakonischer NS-Gewaltmaßnahmen auf ihre Neuorganisation und auf ein Überleben im Untergrund mit Hilfe der tschechoslowakischen und polnischen Par-

143 Przeciw sanacyjnej zgrai ciemiężców ludu i podżegaczy wojennych – antyfaszystowski front ludowy. In: Nowy przegląd, 1935, Nr. 4, S. 327.

144 Odpowiedź tow.-tow. więźniom komuny X. In: Nowy przegląd, 1935, Nr. 4, S. 399.

145 W. Florjański: Jedność akcji na frontach walki narodowej. In: Nowy przegląd, 1935, Nr. 3, S. 281, – dazu auch: Flugblatt des KC MOPR (= Międzynarodowa Organizacja Pomocy Rewolucjonerom; in Deutschland: Rote Hilfe) vom 22.2.1934. In: Reichssicherheitshauptamt: R 58/554. Bundesarchiv Koblenz. – Eine Vielzahl weiterer Flugblätter der KPP und anderer kommunistischer Organisationen aus dem Jahre 1934 erhebt die Forderung nach einem „bewaffneten Aufstand der Arbeiter, Bauern und Soldaten".

146 Kujmy broń. Pismo KC KPZB, Nr. 3 vom Juni 1934. Centralne Archiwum KC PZPR, Warszawa.

147 Reichssicherheitshauptamt: R 58/554. Bundesarchiv Koblenz.

tei,[148] so daß sie ihre bisherigen Übereinkommen mit der KPP zur Grundlage aller weitere Zusammenarbeit machte, ohne allerdings bei weiter erhobener Forderung nach einem Räte-Deutschland die in der neuen Situation mißverständliche minderheitenorientierte Grenzproblematik ausdrücklich und konkret aufzugreifen. Kommunisten unterschiedlicher Volkszugehörigkeit traten in minderheitenpolitisch geschützte nationalpolnische, gewerkschaftliche und sogar kirchliche Organisationen ein, zum Teil mit deren Wissen und Billigung, die sie als Paravent für ihre weitere kommunistische Tätigkeit benutzten.[149] In dem oberschlesischen nationalen Gemengebiet bildeten sich auf diese Weise vielfältige neue Formen deutsch-polnischer politischer Unterstützung und Zusammenarbeit.

Allerdings kristallisierten sich in dieser argumentativ und politisch-logisch unklaren und zweifellos auch schwierigen Situation für die in die am 29. Januar 1933 zwischen den beiden Parteien vereinbarten Grenzen Deutschlands einzubeziehenden polnischen Gebiete in der KPP neue Lösungskonzeptionen ab, ohne daß die KPP allerdings von der grundlegenden Selbstbestimmungslosung bis zur Lostrennung abgegangen wäre. Mitte 1934 erklärte sich die KPP erstmals für eine Beibehaltung der autonomen Stellung Ost-Oberschlesiens innerhalb des polnischen Staates und ihren politischen Ausbau.[150] Damit antwortete sie auf Versuche, die Sonderstellung Ost-Oberschlesiens innerhalb des polnischen Staates abzuschaffen, die sie noch wenig früher selber als gegen das von ihr vertretene Selbstbestimmungsrecht bis zur Lostrennung gerichtet bekämpft hatte; auch wurde wenig früher eine solche Haltung als konterrevolutionär eingestuft. Bezüglich Danzigs vertrat sie nicht mehr das sofortige Anschlußrecht an Deutschland. Sie sprach sich für ein „freies“ Danzig aus, was angesichts der Anschlußforderung aus Danziger NS-Kreisen wohl eine Beibehaltung des Status einer Freien Stadt zu bedeuten hatte, was auch die KPD forderte.[151] Im Zusammenhang mit dem Vorwurf der Unterwanderung der KPP durch Polizeispitzel übergab das ZK der KPP im Sommer 1933 den eigenen Parteibezirk Gdingen sogar in die Zuständigkeit des weiterbestehenden KPD-Bezirks Danzig, um ihn von dort zu reorganisieren und zu führen.[152] Die politischen Inhalte der modifizierten KPP-Vorstellungen wurden jedoch nirgendwo präzisiert. Es scheint, daß sie auch innerhalb der Parteiführung verschwommen blieben.

In ihrer Vorbereitungskampagne zum VII. Komintern-Kongreß suchte die KPP noch immer nach „Möglichkeiten zur Popularisierung der Losung nach Selbstbestimmung bis

148 Vgl. verschiedene Berichte der Behörden, Verhaftungslisten und Gerichtsurteile. In: Źródła do historii ruchu robotniczego na Śląsku Opolskim. Tom II: 1933–1939. Wybór i opracowanie Józef Wendt, Opole 1977.

149 Geheime Übersicht zur Lage, Oppeln, 4. 5. 1934. In: Rep. 90, Abt. P, Nr. 76, Heft 3. Geheimes Staatsarchiv, Berlin-Dahlem; Bericht des Oberpräsidenten der Provinz Oberschlesien, Oppeln, 9. 4. 1933 „Lage der polnischen Minderheit in Oberschlesien“. Akten betr. Polen in Deutschland: VIa. OP III 3 M 359. Politisches Archiv des Auswärtigen Amtes, Bonn; Źródła do historii ruchu robotniczego na Śląsku Opolskim, a.a.O., S. 136ff.

150 Rezolucja KC KPP w sprawie Górnego Śląska. In: Nowy przegląd, 1934, Nr. 3, S. 84ff.

151 Wiadomości. Dwutygodnik polityczno-społeczny, Paris, 5. 6. 1936; – In der Nummer der „Wiadomości“ vom 22. 7. 1935 wurde die Deklaration des ZK der KPP bezüglich Danzig abgedruckt, das „frei“ sein, aber nicht Deutschland angegliedert werden sollte. Dazu auch: Aufruf der KPD vom Juni 1939. In: Dokumente und Materialien zum gemeinsamen Kampf, a.a.O., S. 305f.

152 Dokumente und Materialien zum gemeinsamen Kampf, a.a.O., S. 159f.

zur Loslösung" in der polnischen Bevölkerung ohne regionale Unterschiede und legte in ihrem Bericht an den bevorstehenden VII. Komintern-Kongreß von Mitte 1935 diese fortgeführte Strategie folgerichtig als für sie noch immer verbindlich und von ihr konsequent und linientreu vertreten dar,[153] ohne sich weder um deren genauere Ausdeutung zu bemühen, um dafür Verständnis zu finden, noch sich der eingetretenen politischen Wandlungen innerhalb der Komintern und der politischen Schwerpunktverlagerung auf Frankreich in ihrer Tragweite offenbar voll bewußt zu werden.

Auf dem Komintern-Kongreß trug der Generalsekretär der KPP und seit 1929 Mitglied des EKKI-Präsidiums Leszczyński-Leński jedenfalls noch immer die Grundzüge der Selbstbestimmungsrechts-Konzeption seiner Partei als verbindlich vor, wenngleich mit volksfrontbezogenen, dementsprechend patriotisch klingenden weiteren Modifikationen, wonach „die proletarische Revolution, die das Recht auf Selbstbestimmung anerkennt, auch die Unabhängigkeit des polnischen Volkes und dessen Freiheit garantiert" und die polnischen Kommunisten bei aufrecht zu erhaltendem Selbstbestimmungsrecht für Ost-Oberschlesien „vor allem gegen die Angliederung (Ost-)Oberschlesiens an das faschistische Deutschland eintreten".[154] In seiner und in den Reden der anderen KPP-Delegierten war zwar die Orientierung auf die neue Volksfronttaktik der Komintern zu erkennen. Gleicherweise schwangen aber deutlich Zweifel mit, ob angesichts der Ablehnung der KPP in der nationalorientierten polnischen Gesellschaft als „żydokomuna" die neue Taktik in Polen Erfolg haben werde: Bei den ersten zögernden Fühlungnahmen der KPP mit den anderen Parteien haben die Einheitsfrontangebote im Rahmen der Volksfronttaktik entweder überhaupt keine Beachtung gefunden oder sie wurden zurückgewiesen, wurde sogar aus den alles in allem beschönigenden Reden der KPP-Parteiführer deutlich. Bei alledem wurde jedoch der politische Inhalt der KPP-Vorstellungen nicht weiter präzisiert. Noch in ihren Berichten an den bevorstehenden VII. Komintern-Kongreß von Mitte 1935 legte die KPP diese Strategie als verbindlich fest, ohne sich der eingetretenen strategischen und taktischen Wandlungen innerhalb der Komintern bewußt zu werden. Mit dieser Haltung stand sie damit isoliert da. Für die politische Arbeit der KP Polens nach dem VII. Komintern-Kongreß änderte sich an dem Versuch, revolutionäre Minderheitenstrategie mit der Volksfronttaktik in Einklang zu bringen, nur wenig. Der politische Verfall der Partei, die immer häufiger Moskauer Vorwürfe auf sich zog, von Klassenfeinden und Agenten der polnischen Polizei unterwandert zu sein, welche ihr Ende 1937 zum Verhängnis und Vorwand für ihre 1938 erfolgte Auflösung durch die Komintern werden sollten, nahm dadurch zu.[155] Durch die neue Selbstdarstellung seit Ende 1935 als Trägerin nationaler Tradition gelang es ihr keineswegs, Profil oder Ansehen in der politischen Landschaft Polens zu gewinnen. Ihre Initiative, im Rahmen der Volksfrontpolitik eine einheitliche proletarische Partei aufzubauen, fand nur beim jüdischen „Bund" verhaltenen Widerhall.[156] Das einzige Einheitsfrontabkommen, mit dem dann

153 Rezolucja KC KPP w sprawie kampanii przygotowawczej do VII Światowego Kongresu KI. In: Nowy przegląd, 1935, Nr. 2, S. 198; Kommunističeskij Internacional pered VII. Vsemirnym Kongressom (Materialy). o.O. (Moskau) 1935, S. 300f.

154 Kommunističeskaja Partija Pol'si – za antifašistskij narodnyj front. Reči tt. Lenskogo, Bronkovskogo, Rvalja, Velevskogo, Gnerikovskogo, delegatov Pol'skoj Kompartii. Moskva 1935, S. 29f.

155 Marian Malinowski: Przyczynek do sprawy rozwiązania KPP. In: Z pola walki. Warszawa 1968, Nr. 3, S. 5ff.; Józef Kowalski: Komunistyczna Partia Polski 1935–1938. Studium historyczne. Warszawa 1975, S. 426ff.

156 Naje folkscajtung, 20.9.1939.

auch sehr freigiebig geschachert wurde, kam nur zwischen der kommunistischen Jugendorganisation KZMP und der Sozialistischen Arbeiterjugend sowie der Linken Arbeiterjugend (Ost-)Oberschlesiens, die beide deutsche Minderheitenorganisationen waren, Ende 1934 zustande.[157]

So blieb die KPP trotz aller Bemühungen im wesentlichen bis zu ihrer Auflösung auf ihren alten Positionen von 1933 stehen, was besonders für die Minderheiten- und damit auch für die Grenzfrage galt, wenngleich sie in halsbrecherischen Anpassungsbemühungen einerseits an die innerpolnischen politischen Verhältnisse und andererseits an die Kominternvorstellungen gelegentlich einen anderen Eindruck vermittelte, auf den sie aus Legitimationsgründen dann nach 1945 verwies.[158] In der Erklärung ihres ZK zur Umsetzung der Beschlüsse des VII. Komintern-Kongresses stellte die KPP fest, daß das „Recht auf Selbstbestimmung die einzige Lösungform für die unterdrückten Völker ist“ und unterstrich solches noch durch den in den polnischen Verhältnissen allerdings weltfremden Wunsch, daß dafür „eine Zusammenarbeit mit allen nichtfaschistischen nationalen Organisationen nötig sei“.[159] Leszczyński-Leński stellte erneut gegen Mitte 1936 als wichtigen Propagandapunkt seiner Partei „die Anerkennung des Rechts auf Selbstbestimmung“ fest,[160] dazu im Organ der Komintern, was wohl als Zustimmung zu werten ist, zumindest als eine verhaltene.

Das ergänzende Recht auf Lostrennung wurde angesichts der Veränderungen in Deutschland und der politisch außerordentlich naiven Profilierungsversuche der KPP in Polen als „Nachfolgerin der besten Befreiungstraditionen des polnischen Volkes, der Helden der nationalen Aufstände und der demokratischen Revolutionen“[161] durch Forderungen nach Autonomie ersetzt. Autonomie sollte gleichermaßen Ost-Oberschlesien[162] wie jetzt auch der Westukraine zukommen.[163] Die bisherige KPP-Forderung nach Anschluß der ostpolnischen Minderheitengebiete an die Sowjetunion wurde wohl im Interesse der angestrebten Einheitsfront mit der PPS und der ukrainischen nationalistischen UNDO (= Ukrainskie Narodowo-Demokratyczne Zjednoczenie) aufgegeben; trotzdem kam es nicht einmal zu zentralen politischen Gesprächen mit ihnen.[164]

---

157 Weiterer Gegenstand des Abkommens war der gemeinsame Kampf gegen die Jungdeutsche Partei, den Volksbund und andere Organisationen der deutschen Minderheit. Vgl. Einheitsfrontabkommen der Sozialistischen Arbeiterjugend und der Linken Arbeiterjugend Oberschlesiens in Polen. In: Rundschau über Politik, Wirtschaft und Arbeiterbewegung, 13. 12. 1934.

158 Georg W. Strobel: Die nationale Komponente in der kommunistischen Entwicklung Polens. In: Europa-Archiv, Frankfurt/Main 1956, Nr. 22–23, S. 9317f.

159 Zadania KPP w świetle uchwał VII Kongresu Międzynarodówki Komunistycznej. In: Nowy przegląd, 1935, Nr. 9, S. 846, 850.

160 J. Lenski: Für eine bolschewistische Massenpolitik, für starke Kader. In: Kommunistische Internationale, 1936, Nr. 4, S. 328.

161 ebd., S. 328.

162 Oświadczenie KC KPP. In: Nowy przegląd, 1935, Nr. 8, S. 819; Aufruf des ZK der KPP „Śląsk jest zagrożony“ vom Juni 1937. In: Dokumenty Komunistycznej Partii Polski 1935–1938. Warszawa 1968, S. 278ff.

163 Oświadczenie KC Komunistycznej Partii Zachodniej Ukrainy, wrzesień 1935. Reichssicherheitshauptamt: R 58/554. Bundesarchiv Koblenz; – Bemerkenswert für die widerstreitenden Meinungen ist das Flugblatt des KC KZMZU (= Komunistyczny Związek Młodziezy Zachodniej Ukrainy) vom Oktober 1935 mit Forderungen nach einer Lostrennung Ostpolens und Anschluß an die Sowjetunion. Vgl. Reichssicherheitshauptamt: R 58/554. Bundesarchiv Koblenz.

164 G. Rwal: Walka o prawo do samookreślenia a zadanie autonomii. In: Nowy przegląd, 1935, Nr. 8, S. 780ff.

Die nationalen und territorialen Autonomievorstellungen der KPP beinhalten bei grundsätzlicher Beibehaltung des Selbstbestimmungsrechts für Ost-Oberschlesien die Wiederherstellung der früher vorhanden gewesenen Autonomie mit eigenem Landtag sowie deren Ausbau und für die Westukraine bzw. Ostgalizien, wie die KPP diese Gebiet nunmehr in terminologischer Angleichung bezeichnete, obwohl die KPZU nach wie vor bestand, in der Schaffung eines eigenen Landtages in Lemberg und in voller territorialer Selbstverwaltung mit vollen Sprach- und Kulturrechten. Auf diese Weise wäre Polen, dessen 1935 angenommene präsidial-autoritäre Verfassung von den Kommunisten abgelehnt wurde, wie übrigens auch von verschiedenen anderen demokratischen Parteien und Organisationen Polens, zu einer Förderation geworden. Doch das Ende der „Herrschaft der imperialistischen polnischen Bourgeoisie" könne vollends, und zwar auch für das polnische Volk, nur die Selbstbestimmung bis zur Lostrennung bringen, denn „es kann kein Volk frei sein, das andere Völker unterdrückt".[165]

Die Befreiung des eigenen polnischen Volkes aus der Herrschaft seiner imperialistischen Bourgeoisie war demnach für die KPP bis zum Ende ihres Bestehens nur durch die Lostrennung der Minderheitengebiete am westlichen und östlichen Rand Polens und damit durch eine Grenzziehung zu erreichen, wie sie gegenüber dem westlichen Rand des Staates zwischen der KPD und KPP Ende Januar 1933 festgelegt worden war.

Ausblick: Stalins Doppelspiel 1944 und seine Folgen in KPD/SED und der KPP-Nachfolgerin PPR

Als mit dem Ende des Zweiten Weltkrieges die Ostgrenze Deutschlands neu gestaltet wurde, waren die Fronten gegenüber den Absichten und Übereinkommen der zwanziger und dreißiger Jahre diametral verkehrt. Stalin hatte die Karten neu verteilt. Noch nachdem er mit der kommunistischen Gegenregierung Polens in Moskau Ende Juli 1944 ein Geheimabkommen mit der Garantie einer Grenze an Oder und Neiße und der Teilung Ostpreußens abschloß,[166] die den Staatsgebietsbestand Polens namens des Selbstbestimmungsrechts der Völker bis zur Lostrennung nicht mehr wie früher in Frage stellte, beließ er die deutschen Kommunisten in der Sowjetunion, das Nationalkomitee „Freies Deutschland" und den Bund der Offiziere, die sie inspiriert hatten, in der Vorstellung, daß die östlichen Staatsgrenzen Deutschlands zumindest nicht angetastet würden. Vom „Kampf gegen das Raubsystem von Versailles" das früher für künftige Kriege verantwortlich gemacht wurde, sprach im Krieg zwar niemand mehr. Doch die deutschen Kommunisten mußten sich in Erinnerung an frühere Bekundungen auch der von Stalin beherrschten Komintern sogar sicher sein, und waren es in erheblichem Maße auch, daß die Grenze Deutschlands nach dem Siege über das Dritte Reich, der die Diktatur des Proletariats in Deutschland und Polen bringt, nach Osten verlegt werden wird. Dies um so mehr, als ihm entsprechende Veränderungen im Osten Polens zugunsten der Sowjetunion bereis vorgenommen worden sind, wie in den zwanziger und dreißiger Jahren ebenfalls gefordert und durch die Volksabstimmung im November 1939 in diesen Gebieten vollzo-

165 ebd., S. 781.

166 Der Wortlaut des Abkommens in: A. Uschakow: Stalins Anteil an der Entstehung der Oder-Neiße-Linie. In: Völkerrechtliche Abhandlungen, Bd. 4/I. Wien 1977, S. 67ff.

gen wurde. Sie sahen gerade dadurch die Gültigkeit der seinerzeitigen Bekundungen und Abmachungen des „Kampfes gegen Versailles" bestätigt und schlossen ein Nachkriegssystem schon aus diesem Grunde als unmöglich aus, das nach seiner politischen Logik dem Versailler ähneln würde, wie es das ihnen vorenthaltene Geheimabkommen mit den Polen jedoch bereits festgelegt hatte; sie hatten ja gemeinsam unter Anleitung der Komintern und Moskaus gegen das Raubsystem von Versailles gekämpft, was ein kommunistisches Deutschland nach Osten ausdehnen sollte.

So ließ auch das Nationalkomitee „Freies Deutschland" noch im Januar 1945 in Aufrufen verkünden, die von seinen ausländischen Zweigstellen in aller Welt verbreitet wurden, aber vor allem wohl an die Generalität des Dritten Reiches gerichtet waren, daß bei einem Rückgang der Wehrmacht auf die Grenzen von 1937 Stalin die territoriale Integrität des Deutschen Reiches garantiere.[167]

Die noch vor dem Zustandekommen des Potsdamer Abkommens von sowjetischen Militär- und Zivilbehörden eingeschlagene, dem Geheimabkommen entsprechende Politik, die Gebiete östlich von Oder und Neiße in polnische Verwaltung zu überstellen, geschah zu beträchtlichen Teilen noch vor Abschluß der Kampfhandlungen in der allerletzten Kriegsphase. Unter ostdeutschen Kommunisten führte dies in Erinnerung an früher zu politischer Konfusion und wenig freundschaftlichen Reaktionen gegenüber den Polen. Die gelegentliche Übergabe der örtlichen Verwaltung durch sowjetische Militärbehörden in Städten der Oder-Neiße-Gebiete an deutsche Kommunisten führte polnischerseits zu meistens gewaltsamen Reaktionen und zur sofortigen Vertreibung aus den Heimatorten, entweder in Internierungslager, wie Lamsdorf, oder über die Oder-Neiße-Grenze. Am häufigsten ereignete sich solches in Oberschlesien. Aber auch in Stettin wechselte der Posten des Oberbürgermeisters kurzfristig mehrmals.

Von den polnischen Kommunisten, die als „żydokomuna" abgelehnt und im Untergrund des Zweiten Weltkrieges, in den sie erst Anfang 1942 organisiert eintraten, außer als ungern gesehene, späte Gäste vor allem als politische Gegener gesehen wurden, die auch zu bekämpfen seien, die seit August 1944 aber den neuen polnischen Staat repräsentieren und führen sollten, wurden die Oder-Neiße-Grenze und die Politik gegenüber Deutschen als Mittel zur Gewinnung der nicht einmal andeutungsweise für sie in der polnischen Gesellschaft vorhandenen politischen Legitimität und nationalen Identität instrumentalisiert. Persönliche Bezüge zur deutsch-polnischen kommunistischen Übereinstimmung der Politik der dreißiger Jahre gab es bei ihnen nicht. Führungsmitglieder der KPP hatten bis auf Alfred Lampe, ein Politbüro-Mitglied seit 1929, der in einem polnischen Gefängnis überlebt hatte, aber schon 1943, eingebunden in die neue Moskauer Polen-Politik, in der Sowjetunion starb, die Auflösung der Partei allesamt nicht überlebt.

Noch Monate vor Kriegsende wurde die innenpolitische Funktion der deutsch-polnischen Grenzfrage von Władysław Gomułka Ende Februar 1945 auf dem Erweiterten Plenum der von ihm geführten kommunistischen PPR (= Polska Partia Robotnicza) mit den Worten unterstrichen, daß „das Grenzproblem ein Faktor ist, der das polnische

167 Archiv des Ukrainian Cultural and Educational Center, Winnipeg, Ma.

Volk zu einer Einigung bewegen sollte", die „in einer allgemeinen Volksfront" zu vollziehen sei. Zudem malte er die Gefahr der künftigen „Revancheabsichten, die noch lange im deutschen Volk wach sein werden", an die Wand, gegen die man sich ebenfalls eng um die PPR zusammenschließen müsse.[168] Damit waren nicht nur erste Sprachregelungsansätze für die Zukunft gesetzt, die später auch gegenüber Vertriebenen verwendet wurden, ganz gleich, was sie getan oder verlautbart hätten, wie es bezeichnenderweise auch gegenüber der „Charta der Heimatvertriebenen" von 1950 mit ihrem Gewaltverzichtsansatz geschah, sondern auch eine politische Argumentationsebene begründet, die im national denkenden Polen mit der Zeit nicht nur auf breite Akzeptanz stieß, auch dort, wo sonst der Kommunismus abgelehnt wurde, sondern zudem innenpolitische Gegner abqualifizierte und zu bekämpfen half, sowie, weil sie angeblich deutschfreundlich seien, zu Feinden des polnischen Staates und der polnischen Nation abstempelte. Auf diese Weise entwickelte sich die Frage der neuen deutsch-polnischen Grenze und der Deutschen auf dem Legitimitäts- und Identitätshintergrund zu einem Instrument kommunistischer Herrschaftssicherung in Polen, dazu auch in innenpolitisch schwierigen Situationen, wie im Juni 1956 (Posen) und im Dezember 1970 (Küstengebiet), da sie unter Hinweis auf Revanchisten und Revisionisten aus der Bundesrepublik Deutschland schließlich noch gesellschaftliche Pazifizierungsfunktionen zugedacht erhielt.

Bei den deutschen Kommunisten trug die neue Situation in der Grenzfrage wiederum zur Herauskristallisierung einer neuen nationalen Phase in den beiden Parteien SED und KPD bei, was dadurch begünstigt wurde, daß im Gegensatz zu den Polen von den deutschen Kommunisten, die am 29. Januar 1933 in Gleiwitz zusammengekommen waren, Pieck und Ulbricht den Krieg überlebt hatten. Die Anklänge an die damalige nationale Politik der KPD waren in der nationalen Phase der SED und KPD auf vielfältige Weise vorhanden, was alles im kommunistischen Lager Polens mit großem Befremden verzeichnet wurde und zu jahrelangen Verstimmungen geführt hat, die der spätere Görlitzer „Friedensgrenz"-Vertrag von 1950 noch lange nicht ausräumen sollte.[169] Allerdings darf ein weiterer Faktor für die nationale Phase nicht unterschätzt werden, der sich geradezu zwangsläufig aus den Folgeerscheinungen der 1945-Grenzfrage ergab: Es ist die Entstehung einer durch die Vertreibung verarmten Schicht von Menschen verschiedenen sozialen Herkommens, deren politische Gewinnung mit Parolen aus ihrem Interessenbereich, was die Problematisierung der Grenzziehung war, erreicht werden sollte. Dabei hatte die SED mit politisch unterschiedlich abgestuften Vorstellungen zu tun, die aus den beiden Herkunftsparteien der SED, der SPD und der KPD, hinübergenommen wurden.

Der Landtagswahlkampf in der sowjetischen Besatzungszone (SBZ) im Spätsommer und Frühherbst 1946 nötigte die SED zu einer Erklärung bezüglich der „Ostfrage", wobei, wenngleich keine ausdrückliche eigene Stellungnahme erfolgte, die Hinweise auf füh-

168 Kształtowanie się podstaw programowych PPR w latach 1942–1945. Warszawa 1958, S. 330ff.; – Auszugsweise in deutscher Sprache: Georg W. Strobel: Deutschland – Polen. Wunsch und Wirklichkeit. Eine Dokumentation zum Problem der Normalisierung der deutsch-polnischen Beziehungen nach 1945 und zur Frage der polnischen Vorbedingungen. Bonn/Bruxelles/New York 1971, 2. erw. Aufl., S. 39.

169 Georg W. Strobel: Einige Probleme der Außenpolitik Polens. Abhängigkeiten zwischen der polnischen Politik gegenüber dem Westen und innerpolitischen Faktoren Polens und des sozialistischen Lagers. Köln 1967 (= Berichte des Bundesinstituts für ostwissenschaftliche und internationale Studien, Nr. 42); Georg W. Strobel: Der Ausbau der polnischen Beziehungen zu Pankow. Gomulkas Besuche in der DDR in den Jahren 1957–1963. In: Europa-Archiv, Bonn 1963, Nr. 4, S. 135ff.

rende Parteifunktionäre wie Grotewohl, Pieck und Fechner, den Eindruck hinterließen, daß „die SED sich jeder Verkleinerung deutschen Gebiets entgegenstellen wird", weil „die Ostgrenze nur provisorisch (ist) und erst auf der Friedenskonferenz unter Mitwirkung aller großen Siegerstaaten (auch Polens? – Str.) endgültig festgelegt werden kann".[170] Der Wahlkampf wurde seitens der SED mit einem Flugblatt unter der Überschrift „Die SED und die deutsche Ostgrenze" geführt, in dem Ausführungen Piecks, daß die SED „für eine Revision der Ostgrenze (ist)", durch die Feststellung bekräftigt wurden, die SED trete „entschieden dafür ein, daß auf der kommenden Friedenskonferenz die Ostgrenze einer Revision im Interesse des deutschen Volkes unterzogen wird".[171] Immerhin war dies gegenüber 1933 eine Minimalposition.

Funktionäre der SED vertraten diese Haltung auch in den Westzonen bei Kundgebungen und Interviews bis weit in das Jahr 1947 hinein, unterstützt dabei von KPD-Funktionären. Auf einer Pressekonferenz Mitte März 1947 in München führten Pieck und Grotewohl, das damalige politische Zwillingspaar, einmütig aus, daß die SED „jede Grenzveränderung ablehne, im Westen wie im Osten, mit Einschluß von Ostpreußen und Schlesien", wobei sie die eingetretenen Grenzveränderungen als „unheilvoll" bezeichneten.[172] In Stuttgart, das sie bei ihrer Rundreise durch die amerikanische Besatzungszone gleichfalls besuchten, bekräftigten sie ihre Ablehnung der Grenzänderungen.[173] Die Führer der Westzonen-KPD stimmten in diese nationalen Töne ein. Gustav Gundelach, der Vorsitzende des KPD-Bezirks Wasserkante, hatte im gleichen Sinne wie die SED-Größen bereits Mitte Oktober 1946 in Flensburg[174] und Max Reimann, der KPD-Vorsitzende, Anfang September 1946 auf Wahlkundgebung im Münsterland, beides in der britischen Besatzungszone, argumentiert, wobei Reimann bemängelte, daß „das deutsche Volk und wir bei der vorläufigen Festlegung der Ostgrenzen nicht gefragt worden (sind)" und dazu „offen erklärte", daß „wir sie nicht als endgültig anerkennen können".[175]

Die Oder-Neiße-Grenze wurde im Vertrag von Görlitz zwischen der Deutschen Demokratischen Republik und der Volksrepublik Polen im Jahre 1950 als „Friedensgrenze" anerkannt. Ein Kapitel kommunistischer Politik in Mitteleuropa war zu Ende, ohne die für 1933 und 1946 unterschiedlichen Erwartungen erfüllt zu haben. Der „Kampf gegen Versailles" hatte sein eigenes Ende gefunden.

170 Neues Deutschland, Berlin (Ost), 14.9.1946.
171 Ostbüro der SPD. Archiv des Parteivorstandes der SPD, Bonn.
172 Süddeutsche Zeitung, München, 15.3.1947.
173 Stuttgarter Zeitung, 12.3.1947.
174 Norddeutsches Echo, Kiel, 12.10.1946.
175 Norddeutsches Echo, 11.9.1946.

Hans Hecker

Städte in Ost-Mitteleuropa Überlegungen zu einer Typologie.

Dieser Beitrag will keine fertige Typologie des ostmitteleuropäischen Städtewesens vorlegen. Das würde viel zu weit führen, zumal es trotz einer Fülle von Einzelstudien und größeren Untersuchungen noch an allgemeinen, komparatistischen Vorarbeiten fehlt. Hier sollen nur einige Überlegungen im Hinblick auf das Gesamtthema dieser Tagung „Nationales Selbstverständnis und politische Ordnung. Abgrenzungen und Zusammenleben in Ost-Mitteleuropa bis 1941" vorgetragen werden, welche die Städte in Ostmitteleuropa betreffen, und die vielleicht zu einer noch zu erarbeitenden Typologie beitragen können.

Vorab ein Wort zum allgemeinen Begriff der Stadt. Es gibt eine umfangreiche Forschung zur Stadt und über Städte, an der sich insbesondere Historiker, Sozialwissenschaftler, Ökonomen und Juristen beteiligen. Diese Forschung ist stark im Schwange, und sie kann und soll hier nicht referiert werden.[1] Eines jedoch ist deutlich: Was eine Stadt genau und zu verschiedenen Zeiten wirklich ist, darin besteht keine völlige Übereinstimmung. Oder besser gesagt: Über die Versuche, Städte ihrem Typus nach zu systematisieren, besteht keine einhellige Meinung. So ist, um nur ein Beispiel zu nennen, Max Webers großer und nach wie vor grundlegender Entwurf einer historischen Soziologie der Stadt[2] in vielerlei Hinsicht modifiziert bzw. angezweifelt worden.

Daß es unterschiedliche Definitionen von „Stadt" gibt, ist nicht erstaunlich. Darauf hat Weber gleich zu Beginn seiner Soziologie hingewiesen und die mehr oder minder geschlossene Siedlungsweise als den kleinsten gemeinsamen Nenner aller Versuche genannt, die Stadt zu definieren.[3] Denn die Stadt hat im Laufe der Jahrtausende, für die wir ihre Existenz nachweisen können, ihren Charakter zwangsläufig einschneidend geändert. Es gibt sie in aller Welt und in ganz Europa, und daher trägt sie auch regional unterschiedlichen Charakter.

Für unseren thematischen Zusammenhang können wir folgende Kriterien verwenden: Es handelt sich um eine größere Siedlung mit hoher Wohndichte, mit einer vorwiegend auf Gewerbe, Handel und Industrie konzentrierten Wirtschaft, zentralen Institutionen der

1 Auf bibliographische Hinweise wird hier ausdrücklich verzichtet, bis auf zwei neue Arbeiten, die sich beide auf die Städte in Ost-Mitteleuropa konzentrieren und einen sehr guten Überblick über die einschlägige Literatur bieten: Hugo Weczerka: Neue Forschungen zur Geschichte des Städtewesens in Ostmitteleuropa. In: Zeitschriften für Ostforschung 37 (1988), S. 443-487; Heiko Haumann: Konfliktlagen und Konflikte zwischen Stadt und Land. Ein Vergleich von vier Regionen im östlichen Europa (1850 bis 1917). In: Wolfgang Hardtwig/Klaus Tenfelde (Hrsg.): Soziale Räume in der Urbanisierung. Studien zur Geschichte Münchens im Vergleich 1850 bis 1933. München 1990, S. 17-35.

2 Max Weber: Grundriß der Sozialökonomik, 3. Aufl. Tübingen 1947 (Zweiter Teil, Kapitel VIII. Die Stadt).

3 „Eine ‚Stadt' kann man in sehr verschiedener Art zu definieren versuchen. Allen gemeinsam ist nur: daß sie jedenfalls eine (mindestens relativ) geschlossene Siedelung, eine ‚Ortschaft' ist, nicht eine oder mehrere einzeln liegende Behausungen."Ebd., S. 514.

politischen, staatlichen Macht und Administration, kulturellen Einrichtungen und häufig auch religiösen bzw. kirchlichen Stellen von übergeordneter Bedeutung. Die Stadt trägt meistens ein signifikantes oder charakteristisches architektonisches Gepräge. Sie steht in einer bestimmten wirtschaftlichen und verkehrsmäßigen, gegebenenfalls auch rechtlichen Beziehung zu ihrem Umland; dabei handelt es sich in der Regel um ein Verhältnis des Austausches, vor allem, wenn wir die Stadt als Markt sehen.

Die Rechtsausstattung spielt weithin eine entscheidende Rolle: die Verleihung des Stadtrechts in dem Rahmen und der Ausstattung mit Privilegien, wie sie je nach den Gegebenheiten möglich und üblich ist. Man kann auch sagen: Eine Stadt wird „zur Stadt im Rechtssinne, wenn die Handel- und Gewerbetreibenden sich zur Selbstverwaltung der städtischen Angelegenheiten zusammenschließen“.[4] Die starke Betonung einer rechtlichen Definition der Stadt erscheint jedoch einigermaßen problematisch, weil keineswegs immer die definitorischen Voraussetzungen gegeben sind; das gilt noch mehr, wenn die Selbstverwaltung zwingend verlangt wird. Im übrigen hat sich recht oft gezeigt, daß Städte mit Stadtrecht in ihrer Entwicklung weit hinter Dörfern zurückblieben, die dann erst später rechtlich zu Städten wurden. Eine Stadt im rechtlichen Sinne muß also keineswegs eine Stadt im soziologischen Sinne sein. Ebensowenig sind die rechtlich-politischen, administrativen Stadtgrenzen zwangsläufig mit den soziologischen deckungsgleich.

Die Abgrenzung zu anderen Siedlungsformen wie Dorf, Markt, Gemeinde usw. ist also nicht ganz einfach, wenn man andere Definitionen als die juristische ins Spiel bringen will. Der Charakter der Siedlungen änderte sich im Laufe der Geschichte, je nach Entwicklung des Verkehrs, nach dem Grad der wirtschaftlichen Erschließung und Entwicklung und vor allem auch nach der jeweiligen Nähe beispielsweise eines Dorfes zur Stadt. Wenn wir etwa die zweite Hälfte des 19. Jahrhunderts und das 20. Jahrhundert nehmen, dann finden wir in allen europäischen Ländern, und dort wiederum vorzugsweise innerhalb von Industriegebieten, Dörfer im Umkreis von Städten, die immer mehr städtischen Charakter annehmen. Der Grund kann z.B. darin liegen, daß ein wachsender Anteil der Dorfbevölkerung in der Stadt arbeitet beziehungsweise Städter auf die Dörfer hinausziehen, weil sie in der Stadt selbst keine annehmbare Wohnmöglichkeit mehr finden. In beiden Fällen werden zunehmend städtische Lebensformen aufs Dorf übertragen. In der Regel trägt die Verwaltung solchen Entwicklungen Rechnung, vor allem, wenn Stadt und Dorf aufeinander zuwachsen, indem sie die Dörfer in die Stadt eingemeindet.

Für unseren thematischen Zusammenhang sehen wir vor allem in der Stadt den Ort engsten menschlichen Zusammenlebens in jeweils relativ hoher Anzahl, konzentriertester und entwickeltester wirtschaftlicher Tätigkeit, intensivsten kulturellen Lebens und religiöser Organisation, und schließlich ist die Stadt der Ort der augenfälligen politischen Ordnung: der Ort, an dem alles, was Staat, Politik, öffentliche Verwaltung heißt, dem Menschen – Untertan, Bürger – unmittelbar gegenübertritt.

Gewiß kann man diese Kriterien anzweifeln oder erweitern, aber eine Diskussion der Kriterien würde hier zu weit führen. Daher brechen wir diesen definitorischen Teil ab und begnügen uns damit, wenigstens am Anfang die Aufmerksamkeit auf diese Fragen gerichtet zu haben.

4 Konrad Fuchs, Heribert Raab: dtv-Wörterbuch zur Geschichte. 2 Bde., München 1972, hier Bd. 2, S. 762.

Doch das zweite allgemeine definitorische Problem folgt sogleich: Was ist Ost-Mitteleuropa? Es ist bekannt, daß es mehrere historische Diskussionsrunden über die Frage gab und noch gibt, was denn Mitteleuropa, Osteuropa, Ost-Mitteleuropa seien. Definitionen oder Versuche einer Abgrenzung und Beschreibung gab und gibt es zuhauf. Auch dies kann und soll hier nicht referiert werden; vielmehr beschränken wir uns darauf, die Region zwischen Prag, Triest, Budapest, Lemberg und St. Petersburg zu benennen.[5] St. Petersburg markiert seit seiner Gründung 1703 den Übergang zwischen Ostmitteleuropa und Osteuropa. Es gab Zeiten, da repräsentierte es einen wesentlichen Teil dessen, was man das „Silberne Zeitalter der russischen Kultur" genannt hat, und da bildeten sich dort auch wichtige Elemente dessen, was zur europäischen Moderne werden sollte.[5a]

Dieser allgemeine Hinweis deutet schon auf ein Kriterium hin, das auf die allermeisten Städte Ostmitteleuropas zutrifft: sie sind nicht römischen Ursprungs. Das Römische Reich umfaßte aus unserem Bereich nur den südwestlichen Teil: Noricum, Pannonien und Istrien. Dies heißt, im Unterschied zu den Städten Westeuropas bzw. des westlichen Westeuropa fehlen den allermeisten Städten Ostmitteleuropas der stadtarchitektonische Grundriß, die Rechtsausstattung, die kulturelle Mitgift, die Tradition, also die Dinge, die die Römer ihren Stadtgründungen gewissermaßen in die Wiege legten und die bis heute im Leben und Selbstverständnis dieser Städte ihre Wirkung tun. Man denke doch nur an die Städte des Rheinlandes, Köln, Bonn, Aachen oder Trier. Dort ist auch im Laufe der Zeit trotz der verschiedensten Einflüsse dieses römische Urbewußtsein nie so überlagert oder verwischt worden wie beispielsweise im südlichen Ungarn. Auch eine Stadt wie Pécs/Fünfkirchen kann auf einen römischen Ursprung als Sompinae zurückblicken, aber die Türkenherrschaft hat dessen Spuren weitgehend ausgelöscht, im Stadtbild wie im Bewußtsein der Stadt. Die türkische Zeit (1543-1686) hat im Grunde alles, was vor ihr war, weitgehend vernichtet.

Hier liegt ein wichtiges Merkmal vor, um die Städte des westlichen Europa von denen in Ostmitteleuropa und Osteuropa zu unterscheiden. Es wirkt sich deutlich aus, was innerhalb und was außerhalb der Grenzen des Römischen Reiches lag. Die Entwicklung des deutschen Stadtrechts, das im wesentlichen auf der Weiterführung römischen Rechtsdenkens beruht, verbreitete sich in West- und Mitteleuropa und wanderte von hier aus nach Osten. Das Recht, von den Römern vorgeformt und von Franken und Germanen aufgenommen und weiterentwickelt, sollte später ein wichtiges Bindeglied zwischen den westlichen und den östlichen Teilen Europas werden.

Zunächst erfaßte die Christianisierung, von Westen her vorgetragen, Mitteleuropa. Osteuropa hingegen, das wir hier im wesentlichen, mit einigen Ausfransungen, mit dem ostslavisch-russischen Bereich gleichsetzen, wurde hauptsächlich von Süden, von Byzanz her christianisiert und damit vorrangig dem griechisch-orthodoxen Zweig europäischer Kultur zugeordnet. Die Christianisierungsbewegung schuf die Grundlagen für eine ethnisch-politisch gegliederte mittelalterliche Staatenwelt. Auf sie griff dann im 20. Jahrhun-

5 Damit gehe ich über die Abgrenzung hinaus, die z. B. ein Werk von zentraler Bedeutung zu unserem Thema vornimmt: Gabriele Gutkind (Hrsg.): Urban Development in East-Central Europe: Poland, Czechoslovakia, and Hungary. New York-London 1972 (International History of City Development. Vol. VII).

5a Karl Schlögel: Jenseits des Großen Oktober. Das Laboratorium der Moderne. Petersburg 1909-1921. Berlin 1988.

dert die Nationalstaatsbewegung – wenn auch unter anderen Voraussetzungen – zurück. Um die Begriffe zu gebrauchen, die Klaus Zernack angewendet hat: die Verchristlichung Neu-Europas bedeutet zugleich seine Europawerdung.[6] Die Christianisierung bildete die erste große Welle, mit der die Verbindung zwischen dem Westen und dem Osten Europas hergestellt wurde. Die zweite, damit zusammenhängende Welle war die deutsche Ostsiedlungsbewegung, die in unterschiedlichen Formen, als ein langwährender, in sich keineswegs konsistenter und zielgerichteter Prozeß vor sich ging.[7]

Am Anfang ergriffen Christianisierung und deutsche Ostbewegung jedoch in den westlichen Teilen Ostmitteleuropas Gebiete, deren Bevölkerung sich nicht zu historischen Nationen weiterentwickeln sollte. Sie wurde verwandelt oder aufgesogen, sie ging auf jeden Fall in den vordringenden Deutschen auf und bildete die „kolonialen deutschen Neustämme", ein – wie Zernack betont – typisch ostmitteleuropäisches Phänomen.[8] „Das betrifft das Gebiet der gesamten sogenannten *Germania Slavica*, d.h. die alten Slavengebiete zwischen Elbe-Saale und Oder sowie in den Ostalpen, aus denen als Neustämme die Mecklenburger, Brandenburger und Sachsen sowie die Österreicher hervorgingen, sodann die Siedlungsbereiche der Schlesier, Pommern, der Preußen und schließlich auch der Deutschen in den böhmischen Ländern."[9] Die anderen, weiter ostwärts lebenden Stämme und Völker wie die Polen und Tschechen, Ungarn, Kroaten usw. orientierten ihre politischen und gesellschaftlichen Verhältnisse an der westlich-christlichen Entwicklung, deren Übernahme sie mit eigenen Traditionen verbanden. Sie gliederten so ihre Staatswesen in die politische und kulturelle Welt der christlichen Ökumene ein. Damit war die Grundlage für ihre nationale Geschichte innerhalb Europas geschaffen.

Für die bereits existierenden Städte bedeutete dies, daß sie zunächst durch den Einzug des Christentums ein anderes Gepräge erhielten. Es wurden Kirchen und Klöster gebaut, die in wachsendem Maße das Gesicht der Städte und das Leben in ihnen bestimmten. Das galt vor allem für diejenigen Städte, die zum Bischofssitz bestimmt wurden. Zu der städtebaulichen Umgestaltung, die zwangsläufig der jeweiligen Kathedralkirche einen zentralen Platz einräumte, kam die gesteigerte Mittelpunktsfunktion dieser Städte, die sich vor allem auch auf ihre soziale und wirtschaftliche Struktur auswirkte und meistens ihre künftige Entwicklung maßgeblich bestimmte. Als Beispiel dafür können die ostmitteleuropäischen Städte dienen, die bei der Gründung der verschiedenen Kirchenprovinzen – Böhmen und Mähren, Polen, Ungarn – um das Jahr 1000 herum zum Zentrum der jeweiligen Suffraganbistümer erhoben wurden. Ein neuer religiöser, vor allem aber auch wirtschaftlicher Faktor, den das Christentum etlichen Städten brachte, waren Reliquienkult und Wallfahrten.

Diese Wirkungen des Christentums als neuer Staatsreligion auf die Städte sind überall zu finden, wohin das Christentum gelangte. Eine besondere, anderswo nicht verzeichnete Entwicklung kennzeichnet darüber hinaus viele Städte im ostmittel- und osteuropäischen Bereich: Im Zuge der mittelalterlichen deutschen Ostsiedlung erlebten sie von der karolingischen Zeit bis ins 14. Jahrhundert eine ethnisch-soziale und rechtliche Ver-

6 Klaus Zernack, Osteuropa. Eine Einführung in seine Geschichte. München 1977, S. 69.
7 Jüngste Gesamtdarstellung: Charles Higounet: Die deutsche Ostsiedlung im Mittelalter. Berlin 1986.
8 Zernack, Osteuropa, S. 35
9 ebd., S. 25f.

wandlung oder Erweiterung. Wenn sie deutschen Siedlern als Wohnsitz zugewiesen wurden, wurden sie entweder vom Landesherrn direkt mit dem deutschen Stadtrecht ausgestattet, also im Sinne eines Austauschs, oder das deutsche Stadtrecht kam in Form einer Parallelgründung zur bestehenden Stadt oder Erweiterung für von Deutschen bewohnte Stadtteile hinzu.

Es finden sich allerdings auch etliche Fälle, in denen das deutsche Stadtrecht Mühe hatte, sich durchzusetzen. So verlieh Daniil Romanovič von Halytsch-Wolhynien nach 1239 den Städten Vladimir, seiner Residenz, und Cholm, wohin er deutsche Siedler gerufen hatte, das Magdeburger Stadtrecht.[10] Ähnlich verfuhr sein Sohn 1270 mit dem neugegründeten Lwów/Lemberg. Allerdings scheint es „so, als habe das neue Recht sich nicht durchzusetzen vermocht, sondern sei im Grunde auf eine Gruppe von Zuwanderern, welche nach magdeburgisch-breslauischem Recht lebten, beschränkt geblieben, während die Mehrheit der Stadtbevölkerung an ihren bisherigen Rechtsgewohnheiten festhielt und sich an der sozialen Struktur nicht viel änderte".[11] Man darf sich also hinsichtlich der Wirksamkeit des deutschen Rechts und auch der Bereitschaft der autochthonen Bevölkerung, es anzunehmen, keinen allzu schematischen Vorstellungen hingeben.

Um diese Fragen hat es eine lange Debatte zwischen deutschen und ostmitteleuropäischen Historikern gegeben. Herbert Ludat hat gezeigt, in welchem Maße dabei beide Seiten aneinander vorbeigeredet haben. „Denn für die deutsche Kolonisationsforschung stellte der slawisch-osteuropäische Raum in erster Linie eine kulturelle Ausbaulandschaft dar, in der es vollauf genügte, die Frage nach der Entstehung mit dem Datum der Verleihung ihrer Rechtsprivilegien zu beantworten. Dagegen kam es der Geschichtswissenschaft der ostmitteleuropäischen Völker vornehmlich darauf an, den historischen Zusammenhang ihrer Landschaft bis in die Früh- und Vorgeschichte zu ergründen und ihr besonderer Augenmerk auf die Siedlungskontinuität und damit auf die Wurzeln und Vorstufen des späteren Städtewesens zu lenken."[12]

Die Stadtgeschichte wurde also unter völlig verschiedenen Aspekten erforscht, und das nicht allein im Sinne einer wissenschaftlichen Pluralität – was ja an sich begrüßenswert ist –, sondern auch im Zusammenhang einer weiterreichenden, auch die politische Aktualität keineswegs ausschließenden Auseinandersetzung. Wir werden hier und heute keinen Streit mehr darüber vom Zaune brechen, daß historische Argumentationen dieser Art und über solche zeitlichen Distanzen hinweg keinen sinnvollen Boden für eine politische Auseinandersetzung abgeben, womöglich für die Begründung bestimmter Besitzansprüche, wie das bis weit in die dreißiger Jahre des 20. Jahrhunderts und noch darüber hinaus von vielen geglaubt wurde. Dies kann man inzwischen Sektierern überlassen. Es liegt mir jedoch daran, auf diesen wissenschaftsgeschichtlichen und politischen Aspekt

10 Dies ist übrigens einer der Gründe, aus denen in diesem Beitrag die Abgrenzung Ostmitteleuropas bis in den Westen des ostslavischen Siedlungsgebietes hinein gezogen wurde.

11 Manfred Hellmann: Probleme früher städtischer Sozialstruktur in Osteuropa. In: Untersuchungen zur gesellschaftlichen Struktur der mittelalterlichen Städte in Europa. Reichenau-Vorträge 1963-1964 (Vorträge und Forschungen, Band 11). Stuttgart 1966, S. 379-402, hier S. 389.

12 Herbert Ludat: Frühformen des Städtewesens in Osteuropa. In: Studien zu den Anfängen des europäischen Städtewesens. Reichenau-Vorträge 1955-1956 (Vorträge und Forschungen, Band 4). Lindau und Konstanz 1958, S. 527-553, hier S. 527f.

der ostmitteleuropäischen Stadtgeschichte und ihrer Erforschung hinzuweisen. Denn hier berühren wir das Gesamtthema unserer Tagung. Ein Thema wie die ethnische Gliederung in den Städten und die Rechtsausstattung der Städte im mittelalterlichen Ostmitteleuropa wurde, wie das Zitat von Ludat zeigt, im 19. und 20. Jahrhundert im Sinne eines aktuellen nationalpolitischen Interesses aufgefaßt und gehandhabt.

Wichtig ist es, als typisierendes Charakteristikum der Städte in Ostmitteleuropa die polyethnische Einwohnerschaft bzw. das polyethnische Nachbarschaftsverhältnis zum Umland festzuhalten. Wir verwenden ausdrücklich den Begriff poly*ethnisch*, weil man für eine lange Zeitdauer, die je nach Land und Region bis ins 20. Jahrhundert hineinreichen kann, von Nation und Nationalismus im modernen Verständnis noch nicht sprechen kann.[13] In diesem polyethnischen Beziehungsgeflecht innerhalb der Städte und um sie herum spiegelt sich die ethnische und siedlungsgeographische Struktur Ostmitteleuropas wider, auf die häufig der Begriff *Gemengelage* angewendet wird. Die Verzahnung der Siedlungsgebiete verschiedener Völkerschaften gilt bis zum Zweiten Weltkrieg als kennzeichnend sowohl für die Deutschen und die ostwärts anrainenden bzw. sie umgebenden Völker als auch für die nichtdeutschen Völkerschaften untereinander.

Man kann jedoch nicht davon sprechen, daß diese Ethnien insofern eine homogene Gruppe gebildet hätten, daß sie über das allfällige Festhalten an Sprache, Kultur und Tradition hinaus gemeinsame Interessen artikuliert und vertreten hätten. Auch in diesem Punkt hat eine allzu stark am Nationalismus des 19. und 20. Jahrhunderts orientierte Geschichtsbetrachtung in die Irre geführt. Beispiele dafür kann man etwa in den Auseinandersetzungen zwischen der Krone Polens und dem Deutschen Orden im Spätmittelalter finden. In den Kriegen Anfang und Mitte des 15. Jahrhunderts unterstützten die Städte des Ordenslandes mit einer weitaus mehrheitlich deutschen Einwohnerschaft aus ihrer ständischen Interessenlage heraus den polnischen König wesentlich mehr als den eigenen Landesherrn. Die großen, reichen Städte wie Danzig oder Elbing verfolgten eine selbständige Politik, die vor allem anderen ihre eigenen Interessen zum Ziel hatte.[14]

Auch die anderen Städte trieben Interessenpolitik. Wie sie aussah, läßt sich ganz gut am Beispiel Thorns zeigen, das auch für andere Städte des Ordenslandes gelten kann. Nach dem Ersten Thorner Frieden 1411 warf der damalige Hochmeister Heinrich von Plauen sieben Mitglieder aus dem Rat von Thorn und ersetzte sie durch andere. Ihre Namen lassen erkennen, daß es sich um Deutsche handelte. Was war der Grund dafür, daß der Hochmeister in dieser ungewöhnlichen Form gegen die Stadtprivilegien verstieß? Es handelte sich bei den Sieben um den Kern einer gegen den Deutschen Orden gerichteten Oppositionsgruppe, die wohl recht energisch den Anschluß ihrer Stadt an das Königreich Polen betrieb. Czacharowski hat ihre Motive durchleuchtet und danach zeigen können,

13 Mit Absicht werden für die folgenden Passagen aus der ganze Bibliotheken umfassenden Nationalismus-Literatur drei ausgewählte Titel genannt: Nationalismus, Nationalitätenfrage. In: Marxismus im Systemvergleich [Sonderausgabe der Enzyklopädie „Sowjetsystem und demokratische Gesellschaft"], Geschichte. Band 3. Freiburg i. Br. 1974, Sp. 90-173; Hans Kohn: Die Idee des Nationalismus. Ursprung und Geschichte bis zur Französischen Revolution. Frankfurt/Main; Eric J. Hobsbawm: Nationen und Nationalismus. Mythos und Realität seit 1780. Frankfurt/Main 1991.

14 Hartmut Boockmann: Der Deutsche Orden. Zwölf Kapitel aus seiner Geschichte. München 1981, S. 197ff.

daß es wirtschaftliche Gründe waren, die sie dazu brachten.[15] Die Kaufleute wurden durch die Auseinandersetzungen zwischen Polen und dem Orden sowie durch die nicht gerade städtefreundliche Politik des Ordens an einer störungsfreien Fortsetzung ihres Handels vor allem nach Polen hinein gehindert. Sie hatten sogar schwere Vermögenseinbußen hinnehmen müssen. Ihr Verhalten ist verständlich, zumal der König ihnen noch weitere Vergünstigungen anbot.

Aus diesem kleinen, aber gewiß nicht untypischen Beispiel wird deutlich, daß soziale und ökonomische Gründe mehr als alle anderen die politische Haltung der Stände bestimmten. Von nationaler Fragwürdigkeit zu sprechen wäre gewiß unangebracht, denn diese Kategorie des Nationalen spielte damals keine Rolle. Damals gab es eine Bindung nur an den Landesherrn, zu dem man in einem – vom Mittelalter her personal geprägten – wechselseitigen Treueverhältnis stand, und das war etwas anderes. Auch die Verfassungskämpfe in Danzig, die häufig genug über die Stadtgrenzen hinausgehende Wellen schlugen – man denke etwa an das dadurch provozierte, wiederholte Eingreifen des polnischen Königs in die inneren Angelegenheiten der Stadt –, resultierten letzten Endes aus sozialen und ökonomischen, nicht aus nationalen Gegensätzen.[16]

Wann setzte überhaupt in Ostmitteleuropa ein national akzentuiertes Selbstverständnis ein, das sich in ein – mehr oder minder positives oder negatives – Verhältnis zum bestehenden politischen Ordnungssystems bringen läßt?[17] Gemeint ist hier nicht die Wertschätzung der eigenen Sprache, eigener Traditionen und ähnliche Dinge. Sie gehören eher in den Schatz ethnischer Eigenschaften, d.h. zu den Anhaltspunkten, anhand deren sich Ethnien gegeneinander abgrenzen lassen. Gemeint ist vielmehr die Einschätzung des Nationalen als Wert an sich, mit den dazugehörigen Distanzierungen von anderen Nationen oder Nationalitäten. Voraussetzung ist das Auftreten des modernen Nationalismus überhaupt, und dies läßt sich im groben auf die Französische Revolution datieren.[18] Für Polen kommt nationales Selbstverständnis im modernen Sinne erst nach den Teilungen in Frage. Die alte Adelsrepublik beherbergte doch eine vergleichsweise offene, tolerante Gesellschaft und übte eine solche Herrschaft aus. Das große politische Defizit, das Fehlen des eigenen Staates führt im Laufe des 19. Jahrhunderts zu einem mehr und mehr nationalen Selbstverständnis der Polen[18a], das sich dann aber noch an der Religion, der katholischen Kirche, in dem Maße gesteigert festhielt, in dem diese von seiten der Staatsmacht, Preußen-Deutschland, unter Druck geriet.

---

15 Antoni Czacharowski: Die Führungsschicht in Thorn (Torun) am Anfang des 15. Jahrhunderts – ihre politische und ökonomische Problematik. In: Wilfried Ehbrecht (Hrsg.): Städtische Führungsgruppen und Gemeinde in der werdenden Neuzeit (Städteforschung, Reihe A: Darstellungen, Band 9). Köln-Wien 1980, S. 349-356.

16 Salka Goldmann: Danziger Verfassungskämpfe unter polnischer Herrschaft. Leipzig 1901 (Leipziger Studien aus dem Gebiet der Geschichte, VIII. Band, 2. Heft).

17 Eingehend hat sich damit Miroslav Hroch beschäftigt. Siehe dazu seinen exemplarischen Aufsatz: Das Erwachen kleiner Nationen als Problem der komparativen sozialgeschichtlichen Forschung. In: Theodor Schieder (Hrsg.): Sozialstruktur und Organisation europäischer Nationalbewegungen. München 1971, S. 121-139.

18 Vgl. Anm. 13.

18a Hans Roos: Geschichte der polnischen Nation 1918-1978. Von der Staatsgründung im Ersten Weltkrieg bis zur Gegenwart. 3., erw. Auflage Stuttgart u. a. 1979, S. 9.

Aber war Preußen selbst überhaupt ein Staat mit einem nationalen Selbstverständnis? Solange Preußen alleine war, sah es doch seine Räson eher in nationalen Tugenden, weniger in der Emotionalität des Nationalismus. Eine Nation konnte Preußen als deutscher Teilstaat mit nichtdeutschen Bevölkerungsanteilen sowieso nicht verkörpern. Auch die Habsburger Monarchie war übernational angelegt, darauf beruhte sie, und das Russische Reich sah im Nationalismus ebenfalls lange Zeit – mit Recht – eher ein Ferment seiner Auflösung als einen Beitrag zur Verfestigung seines Bestehens.

Am Beispiel Böhmens läßt sich beobachten, wie lange es dauerte, bis ein böhmisches Gesamtbewußtsein sich in nationales Lagerdenken aufspalten ließ.[19] Die nationale Einigungsbewegung der Deutschen 1848 und die Gründung des Deutschen Reiches 1871 haben hier ebenso fördernd und anregend gewirkt – direkt auf die Deutschen und indirekt auf die Tschechen –, wie später auf die Tschechoslowakische Republik die Errichtung der nationalsozialistischen Diktatur in Deutschland. Die Wirkungen, die den Nationalismus förderten, kamen zum wesentlichen Teil von außen her. Nehmen wir Prag als Beispiel: Trotz aller Gegensätze und Auseinandersetzungen, vor allem im Zusammenhang mit den Ausgleichsverhandlungen mit der österreichisch-ungarischen Staatsführung, trotz der Trennung vielerlei kultureller Institute der Stadt, blieb doch ein einigermaßen erträgliches Nebeneinander der beiden hauptsächlichen Nationalitäten, Tschechen und Deutschen, möglich. Es bewährte sich in erstaunlicher Weise, als nach 1933 deutsche Emigranten in die tschechoslowakische Hauptstadt kamen.[20]

Die Fragwürdigkeit nationalen Selbstverständnisses läßt sich auch am Beispiel Danzigs ganz gut erkennen. Danzig, wiewohl zum allergrößten Teil eine Stadt mit deutscher Einwohnerschaft, war im Grunde nicht in einem nationalpolitischen oder nationalstaatlichen Sinne deutsch oder polnisch gesinnt, sondern vor allem „danzigisch".[21] Dies kann man noch aus der Feststellung ablesen, die die Stadt zum 100jährigen Jubiläum ihrer Zugehörigkeit zum preußischen Staat herausgab.[22] Die Trauer um die verlorene Selbständigkeit, die der Stadt mit massiver Gewalt genommen worden war, ist unübersehbar, wenn auch mehr zwischen den Zeilen als auf ihnen.
Nehmen wir ein ganz anderes Beispiel: Der Soziologe Leonhard Lowinski hat in seinem Lebensrückblick[23] die Verhältnisse in Zempelburg (Sepólno) geschildert, einer Kleinstadt, die im Jahr seiner Geburt 1923 am Westrand des polnischen Korridors lag. Dort verbrachte er seine Kinder- und Jugendjahre bis 1940. In dem Landstädtchen bestand „bei einem recht niedrigen Niveau des Lebensstandards ... ein großes soziales Gefälle, das vom wohlhabenden Gutsbesitzer und reichen Kaufmann in mannigfachen Abstufungen

19 Jörg K. Hoensch: Geschichte Böhmens. Von der slavischen Landnahme bis ins 20. Jahrhundert. München 1987, Kapitel X, XI und XII.

20 Einen sehr dichten Eindruck davon gibt Stefan Heym in seinem autobiographischen Werk Nachruf. München 1988, S. 83ff.

21 Siehe dazu meinen Beitrag Religiöse Minderheiten und Politik in Danzig. In: Bernhart Jähnig, Silke Spieler (Hrsg.): Kirchen und Bekenntnisgruppen im Osten des Deutschen Reiches – ihre Beziehungen zu Staat und Gesellschaft. Bonn 1991.

22 (Rudolf Damus) Festschrift zur hundertjährigen Gedenkfeier der Vereinigung Danzigs dem Königreiche Preußen im Jahre 1793. Auf Veranlassung der städtischen Behörden verfaßt von Dr. Damus, Stadtschulrat. Danzig 1893.

23 Abschiedsvorlesung von Universitätsprofessor Dr. Leonhard Lowinski am 17.1.1989. Thema „Soziologische Reminiszenzen" (Mskr.).

bis zum ungelernten Arbeiter in der Land- und Forstwirtschaft und in der Bauwirtschaft sowie dem sehr verbreiteten Typus des Gelegenheitsarbeiters, des Tagelöhners ohne festes Arbeitsverhältnisses reichte. ... Die Schichtzugehörigkeit symbolisierte sich viel deutlicher als in der modernen Gesellschaft in den von allen wahrnehmbaren Attributen des Lebensstils, insbesondere in der Bekleidung, Behausung, aber auch in der Sprache und in den Umgangsformen."[24]

Es fällt auf, daß der Soziologe die soziale Schichtung als erstes Kennzeichen der Zempelburger Einwohnerschaft nennt, wenn er auch fortfährt: „Diese Differenzierungsachse wurde überlagert von zwei anderen, der ethnischen und der konfessionellen. Zahlenmäßig dominierte die Bevölkerung polnischer Abstammung bei einer recht großen deutschen Minderheit und einer kleineren jüdischen. Die Polen waren alle katholisch, die Deutschen überwiegend protestantisch-lutherisch, wobei es aber auch eine beachtliche Anzahl deutscher Katholiken gab, die Juden waren westeuropäischer, meist deutscher Herkunft, nicht orthodox, aber doch religiös praktizierend, wovon der rege Besuch der örtlichen Synagoge und die Etablierung eines jüdischen Kantors am Ort zeugten."[25] Die Einwohnerschaft gliederte sich also auch nach der ethnischen und religiösen Zugehörigkeit, wobei man nur im letzteren Falle jeweils von einer Gemeinschaft sprechen kann.

Demzufolge stimmten weder bei den Deutschen ethnische und konfessionelle Grenzen überein noch bildeten die Juden eine in dem Sinne ethnische Gemeinschaft. Sie kamen aus dem Westen, insbesondere aus Deutschland, waren im übrigen an der Kultur ihrer Herkunft orientiert, wie man auch daran erkennen kann, daß sie einer eher liberalen Religionsauffassung zuneigten. Lowinski beschreibt, wie er Aufwallungen eines polnischen Antisemitismus miterlebte: Er wurde getragen „von den sogenannten ‚Narodowcy', einer relativ kleinen chauvinistischen nationalistischen Partei".[26] Dieser unverblümte Antijudaismus hatte emotionale religiöse sowie – was noch stärker wirkte – soziale Motive: eine ausschlaggebende Rolle spielte ein „sozialer, ins Kollektive gewandter Neid in bezug auf die Juden, die ... meist zu den relativ wohlhabenden Geschäftsleuten gehörten, im Gegensatz zu weiten Teil der jüdischen Bevölkerung in Zentral- und Ostpolen".[27]

Der Verfasser betont, daß diese gelegentlichen Ausschreitungen im Grunde das relativ friedliche Zusammenleben in Zempelburg zu stören, aber nicht zu zerstören vermochten und vor allem in gar keinem Vergleich zu den Ereignissen des nationalsozialistischen Novemberpogroms 1938 standen.

Das soziale Gefüge der Stadt war also offensichtlich von einer beachtlichen elastischen Stabilität, die nicht ohne weiteres aufgelöst werden konnte, vor allem von innen her nicht. Dies zeigt auch Lowinskis Hinweis auf die häufiger vorkommenden Ehen zwischen Polen und Deutschen, allerdings nur, wenn beide Partner katholisch waren. Einer solchen Ehe entstammte er übrigens auch selber. Es wird deutlich, daß die konfessionellen Grenzen wesentlich wirksamer waren als die ethnischen – innerhalb des Sozialgefüges der Stadt.

24 ebd. S. 2f.
25 ebd. S. 3.
26 ebd. S. 4.
27 ebd. S. 4.

Nun wäre es gewiß verfehlt, in dem Landstädtchen einen Hort der Idylle und Harmonie zu sehen, und Lowinski selber widerspricht sehr klar solcher Vorstellung. Aber es ist doch gewiß berechtigt, der Stadt – hier beziehe ich auch, in bewußt unscharfer Unterscheidung, die Dörfer und sonstigen Gemeinden mit ein – eine Wirkung zuzubilligen, die stark genug war, ihre vielfältig differenzierte und von daher in sich spannungsreiche Einwohnerschaft zusammenzufassen, deren Gegensätze zu überlagern und durch die Funktionen, die jede Gruppe ausübte, auf ein erträgliches Maß zu mindern. Die Stadt war demnach der Ort, an dem sich die Interessen so stark entfalten konnten, daß sie sich in einem höheren Maße ergänzten, als daß sie in einem unaufhebbaren Gegensatz zueinander gestanden hätten.

Die Auflösung dieses komplizierten und durchaus nicht vollständig stabilen Gefüges wurde von außen her bewirkt. Lowinski beschreibt auch, wie die Propaganda, Außen- und Minderheitenpolitik des nationalsozialistischen Deutschen Reiches in einem Maße auf große Teile der deutschen Bevölkerung des Städtchens gewirkt haben, daß die lokale Gesellschaft daran zerbrechen mußte. Nichtsdestoweniger wirkte nach Kriegsbeginn 1939 die sofortige Deportation der ansässigen Juden ebenso niederschmetternd auf viele zurückbleibende Deutsche wie die unverzügliche Ermordung der polnischen Oberschicht.

Fassen wir einmal an dieser Stelle zusammen: Bisher haben wir folgende Charakteristika der Städte in Ostmitteleuropa – wenn auch nur exemplarisch, kursorisch und andeutungsweise – zusammengetragen:
kein römisch-lateinischer Ursprung, von daher auch keine entsprechende Tradition;
späteres Hinzutreten des östlichen Europa als „Neueuropa“ zu dem vom Römischen Reich erfaßten und vorgeprägten „Alteuropa“;
Stadtgründungen nach deutschem Stadtrecht unmittelbar für deutsche Siedler oder Umwandlung des Stadtrechts oder Verleihung des Stadtrechts an Teilstädte oder Parallelgründungen zu deutschem Recht;
Verteilung von Deutschen auf ganz Ostmitteleuropa bis in den ostslavischen und südosteuropäischen Raum hinein;
Vorrang der sozialen und ökonomischen Schichtzugehörigkeit und Interessen vor politisch-landesherrlichen Zuordnungen sowie vor ethnisch-nationaler Herkunft und Orientierung;
konfessionelle und soziale Bindungen wirken stärker als ethnisch-nationale Zugehörigkeit.

Aus alledem glaubte ich die Bestätigung für die Beobachtung finden zu können, daß die Stadt – im weiten Sinne – ihre politische Ordnungsfunktion ausreichend erfüllte, um die strukturell vorgegebenen inneren Gegensätze ihrer Bevölkerung zu überbrücken und auszugleichen, daß also die städtische Gesellschaft als solche im großen und ganzen funktionierte. Politische und ethnisch-nationale Gegensätze besaßen so lange keine systemsprengende Wirkung, wie keine entsprechende Wirkung von außen die Strukturen aufbrach.

Stadt und Staat stellten insofern einen gewissen Gegensatz dar. Das könnte wohl auch gelten, wenn man die verschiedenen staatlichen Organisationen Revue passieren läßt, die in Ostmitteleuropa geherrscht haben – von den mittelalterlichen Fürstenstaaten über die Adelsrepublik oder den absolutistischen Staat der Frühen Neuzeit, über die übernationalen Monarchien der polnischen Teilungszeit bis zu dem nationalstaatlichen Neuordnungsversuch nach dem Ersten Weltkrieg.

Die Ordnung der Städte ist nicht an sich selbst gescheitert, sondern durch die Politik der Staaten von außen her direkt oder durch deren Folgen aufgelöst worden. Die polyethnische Stadtgesellschaft hat auch in der Zwischenkriegszeit im wesentlichen funktioniert, wie wir bei Lowinski gehört haben. (Daß es sich um multikulturelle Gesellschaften im heutigen Sinne gehandelt habe, ist zu bezweifeln. Vielfalt der Herkunft und Sprachen ohne jeweilige rechtliche Sonderstellung der verschiedenen ethnisch-kulturellen Gruppen ergibt noch nicht das, was heute weithin unter multikultureller Gesellschaft verstanden wird. Vielleicht liegt hier auch einer der Gründe dafür, daß diese Stadtgesellschaften in einer elastischen Weise funktionierten.)

Viele andere erzählen Gleiches, beispielsweise bei Otto Heike kann man Entsprechendes über Lodz nachlesen.[28] Auch über Danzig kann man sagen, daß es weder 1793 noch 1939 an innerstädtischen Problemen gescheitert sei. Es waren allein von außen herangetragene Schwierigkeiten, Druck von außen, die in dem einen Fall die relativ große Selbständigkeit der Stadt unter der Oberhoheit der Krone Polens durch die Eingliederung in den preußischen Staat ersetzten, und im anderen Fall zum Anschluß der Freien Stadt Danzig an das Deutsche Reich führten. Gotthold Rhode beurteilte die Chancen der Freien Stadt bei aller Vorsicht nicht schlecht, vor allem führte er ihr Scheitern nicht auf innere Ursachen zurück: „Die Konstruktion der ‚Freien Stadt', trotz ihrer vielfachen Mängel als Ausgleich von nationalen Gegensätzen auf wirtschaftlicher Basis nicht unbedingt von vornherein zum Scheitern verurteilt, hätte nur halten können, wenn der Freien Stadt von beiden Seiten, der polnischen wie der deutschen, eine echte Brückenfunktion zugestanden worden wäre, wie sie die deutsche Hansestadt Danzig als vornehmster Hafen des polnischen Reiches und als dessen reichste Stadt vom 16. bis ins 18. Jahrhundert gehabt hatte. ..."[29] Das sind nur eher zufällige, aber sicher nicht verkehrte Beispiele. Hier sind aber noch weitere komparatistische Untersuchungen und weitgreifende Sythesen vonnöten.

Ab dem Beginn des Zweiten Weltkrieges hörte alles dies auf: Die politische Ordnung wurde aufgelöst, es herrschte das brutale Recht des Eroberers, nationales Selbstverständnis wich rassisch-nationalistischer Hybris und nationalem Existenzkampf, die einander bedingenden Begriffe der Abgrenzung und des Zusammenlebens wurden ersetzt durch Verdrängung, Liquidierung, Deportation, Flucht und Vertreibung. Die Städte spürten dies, indem sie ihre beispiellose ethnische und kulturelle Vielfalt verloren und nach dem Prinzip nationaler und kultureller Einheitlichkeit umgestaltet wurden. Dabei ging Unschätzbares verloren, was für die Siedlungs- und Städtelandschaft des östlichen Europa kennzeichnend gewesen war. Die gegenseitige kulturelle Befruchtung der verschiedenen Gruppen und vieles andere.

---

28 Otto Heike: Leben im deutsch-polnischen Spannungsfeld. Erinnerungen und Einsichten eines deutschen Journalisten aus Lodz. Essen 1989.

29 Theodor Schieder (Hrsg.): Handbuch der europäischen Geschichte. Band 7: Europa im Zeitalter der Weltmächte. 1. Teilband. Stuttgart 1979, S. 617.

Eines möchte ich besonders hervorheben, das mit der Vielfalt der ostmitteleuropäischen Städte völlig unterging: das dort lebende Judentum.[30] Ein gewisser Teil war assimiliert und somit Bestandteil des jeweiligen tragenden Volkes. Sie prägten das Leben und den Charakter der Städte wesentlich mit. Aber es verschwanden auch typische Lebensräume des östlichen Judentums wie die Ghettos und vor allem die *shtetl*, die kleinen Städtchen, in dem nur Juden lebten[31], die ihre Sprache aus dem mittelalterlichen Deutschland mitgebracht und um einige andere Sprachelemente erweiterter hatten. Diese Juden hatten ihre besondere, traditionelle Art, an der orthodoxen Form ihrer Religion und deren Vorschriften festzuhalten. Diese Art bestimmte das *shtetl* und bildete damit einen wichtigen Bestandteil der Städtelandschaft Ostmitteleuropas. Der große Schriftsteller und Nobelpreisträger Isaac Bahasevis Singer, der aus dem *shtetl* stammt, hat in vielen Erzählungen und Romanen das Leben dieser Ostjuden beschrieben.[32]

Mit der jüdischen Bevölkerung der Städte ging durch die nationalsozialistische Vernichtungspolitik ein wesentlicher Teil des ohnehin im östlichen Europa eher schmalen Bürgertums zugrunde. Einen anderen wesentlichen Teil hatten die Deutschen gestellt, die mit dem Ende des Zweiten Weltkrieges flohen, vertrieben oder zurückgedrängt wurden. Bis in unsere Zeit dauerte der Prozeß, daß sich ein neues Bürgertum aus der jeweiligen Staatsnation in ausreichender Breite und Differenzierung bildete, das an die Stelle des früheren Bürgertums treten konnte. Die politischen Umwälzungen und Veränderungen, die wir im östlichen Europa miterleben, resultieren aus der Forderung nach Respektierung durch den Staat und wirklicher Mitarbeit am Staat, wie sie Bürgern zustehen.

Ein anderer Gedanke sei hier nur angedeutet, seine Ausführung wird noch einige Zeit in Anspruch nehmen. In den ethnischen Mischgebieten Ostmittel- und Südosteuropas findet sich mehrfach, häufiger als anderswo, eine politisch-staatsrechtliche Konstruktion, die wir schon im Zusammenhang mit Danzig erwähnt haben: die Freie Stadt als Stadtstaat. Ob es bei Planungen blieb, oder ob einzelnen Städten tatsächlich eigenstaatlicher Charakter zugebilligt wurde, in einer Kette reihten sie sich – chronologisch versetzt – von Norden nach Süden, von Danzig über Krakau und Preßburg/Pozsony bis Triest. Auch bei diesen Beispielen war es nicht die ethnische und kulturelle Vielfalt der jeweiligen Stadtbevölkerung, die von sich aus dazu führte. Im Falle Danzigs entwickelte sich die Selbstbestimmung aus der Gunst der geographisch-politischen Lage und der Gelegenheit, städtische Interessenpolitik betreiben zu können (bis zum Ende des 18. Jahrhunderts). Ansonsten war es die Unfähigkeit der Mächte, deren politische Kraftlinien und Interessenfelder einander überschnitten, eine andere Lösung als diejenige zu finden, bei der keine von ihnen die begehrte Stadt erhielt. Auch dies gehört zu den Charakteristika der ostmitteleuropäischen Städte im Zusammenhang unseres Rahmenthemas.

30 Einen eindrucksvollen Einblick gibt Rachel Salamander (Hrsg.): Die Jüdische Welt von gestern. Text- und Bild-Zeugnisse aus Mitteleuropa. Wien 1990; für die Juden in Polen Michael Brocke (Hrsg.): Beter und Rebellen. Aus 1000 Jahren Judentum in Polen. Frankfurt/Main 1983; allgemein: Heiko Haumann: Geschichte der Ostjuden. München 1990.

31 Mark Zborowksi, Elizabeth Herzog: Das Schtetl. Die untergegangene Welt der osteuropäischen Juden. München 1991.

32 Diese Romane und Erzählungen sind auch in deutscher Übersetzung erschienen, sie können hier nicht aufgezählt werden.

Nationale Abgrenzung und multinationales Zusammenleben unter dem Vorrang sozialer Schichtungen und religiöser Abgrenzungen bildeten weithin ein wesentliches Kennzeichen der Verhältnisse in den ostmitteleuropäischen Städten. Daraus bildete sich die Grundlage für den im großen und ganzen erfolgreichen Versuch, dieses vielfältige und spannungsreiche Bevölkerungsgemisch in eine politische Ordnung zu bringen. Es scheint, diese Ordnungen auf lokaler und auch regionaler Ebene waren die erfolgreichsten von allen. Im Zusammenhang mit der Geschichte des Zweiten Weltkrieges verfielen auch die Städte den Wirkungen von Staatsideologien wie der von der nationalen Einheitlichkeit, und damit gingen ganze Kulturen unter. Doch es ist zuzugeben: Das Paradoxe dieser wie aller Geschichte liegt darin, daß diese zerstörerischen Ideologien und die Formen ihrer Umsetzung zum erheblichen Teil ebenfalls in Städten dieser Region herangebildet wurden. Eines von vielen Beispielen – Wien und der Antisemitismus.

Register